Heimat aus Eis und Asche

Vom Schicksal zweier Frauen zwischen Krieg, Vertreibung und Neubeginn

ANNETTE OPPENLANDER

Umschlaggestaltung, Illustration: 100covers.com
Lektorat, Korrektorat: Kristina Butz
Übersetzung: Annette Oppenlander
Herausgeber: Annette Oppenlander, Averesch 93, 48683 Ahaus,
hello@annetteoppenlander.com
Website: annetteoppenlander.com
ISBN eBook: 978-3-948100-67-4
ISBN-Taschenbuch: 978-3-948100-68-1
Das Werk wurde ausschließlich von der Autorin geschrieben und
ohne Unterstützung von künstlicher Intelligenz (KI).

Bibliografische Information der Deutschen Nationalbibliothek:
Die Deutsche Nationalbibliothek verzeichnet diese Publikation in der
Deutschen Nationalbibliografie; detaillierte bibliografische Daten sind im
Internet über http://dnb.d-nb.de abrufbar.

DEDICATION

Für die mehr als vierzehn Millionen Flüchtlinge, die damals ihre Heimat verloren und nie wirklich eine neue fanden.

Auch von Annette Oppenlander

Vaterland, wo bist Du? Roman nach einer wahren Geschichte (*2. Weltkrieg/Nachkriegszeit – biografisch*)
Erzwungene Wege: Historischer Roman *(2. Weltkrieg – Kinderlandverschickung)*
47 Tage: Wie zwei Jungen Hitlers letztem Befehl trotzten *(2. Weltkrieg – biografische Novelle)*
Erfolgreich(e) historische Romane schreiben (*Sachbuch*)
Immer der Fremdling: Die Rache des Grafen (*Mittelalter – Gaming Zeitreise*)
Als Deutschlands Jungen ihre Jugend verloren (*2. Weltkrieg – Sammlung*)
Bis uns nichts mehr bleibt (*amerikanischer Bürgerkrieg – Abenteuerroman*)
Ewig währt der Sturm (*2. Weltkrieg – Flucht und Vertreibung*)
Leicht wie meine Seele (2. *Weltkrieg – biografische Novelle*)
Endlos ist die Nacht (*amerikanische Prohibition – Abenteuerroman*)
Das Kreuz des Himmels (*Napoleon Kriege – biografisch*)
Zwei Handvoll Freiheit *(Nachkriegszeit/Berliner Luftbrücke – historischer Liebesroman)*
24 Stunden: Tauschgeschäfte (*2. Weltkrieg – biografische Novelle*)
Das Gegenteil von Wahrheit *(Vietnamkrieg/Militärinternat – Abenteuerroman)*
Ein Schimmer am Horizont: Zwischen den Welten *(Auswandererroman)*
5 Monate: Warten *(2. Weltkrieg – biografische Novelle)*
Kohlenträume *(2. Weltkrieg – Zwangsarbeiter)*

Englisch

A Different Truth *(historical mystery – boarding school Vietnam War Era)*
Escape from the Past: The Duke's Wrath I *(time-travel/gaming adventure trilogy)*
Escape from the Past: The Kid II
Escape from the Past: At Witches' End III
Surviving the Fatherland: A True Coming-of-age Love Story Set in WWII
(biographical – WWII and postwar)
47 Days *(biographical novella – WWII)*

Everything We Lose: A Civil War Novel of Hope, Courage and Redemption
Where the Night Never Ends: A Prohibition Era Novel
When They Made Us Leave *(WWII young adult)*
Boys No More *(WWII – collection)*
A Lightness in My Soul *(biographical novella – WWII)*
The Scent of a Storm *(WWII and German Reunification)*
So Close to Heaven *(biographical – Napoleon Wars)*
When the Skies Rained Freedom *(Berlin Airlift)*
24 Hours: The Trade (*biographical novella – WWII*)
The Life We Remember: Between Worlds *(German/Irish emigration adventure)*
5 Months: The Wait *(biographical novella –WWII)*
Coal Dreams *(WWII and Forced Labor)*

Von wahren Begebenheiten inspiriert

Charta der deutschen Heimatvertriebenen vom 5. August 1950

1. Wir Heimatvertriebenen verzichten auf Rache und Vergeltung. Dieser Entschluß ist uns ernst und heilig im Gedenken an das unendliche Leid, welches im besonderen das letzte Jahrzehnt über die Menschheit gebracht hat.
2. Wir werden jedes Beginnen mit allen Kräften unterstützen, das auf die Schaffung eines geeinten Europas gerichtet ist, in dem die Völker ohne Furcht und Zwang leben können.
3. Wir werden durch harte, unermüdliche Arbeit teilnehmen am Wiederaufbau Deutschlands und Europas.

Wir haben unsere Heimat verloren. Heimatlose sind Fremdlinge auf dieser Erde. Gott hat die Menschen in ihre Heimat hineingestellt. Den Menschen mit Zwang von seiner Heimat trennen, bedeutet, ihn im Geiste töten.

Wir haben dieses Schicksal erlitten und erlebt. Daher fühlen wir uns berufen zu verlangen, daß das

Recht auf die Heimat

als eines der von Gott geschenkten Grundrechte der Menschheit anerkannt und verwirklicht wird.

KAPITEL EINS

Lena, Münster 1993

Trotz des Schneeregens steuerte Lena von Schweig ihren Mercedes sicher in eine Parklücke vor der Seniorenvilla am Aasee. Obwohl sie spät dran war, blieb sie sitzen und starrte das weitläufige Gebäude an, das mitten in einem Park gelegen einer vergangenen Welt anzugehören schien. Das ungute Gefühl war zurück, ein hässlicher Druck, der in ihrem Magen begann und sich auf ihre Brust ausbreitete.

Wer besucht schon gerne seine im Sterben liegende Mutter, ging ihr durch den Kopf. Daran musste es liegen. Vor fünf Jahren, nachdem sie daheim versucht hatte, Frikadellen in einer Plastikschüssel zu braten, und dabei fast die Villa abgefackelt hatte, war Katarina von Schweig hier eingezogen, zunächst in ein großzügiges Zimmer mit Blick auf den prächtigen Rosengarten. Jetzt lag sie im Sterbeflügel, wie eine Schwester aus Versehen von sich gegeben hatte.

Ein tiefer Seufzer erhob sich. Entschlossen griff Lena nach ihrer Handtasche und steuerte auf den Eingang zu.

»Frau von Schweig, gut, dass Sie da sind.« Schwester Frederike, eine resolute Frau mit eisengrauen Haaren und strengem Mund, marschierte auf Lena zu. »Ihre Mutter wollte heute Morgen aufstehen. Wir mussten ihr ein Sedativ geben.«

Lena nickte ungläubig. Ihre Mutter lag seit Monaten und rührte sich nicht. Wie konnte sie jetzt auf einmal aufstehen wollen? »Ich bleibe eine Weile.«

Die harten Züge der Schwester wurden weicher. »Das wird ihr

bestimmt guttun.«

Lena eilte den langen Flur hinunter, durch die verschlossene Tür, hinter der die Demenzkranken verwahrt wurden. Am liebsten wäre sie gleich wieder umgekehrt. *Wer weiß schon, was meiner Mutter guttut.* Katarina war nie besonders offen gewesen, hatte ihre Gedanken hinter ihrer strengen Stirn für sich behalten. Genau wie ihre Emotionen.

Lena erinnerte sich an genau zwei Umarmungen: die eine, als sie mit dreizehn die Treppe heruntergestürzt war und sich das Bein gebrochen hatte. Die andere beim Tod ihres Vaters, der vor zehn Jahren an einem Herzinfarkt verstorben war.

»Hallo, Mutter«, sagte sie beim Eintreten. Das ehemals elegante Appartement mit den schweren Eichenmöbeln war einem Krankenzimmer gewichen. Alles war weiß, selbst die Vorhänge. War auch egal, denn ihre Mutter lag bewegungslos auf dem Rücken und starrte mit offenen Augen an die Decke. Ob und was sie verstand, wusste nicht mal der Arzt.

Nachdem Lena Mantel und Handtasche verstaut hatte, sank sie auf einen Stuhl am Bett und ergriff Katarinas Hand. Ein Netz bläulicher Venen schimmerte unter der fast durchsichtigen Haut, die Finger zierlich und schlank – Finger, die nie gearbeitet hatten. Denn Katarina von Schweig stammte aus einer wohlhabenden Familie, die ein Gut in Ostpreußen besessen hatte. Nach der Flucht vor den Russen war Lena in einer prächtigen Villa am Stadtrand von Münster aufgewachsen. Wie die Familie es geschafft hatte, ihren Reichtum zu retten, war Lena bis heute nicht klar. Ihre Mutter hatte nie über Geld gesprochen und Lenas Fragen zu einem eventuellen Nachlass ignoriert. »Das hat immer dein Vater organisiert«, hatte sie jedes Mal erklärt. Sie hatten eine Haushaltshilfe und eine Köchin gehabt, die sich um alles kümmerte, Kleider aus Wolle und Seide, selbst nach dem Krieg, als die Bevölkerung sich aus dem Morast von Hitlers Verbrechen arbeitete.

Unverständliches Murmeln vom Bett brachte Lena zurück. »Mutter, bist du wach?«

Katarinas Augen waren immer noch offen, sie blinzelte mehrmals. Lena stand auf und beugte sich über ihre Mutter. Von der einst stolzen großen Frau mit den dunklen und später gefärbten, immer perfekt gekämmten Haaren war nichts mehr übrig. Zurückgeblieben war ein Winzling, kindlich, mit weißem Schopf und verschrumpelter Haut. Selbst Katarinas einst strahlend ultramarine

Augen waren zu einem wässrigen Blau verblichen. Augen, die blinzelten und zum Leben zu erwachen schienen.

»Mutter?« Lena beugte sich übers Bett und strich mit dem Handrücken über Katarinas Stirn. »Du bist ja ganz verschwitzt.« Sie wollte gerade den Hilfeknopf drücken, als sich knöchrige Finger um ihren Unterarm krallten. Die Augen ihrer Mutter starrten nicht mehr, sie schauten Lena geradewegs an.

»Lena, Kind.«

Lena versuchte zu lächeln, doch sie war viel zu geschockt von der offensichtlichen Veränderung in ihrer Mutter. Als sie sich losmachen wollte, krampfte sich die Hand der alten Frau noch mehr zusammen.

»Ich muss dir was sagen«, krächzte ihre Mutter. Mit der freien Hand reichte Lena ihrer Mutter den Trinkbecher. Doch die schubste ihn unwirsch zur Seite. »Jetzt nicht. Setz dich.« Endlich ließ sie Lenas Arm los.

Lena fiel zurück auf ihren Stuhl, platt wegen der augenscheinlichen Verwandlung ihrer Mutter. Wo war die Demenz, die monatelange Starre? Ihre Mutter schaute sie aufmerksam an, so wie früher, wenn Lena etwas angestellt hatte. Ihr Blick hatte auf Lena immer abschätzig und distanziert gewirkt. Auch jetzt. Und trotzdem lag in Katarinas Augen etwas wie Reue, oder war es Bedauern?

»Was ist denn, Mutter? Du solltest dich ausruhen. Schwester Frederike meinte, du wolltest heute Morgen –«

»Still jetzt.« Ihre Mutter schüttelte den Kopf. »Keine Zeit, ich muss …« Ihr Blick wanderte zu Lena und über ihre Schulter in die Ferne. »Damals, ich hätte es dir sagen sollen. Wollte es immer, doch dein Vater meinte –« Katarinas Stimme klang abgehackt und außer Atem. »Egal.« Sie griff nach Lenas Hand, die noch auf der Bettdecke ruhte, drückte sie fest, aber nicht schmerzhaft. »Du warst immer so ein liebes Kind, hast dich so bemüht. Ich war nicht immer … gerecht, oft ungeduldig. Ich wollte doch immer Kinder.«

»Das ist doch egal.« Lena beobachtete ihre Mutter. Sie hatte sie nie verstanden, nicht wirklich, vielleicht weil sie so unnahbar gewesen war, so perfekt. Alles im Haus musste genau an seinem Platz stehen, keinen Zentimeter daneben. Ihre Kleidung war penibel, adrett und sauber, abgestimmt mit schwerem Goldschmuck und einer gelegentlichen Perlenkette. Dabei hatte Lena gerne im Garten gespielt, eher war es ein Park gewesen, inklusive des Gärtners. Doch jedes Mal musste sie ihre Finger zeigen, Schuhe und Strümpfe wechseln, bevor sie ins Haus durfte. Ihre Mutter hatte die Nase gerümpft, als hätte sich Lena in einem Misthaufen gesuhlt.

Und jetzt war Katarina erwacht und wollte die alten Geschichten aufrollen. Dabei war Lena doch selbst schon zweiundfünfzig, eine gestandene Frau mit angegrauten Haaren, auch wenn sie sich in der blonden Mähne eher verstecken ließen. Eine Frau, die studiert hatte und die Personalabteilung der Deutschen Kontorbank AG leitete. Und trotzdem, in Katarinas Gegenwart kam sie sich klein und unbedeutend vor, ganz so, als müsste sie jeden Moment ihre Handflächen zeigen.

Der Seufzer ihrer Mutter riss sie aus ihren Gedanken. »Es ist wichtig, versprich mir …« Sie zerrte am Kragen ihres Nachthemds, als wollte sie es sich vom Leib reißen. »Wo soll ich anfangen?« Ihr Blick kehrte zu Lena zurück, ihr Mund schloss sich. Dann nickte sie. »Du weißt, dass wir damals vor den Russen aus Heiligenbeil fliehen mussten.«

»Das hast du mir vor langer Zeit erzählt. Ich war damals dreieinhalb Jahre alt. Wir sind über das Frische Haff, dann mit einem Boot nach Westen.«

Ihre Mutter starrte sie an. »Habe ich das gesagt?« Wieder nickte sie, mehr zu sich selbst. »Ich habe ein Detail ausgelassen.« Ihr Blick wanderte durchs Zimmer, blieb wieder an Lena hängen. »Es war alles so chaotisch damals, musste schnell gehen. Wir haben den Wagen gepackt, Futter für die Pferde, Wertsachen, Kleidung und Decken. Am Horizont blitzte die Artillerie, es klang wie Donnergrollen, nur dass es nie aufhörte. Überall liefen Menschen … so viele Menschen auf der Flucht mit ihren Wagen oder Karren oder nur einem Koffer. Frauen mit Kinderwagen … alte Männer. Die Angst stand ihnen ins Gesicht geschrieben.« Ihre Mutter zupfte an ihrem Kragen, die blassen Augen weit weg.

»Ich weiß noch, wie ich mich vor dem Tor umdrehte und mich fragte, wann wir wieder zurückkommen würden. Dieses sinkende Gefühl in der Magengrube, diese Angst vor dem Ungewissen. Damals wussten wir ja nicht, dass es für immer sein würde. Es war unsäglich kalt, ich trug meinen wärmsten Mantel mit dem Nerz, der Atem gefror auf dem Kragen. Du kannst es dir nicht vorstellen, diese Kälte im Osten, den Wind, der alles durchdrang. Die Schneeflocken, die wie winzige Stiche die Haut trafen. Georg, der alte Verwalter, lenkte die Pferde, meine Hausdame wollte noch auf ihre Schwester warten. Ich fühlte mich so allein.«

»Aber du hattest doch mich«, entfuhr es Lena. Sie stellte sich vor, wie sie unter den Mantel ihrer Mutter gekrochen war, sich dort warm und sicher gefühlt hatte.

Die alte Frau schaute die Junge an, schüttelte den Kopf. »Ich wollte doch was Gutes tun.«

»Frau von Schweig, wie schön, Sie sind wach.« Schwester Frederike eilte zum Bett, ein Tablett mit Wasser und einer Auswahl von Tabletten in den Händen. »Zeit für Ihre Medikamente, damit Sie nachher gut schlafen.«

Die Miene ihrer Mutter verdüsterte sich, sie hob abwehrend die Hände. »Keine Pillen, ich will die verdammten Pillen nicht.«

Frederike setzte das Tablett ab und ergriff Katarinas Finger, wobei sie Lena ein verschwörerisches Lächeln zuwarf. »Alles gut, Frau von Schweig.«

Wen meinte sie damit? Lena hätte die Schwester am liebsten hinausgeworfen. Doch das ging natürlich nicht. Man benahm sich in diesem Haus, es wurde geflüstert und gelächelt, man ging auf Zehenspitzen.

Ihre Mutter warf Lena einen flehenden Blick zu, bevor Frederike sie in die Kissen drückte und ihr das Glas Wasser mit den Tabletten reichte. »Schön langsam jetzt, damit Sie sich nicht verschlucken.«

Lena wollte schreien, denn selbst von ihrem Stuhl aus erkannte sie, wie der Blick ihrer Mutter abschweifte. Erst wie ein Abschiedsgruß zu ihr, dann zum Fenster, zuletzt durch den Raum. Wieder murmelte sie, und Lena beugte sich vor. »… Wahrheit … zu spät … leid.«

Als Schwester Frederike drei Minuten später das Zimmer verließ, lag ihre Mutter wieder auf dem Rücken und starrte an die Decke.

Lena war fix und fertig, als sie nach zwanzig Uhr ihre Wohnung betrat. Sie hatte sich geweigert, in die Villa ihrer Eltern zu ziehen. Sie war viel zu groß für eine Person, der Garten ohne Hilfe überwältigend. Stattdessen lebte sie in einer Eigentumswohnung mitten in Münster. Von hier war sie in wenigen Minuten am Markt, konnte zu Fuß einkaufen oder bummeln und das Treiben der Studenten beobachten.

Was war nur in ihre Mutter gefahren? Sie würde morgen wieder hinfahren und es erneut versuchen. Zumindest hatte sie das

Wochenende zur freien Verfügung. Sie würde ihre Mutter im Rollstuhl durch den Park fahren. Die frische Luft würde ihr guttun.

Doch als Lena am Samstagnachmittag in der Klinik ankam, schüttelte die Tagschwester, eine junge Frau von kaum fünfundzwanzig, den Kopf. »Ihrer Mutter geht es nicht gut. Sie hat ihr Frühstück nicht angefasst und trinken will sie auch nicht.« Die Augen der jungen Frau wirkten mitfühlend. »Dr. Bartel möchte mit Ihnen sprechen. Sie können natürlich erst zu Ihrer Mutter.«

Lena schaute die Schwester an. Es war ungewöhnlich, dass der Arzt am Wochenende zur Verfügung stand. »Ich spreche lieber gleich mit ihm.«

»Sehr wohl, einen Moment bitte.« Die Schuhe der Schwester quietschten auf dem Linoleum, während sie sich eilig entfernte.

»Frau von Schweig«, die Miene des Arztes war ernst, »ich fürchte, wir müssen etwas unternehmen. Ihre Mutter verweigert Wasser … jede Art von Flüssigkeit. Wir können eine Magensonde legen –«

Lena schaute den Mann prüfend an. »Die Patientenverfügung meiner Mutter sagt eindeutig, dass sie keine lebensverlängernden Maßnahmen wünscht.«

Dr. Bartel nickte. »Ich dachte nur, sie ist ja dement, sie kann nichts entscheiden.«

In Lena stieg die Wut hoch, ihr Hals wurde eng, als würde sie jemand würgen. »Gestern war sie so klar wie Sie und ich. Sie hat wohl genug von diesem Vegetieren im Bett. Oder soll ich unseren Anwalt hinzuziehen?« Sie hatte gelernt, ihre Gefühle für sich zu behalten. Wie ihre Mutter trug sie ihre kühle Miene wie eine Maske, auch wenn in ihr ein Sturm tobte. Sie wollte ihre Mutter nicht verlieren, ihr letztes Band zu ihren Eltern, ihrer Familie. Es gab nur noch eine Verwandte, Tante Anna, die Schwester ihrer Mutter. Sie lebte in München und hatte nie Wert auf Kontakt gelegt.

Der Arzt hob abwehrend die Hände. »Nicht nötig, ich weiß, wie schwierig diese Entscheidung ist.«

»Dann möchte ich jetzt zu meiner Mutter.«

Dr. Bartel nickte knapp. »Alles Gute.«

Wie gestern lag Katarina von Schweig auf dem Rücken, doch diesmal waren ihre Augen geschlossen. Ein sonderbarer Geruch hatte sich ins Zimmer geschlichen, und Lena öffnete erst mal das Fenster.

Dann setzte sie sich ans Bett und ergriff Katarinas Hand. »Ich bin da, Mutter. Du wolltest mir doch etwas mitteilen. Gestern, weißt du noch?«

Der Raum war still, nur die Heizung knackte und aus der Ferne drang Verkehrslärm ins Zimmer. Ihre Mutter lag bewegungslos. Hatte man sie wieder mit Medikamenten vollgepumpt? Lena beugte sich näher. »Wenn du gehen willst, verstehe ich das«, flüsterte sie und streichelte mit dem Zeigefinger Katarinas runzligen Handrücken. »Ich werde dich vermissen.«

Die Lider ihrer Mutter flatterten, dann öffnete sie die Augen. Lena beugte sich noch näher, sodass ihr Gesicht direkt über dem ihrer Mutter schwebte. Im Gegensatz zu gestern wirkten die Augen trüb, als läge ein nebliger Film über den Pupillen. Trotzdem schien ihre Mutter sie zu erkennen. Einen Moment lang schauten sie sich an. Lena wusste, dass dies der letzte Blick zwischen ihnen war. Auch jetzt erkannte sie dort etwas wie Reue oder Schuld. Was hatte ihre Mutter ihr sagen wollen?

Katarina von Schweig starb in den Morgenstunden des Montags. Lena war die ganze Nacht in der Klinik geblieben und hatte auf die Atemzüge ihrer Mutter gelauscht. Irgendwann war sie eingeschlafen und von irgendetwas aufgewacht.

Im Zimmer brannte ein Nachtlicht, bis auf das gelegentliche Knacken der Heizung war es still. Lena reckte sich und massierte ihren schmerzenden Nacken. Dann tapste sie auf Socken zum Bett und beugte sich nahe an ihre Mutter. Sie atmete jetzt flach, langsam, hier und da schien ein Atemzug zu fehlen. Und dann, ohne jegliche Warnung, wurde es noch stiller. Katarina von Schweig atmete nicht mehr.

Federleicht lehnte Lena ihre Stirn an die Schulter ihrer Mutter. Ein Schluchzer entfuhr ihr, ihr Hals schnürte sich zu, und sie rang nach Atem. »Lebe wohl«, flüsterte sie. »Bis zum nächsten Wiedersehen.«

So ein Unsinn, sie glaubte gar nicht an ein Leben nach dem Tod oder eine Reinkarnation. Aber in diesem Moment war es einfacher, sich dies vorzustellen. Die Finalität schmerzte so unglaublich. Auch wenn ihre Mutter schon Jahre nicht mehr sie selbst gewesen war, auch wenn Lena immer etwas vermisst hatte. Ihre Mutter hatte sich auf ihre Art gekümmert, ihr perfekte Manieren beigebracht, sie in die besten Kleider gesteckt, ihr die Universität ermöglicht.

Nach der Beerdigung zwei Wochen später eilte Lena am frühen Abend zu ihrem Anwalt Dr. Schumann. Sie war froh, dass alles vorbei war, sie hatte die Vorbereitungen mit dem Bestatter gehasst, hatte eine Urne aus Rosenholz gewählt, Karten versendet, eine Anzeige geschaltet. Sie war erstaunt gewesen, wie viele Menschen in der Kapelle auf dem Friedhof erschienen waren: zwei Freundinnen ihrer Mutter, die in den späten Achtzigern sein mussten, Nachbarn, der alte Gärtner, selbst ehemalige Geschäftspartner ihres Vaters, deren Namen sie längst vergessen hatte, Kollegen aus der Bank, ihr Chef und Lenas einzige Freundin Claudia, mit der sie bereits das Gymnasium besucht hatte. Nur ihre Tante Anna war nicht erschienen. Aber sie wusste wahrscheinlich nichts vom Tod ihrer älteren Schwester. Soweit Lena sich erinnerte, lebte sie in einem Vorort von München – sie musste unbedingt die Adresse herausfinden.

Lena atmete auf, als sie den Flur des Geschäftshauses erreichte. Sie war durchgefroren, vor allem nach dem Gang zur Ruhestätte, wo die Urne niedergelegt worden war und sich alle mit Händedruck und traurigen Mienen von Lena verabschiedet hatten. Erst als Claudia sie am Ende in den Arm nahm, kamen die Tränen. Zum Glück waren die Trauergäste schon fortgewandert, wer wollte schon bei nahe null Grad im Regen stehen und festfrieren?

»Nun muss sie nicht mehr leiden«, sagte Claudia mit einem schiefen Lächeln, wobei an ihren Wimpern zwei Tränen klebten.

Lena drückte Claudias Hand. »Danke, dass du da warst. Ich wollte zwischendurch schreiend davonlaufen.«

»Aber sie ist doch deine Mutter.«

»Das ist es nicht. Ich weiß, dass ich ihr das schulde, aber diese Zeremonie, die Menschen in Schwarz, die Kapelle schwer vor Trauer. Ich kriege keine Luft.« Lena steckte ihre Hand in den Ausschnitt ihres Mantels, als sei selbst der Schal zu eng.

Claudia legte einen Arm um Lenas Schultern. »Verstehe ich gut. Jetzt hast du es geschafft.« Sie schaute auf die Uhr. »Wir sollten ins Restaurant, die anderen warten bestimmt schon.«

Jetzt lehnte sich Lena an die Wand im Flur vor der Anwaltskanzlei. Auch das Traueressen war geschafft. Morgen ging es zurück an die Arbeit. Dort gab es wie immer viel zu tun, denn die Bank hatte mehrere hundert Mitarbeiter in Dutzenden Filialen. Sie ging gerne hin, man respektierte sie, ihr Büro war wie ihr zweites Heim. Oft blieb sie länger, auch weil daheim niemand auf sie wartete.

»Frau von Schweig, kommen Sie rein. Hier entlang.« Frau Lamm, die Sekretärin von Dr. Schumann, geleitete Lena in einen Besprechungsraum.

Noch bevor sie den Mantel abgelegt hatte, kam der Anwalt auf sie zu und drückte ihre Hand. »Mein aufrichtiges Beileid.« Dr. Schumanns Haare waren an den Schläfen ergraut, und er musste auf die sechzig zugehen, doch er wirkte durch seinen sportlichen Gang und die knallblauen, aufgeweckten Augen um einiges jünger.

»Danke.«

»Es gibt einiges zu besprechen, setzen wir uns.« Der Anwalt blätterte in den Akten. »Zunächst das Testament. Sie sind als Alleinerbin eingesetzt, den Totenschein habe ich bereits an alle Behörden versandt.« Dr. Schumann schaute sie über den Rand der Brille an. »Die Villa hatte Ihre Mutter Ihnen ja bereits über die letzten zwanzig Jahre überschrieben. Das hat zumindest etwas von der Erbschaftssteuer gespart. Außerdem hatte Ihre Mutter einige Reserven in Gold getauscht, die im Depot liegen müssten. Ganz werden Sie um die Steuer nicht herumkommen. Dafür sind die Investitionen zu hoch.«

Lena lächelte. »Ist in Ordnung. Ich kann mich ohnehin selbst versorgen.«

»Stimmt, aber vielleicht gönnen Sie sich mal was. Eine schöne Reise vielleicht?«

Lena winkte ab. Allein machte Reisen wenig Spaß. Meist fuhr sie an die See und machte lange, einsame Spaziergänge. Es stimmte, sie liebte ein gutes Hotel mit einem bequemen Bett und gutem Essen. Aber mehr musste es nicht sein. Dafür war sie viel zu eingefahren, ja geradezu langweilig. Hatte sie deshalb nie einen Mann kennengelernt?

Das stimmte so nicht. Da war Mark gewesen, und Robert damals nach der Uni. Aber irgendwie hatte sie sich nie entscheiden können. Und als Robert ihr einen Heiratsantrag gemacht hatte, hatte sie eine Woche lang nicht mit ihm gesprochen. Ganz so, als hätte er sie beleidigt. Etwas stimmte ganz und gar nicht mit ihr. Erst später hatte sie erkannt, dass sie ihn verletzt hatte. Da war es zu spät gewesen, denn da hatte er sich in eine Kollegin verliebt, die ihn anhimmelte. Ein Jahr später war das erste Kind da gewesen.

Ab und zu sah sie Robert, der wie sie noch in Münster wohnte, in der Stadt, seine Frau am Arm oder in Begleitung seines inzwischen erwachsenen Sohnes. Dann wechselte sie die Straßenseite, nicht nur, weil sie nicht wollte, dass er sie sah. Es schmerzte zu sehr. *Dumme Kuh, bist du doch selbst schuld. Hättest ihn ja haben können.*

»Es gibt da noch eine Sache«, unterbrach Dr. Schumann ihre Gedanken. Er reichte Lena einen Briefumschlag, der alt und brüchig wirkte. *Für Lena*, stand darauf.

»Was ist das?«

Dr. Schumann lehnte sich zurück. »Ich glaube, das lesen Sie lieber selbst. Natürlich stehe ich Ihnen für Fragen zur Verfügung.« Er räusperte sich, öffnete den Mund, schloss ihn wieder. »Ich besorge uns etwas zu trinken.« Abrupt stand er auf und verließ das Zimmer.

Lena schaute ihm nach. Sonderbar, aber der Mann war schwer zu lesen. Wahrscheinlich wollte er Feierabend machen. Sie betrachtete den Umschlag, die braunen Flecken auf dem Papier. Im Inneren lag ein einziges Blatt Papier:

Adoptionsvertrag

Notariatsurkunde Nr. 157/1950

Heute, am 15. November 1950, erschienen vor mir, dem unterzeichneten Notar Dr. Werner Schumann mit Amtssitz in Münster:

1. Herr Hans von Schweig, geboren am 20. März 1910 in Königsberg, Ostpreußen, Kaufmann, wohnhaft in Münster, Finkenstraße 197,
2. Frau Katarina von Schweig, geb. von Lütz, geboren am 5. Januar 1915 in Königsberg, Ostpreußen, Hausfrau, wohnhaft wie vor, (beide gemeinsam nachstehend „die Annehmenden" genannt),

und

3. Lena (Nachname unbekannt) (nachstehend „die Annehmende" genannt), geboren 1941 in Ostpreußen, wohnhaft bei den Annehmenden in Münster.

§ 1 – Annahme an Kindes Statt

Die Annehmenden erklären hiermit, dass sie die Minderjährige Lena (Nachname unbekannt) an Kindes Statt annehmen. Die Annahme erfolgt gemäß den Bestimmungen des Bürgerlichen Gesetzbuches in der Fassung Stand 8. August 1950.

§ 2 – Wirkungen der Annahme

1. Die Anzunehmende erhält die Rechtsstellung eines ehelichen Kindes der Annehmenden.
2. Die bisherigen Verwandtschaftsverhältnisse zu den leiblichen Eltern sind unbekannt, bleiben aber unberührt (nach damaligem Recht).
3. Das Erbrecht richtet sich nach den Vorschriften Stand 1950: Die Anzunehmende wird gesetzliche Erbin der Annehmenden, behält jedoch auch ihr gesetzliches Erbrecht gegenüber den leiblichen Eltern, sofern vorhanden.

§ 3 – Name

Die Anzunehmende führt künftig den Familiennamen von Schweig.

§ 4 – Zustimmung des Jugendamtes

Das Jugendamt der Stadt Münster erteilt seine Zustimmung zu dieser Annahme.

§ 5 – Gerichtliche Bestätigung

Die Parteien verpflichten sich, diesen Vertrag unverzüglich dem Amtsgericht Münster zur Bestätigung vorzulegen.

Münster, den 15. November 1950
Unterschriften:

Hans von Schweig *Katarina von Schweig*

Hans von Schweig. Katarina von Schweig

Dr. Werner Schumann

Dr. Werner Schumann, Notar

Das Dokument glitt Lena aus der Hand und flatterte auf den perfekt polierten Tisch. Sie schaute auf, als Dr. Schumann mit einer Flasche Wasser und einer Thermoskanne hereinkam. »Habe meine Sekretärin heimgeschickt. Ihre Katze ist krank. Wir sind ohnehin fertig –« Er hielt inne. »Ist alles in Ordnung? Frau von Schweig, ist Ihnen nicht gut?« Der Anwalt, der seit Jahrzehnten alle rechtlichen Belange für ihre Familie erledigte, knallte die Getränke auf den Tisch und eilte an Lenas Seite.

Sie keuchte, doch kein Wort kam über ihre Lippen. Sie deutete auf den Tisch, auf dem das Dokument wie ein Brandmal zu liegen schien.

Dr. Schumann nahm es wortlos auf und las mit zusammengekniffenen Augen. Draußen johlten ein paar Studenten, die bereits einige Kneipen hinter sich hatten. Im Raum blieb es still. Der Anwalt fiel schwerfällig auf seinen Stuhl.

»Schumann, derselbe Name.« Lenas Stimme klang fremd in ihren Ohren. Wenigstens funktionierte ihr Kehlkopf wieder.

»Mein Vater hieß Werner, er muss damals Ihren Eltern geholfen haben.«

»Sie wussten also nichts davon?« Lena konnte sich den anklagenden Ton nicht verkneifen. »Ist da kein Brief an mich? Eine Erklärung?«

Der Anwalt schüttelte schweigend den Kopf und ging zur Tür. »Es gab außer dem Testament nur den einzelnen Umschlag. Ich hole uns was Stärkeres.«

Lena hockte auf ihrem Stuhl, unbeweglich, als sei sie gelähmt. Nicht mal den Kopf konnte sie bewegen. Innerlich rasten ihre Gedanken, sprangen und hopsten in ihre Kindheit und Jugend und blieben letztendlich am Abend vor einigen Wochen hängen: ihre Mutter im Bett, ihr Blick klar und entschlossen. Das also hatte ihre Mutter – ha, wer war die Frau überhaupt – Katarina ihr sagen wollen. Bis kurz vor dem Tod hatte sie gewartet, und dann war ihr die Zeit davongelaufen.

Und Lenas eigene Fragen würden nie beantwortet. Woher sie stammte, wie sie in die Familie gekommen war. Da stand, dass sie aus Ostpreußen stammte. Der ehemalige Teil Deutschlands, der nach dem Krieg an Russen und Polen gegangen war. Ihre Heimat. Sie wusste nicht einmal, wann sie geboren war. Irgendwann im Jahr 1941. Ihr Geburtstag war also auch eine Lüge. Warum hatten sie behauptet, sie sei am 13. Oktober geboren worden, wenn sie es nicht wussten? Gar nichts hatten sie gewusst.

Der Tisch verschwamm. Sie hatte nicht nur ihre Heimat verloren, sondern auch ihre Eltern – ihre Identität. Katarina und Hans von Schweig hatten sie adoptiert. Lena versuchte, sich zu erinnern, an damals, irgendeinen Fetzen einer Erinnerung vor dem Leben in der Villa. Doch da war nichts. Nur grauer Nebel, den sie nicht durchdringen konnte. Niemals würde sie die Wahrheit erfahren. Sie schluchzte auf, das Geräusch laut und rau, ihre Kehle schmerzte. Verdammte Eltern.

Sind sie ja gar nicht! Sie hatten ihr ganzes Leben eine Lüge gelebt, Lena als ihr Kind ausgegeben. Hatten sie ihr ganzes Leben angelogen. *Ihr* Leben war nichts als Fiktion … wohlhabende Tochter einer wohlhabenden aristokratischen Familie – alles Quatsch.

Die Tür schwang auf. Dr. Schumann trug Gläser und eine kostbar aussehende Karaffe. »Mein bester schottischer Whisky, zehn Jahre gereift.«

Lena antwortete nicht, starrte weiter blind in den Raum.

Eis klirrte in den Gläsern, Flüssigkeit gluckerte. »Hier, trinken Sie. Sie haben einen Schock erlitten.« Ein Glas erschien in ihrem Gesichtsfeld.

Irgendwie schaffte sie es, den Whisky in ihren Mund zu befördern, zu schlucken. Der Alkohol brannte in ihrer Kehle, bahnte sich einen Weg in ihren Magen. Sofort wurde ihr warm. Sie hatte seit heute Morgen nichts mehr gegessen – auch bei der Totenfeier hatte sie keinen Bissen herunterbekommen.

Sie bewegte den Kopf, sah den Anwalt an, der nachdenklich in sein Glas schaute.

»Und *ich* dachte, ich hätte in meinen dreißig Jahren Praxis alles gesehen.« Er nahm einen kräftigen Schluck. Sein Blick traf Lenas. »Es tut mir leid, das haben Sie nicht verdient. Das verdient keiner.«

Wieder trat Stille ein. Lena leerte das Glas, überlegte, einen weiteren Whisky zu verlangen. Doch sie dachte an später. Sie würde Kopfschmerzen bekommen, nicht ordentlich schlafen. *Immer so vernünftig, Lena. Alles hat seinen Platz, du bestehst aus nichts als Regeln, ein Langweiler, der aus dem Nichts kam und im Nichts untergehen wird, namenlos und ohne Heimat oder Familie.*

Sie stand abrupt auf. »Wer bin ich eigentlich?«

Dr. Schumann folgte ihrem Beispiel und reichte ihr den Umschlag mit den Dokumenten, die Adoptionsurkunde ordentlich gefaltet. »Ich werde mich umhören. Es muss doch eine Möglichkeit geben, etwas über Ihre Familie herauszufinden. Auch wenn es lange her ist.« Er half ihr in den Mantel. »Ich melde mich.«

Lena trat auf die Straße. Alles, was sie denken konnte, war, dass all das mehr als fünfzig Jahre zurücklag, in einem Land, das seit Jahrzehnten in russischer Hand ruhte. Mehr als zwölf Millionen Menschen waren damals geflohen, das wusste sie von den Erzählungen ihrer Mutter.

Es war aussichtslos, reine Zeitverschwendung.

KAPITEL ZWEI

Ellie, Samland, Ostpreußen, 8. Oktober 1944

Ellie Johansen mühte sich, den Arm der schweren Obstpresse zu bewegen und gleichzeitig die dreijährige Helene im Blick zu halten, die versuchte, eins der Hühner mit Gras zu füttern. Die Apfelernte war gut ausgefallen, doch Ellie wusste kaum noch, wo sie mit dem vielen Obst hinsollte. Die Kellerregale standen voll mit eingemachtem Mus, Pflaumen, Birnen und Marmeladen, Gurken und Paprika. Sie würde versuchen, den Saft morgen auf dem Wochenmarkt zu verkaufen. Lange würde er ohne Einkochen nicht halten.

Früher war sie die paar Kilometer nach Königsberg gefahren, doch vor sechs Wochen hatten die Briten die Stadt in zwei nächtlichen Angriffen fast völlig zerstört. Die Erde hatte gebebt, selbst hier, kurz vor Neuhausen, und der Himmel hatte wie bei einem heftigen Gewitter geflimmert. Zunächst hatte sie das Geräusch der herannahenden Bomber gar nicht erkannt, es hatte an einen gigantischen Schwarm Hornissen erinnert, doch dann hatte sie gewusst, was kommen würde und hatte sich mit Lenchen im Kohlenkeller versteckt. Dort hatten sie stundenlang ausgeharrt, während Königsberg in Flammen aufging.

Sie hatte den schrecklichen Brandgeruch immer noch in der Nase, der mit dem Wind mehr als eine Woche hinübergetragen worden war. Tausende Frauen und Kinder waren umgekommen. Seitdem kamen ständig Menschen vorbei, die ihre Wohnungen verloren hatten und Unterkünfte suchten. Wenn Ellie ihnen in der

Scheune einen Platz gab und Kartoffeln und Zwiebeln verteilte, munkelten die Flüchtlinge, dass auch der Russe auf dem Weg sei. Dass es in Ostpreußen keinen sicheren Platz mehr gäbe. Und dann zogen sie weiter, den Blick in die Ferne gerichtet, als wüssten sie ganz genau, wo es hinging.

Ellie lief ein Schauer über den Rücken. Sie liebte ihren Hof, auch wenn sie im Moment mit dem einzig übrig gebliebenen Knecht, der zu alt und krank für die Front war, viel zu viel zu tun hatte. Friedrich, der im Ersten Weltkrieg verwundet worden war und seitdem ein Bein nachzog, lebte seit dreißig Jahren auf ihrem Hof. Die Hälfte der Felder lag brach. Der Rest war mehr schlecht als recht bestellt. Ihr Mann Albert, der seit drei Jahren irgendwo im Westen diente, würde vor Frustration den Kopf schütteln und ihr eine Standpauke halten. Sie seufzte. Er war nicht da, und sie musste sehen, wie sie über die Runden kam. Doch sie würde auf ihn warten, denn wenn er zurückkehrte, würden sie den Hof wieder aufbauen, vielleicht sogar vergrößern.

»Lenchen, komm, hilf mir mit den Äpfeln«, rief sie ihrer Tochter zu, deren Schürze inzwischen mehr braun als weiß war.

Helene tapste grinsend auf sie zu, in der einen Hand eine Hühnerfeder, in der anderen einen Stein. »Hab ich gefunden«, erklärte sie stolz.

Ellie musste lachen, auch wenn sie ihre Tochter am liebsten von Kopf bis Fuß in den Wassertrog getunkt hätte. Die Kleine war einfach goldig. Zu schade, dass Albert sie nie sah, nur zweimal, nachdem sie geboren war, hatte er Heimaturlaub bekommen. Ellies Augen trübten sich. Keine Zeit für Sehnsucht und dumme Gedanken der Verzweiflung.

Entschlossen wischte sie sich mit dem Handrücken über die Augen und führte Helene zum Brunnen, wusch ihr behutsam Gesicht und Hände. »Du hast bestimmt Hunger, lass uns was essen.«

Nachdem sie Helene versorgt und zum Mittagsschlaf hingelegt hatte, eilte Ellie erneut hinaus. Friedrich hockte im Schatten des riesigen Birnbaums und wischte sich den Schweiß von der Stirn. Dabei war es gar nicht warm, ein kühler Wind kündigte den herannahenden Winter an.

»Salat und Zwiebeln sind gepflanzt«, rief er, als er Ellie sah. »Ist *wieder* weniger als letztes Jahr.«

Ellie klopfte ihm auf den Oberarm. »Wir tun, was wir können. Es wird schon reichen. Irgendwann muss der Krieg doch zu Ende gehen.«

»Nicht, bis der Führer uns alle niedermacht.« Friedrich kniff die Augen zusammen. Wenn sie hier unter sich waren, ließ er kein gutes Haar an den Herren in Berlin. Er hatte im Ersten Weltkrieg schwer gelitten und hatte den Ausbruch des zweiten Kriegs vom ersten Tag an verflucht. Ellie hatte ihn gewarnt, vorsichtig zu sein, wenn andere in der Nähe waren. Inzwischen kam das kaum noch vor, die Menschen hatten genug mit sich zu tun, andere zogen aus Angst vor den Russen nach Westen.

Sie würde bleiben und auf Albert warten.

»Iss was und leg dich einen Moment hin«, meinte sie irgendwann. »Danach kannst du mir mit der Apfelpresse helfen. Ich schaffe es nicht allein. Und morgen hacken wir Holz. Es wird langsam kalt.«

Lenchen tauchte mit roten Schlafbäckchen auf, als Ellie gerade im Gemüsegarten das Unkraut entfernte. »Mama, will helfen.«

So wühlten sie nebeneinander in der Erde, und wäre Albert daheimgewesen, hätte sich Ellie kaum etwas Besseres vorstellen können.

Am Abend fuhren sie mit dem Pferdewagen wie jeden Freitag zu ihrer Mutter Margarete, die nach dem Tod von Ellies Vater vor sechs Jahren ein kleines Gestüt von Trakehnern weiterführte, während Friedrich den Hof bewachte. Er hatte eigens das alte Gewehr herausgeholt, geölt und ausprobiert. »Man weiß nie«, murmelte er mindestens zehnmal am Tag.

Ganz unrecht hat er nicht, dachte Ellie. Wer wusste schon, was in den Menschen vorging, die alles verloren hatten? Meistens waren es Frauen und Kinder, die waren in der Regel harmlos und dankbar. Aber hier und da tauchte ein ehemaliger Soldat auf, vielleicht ein Deserteur, und auch die noch rüstigen Alten durfte man nicht unterschätzen.

»Bleib nicht so lange«, meinte er, das Gewehr über der Schulter. »Man weiß nie.«

Ihre Mutter nahm Ellie in den Arm, doch ihr Blick lag auf Lenchen, die jauchzend auf das Fohlen zulief, das gestern geboren worden war. »Vorsicht, bleib am Zaun. Die Stute –«

Lenchen war bereits auf die unterste Latte der Einfriedung geklettert und hielt dem Fohlen ihr Ärmchen entgegen, »Baby, komm. Liebes Baby«, als Ellie sie erreichte und sicher wieder auf den Boden stellte. Dabei pochte ihr Herz bis in den Hals, und sie spürte, wie Adrenalin sie durchströmte und ihr den Atem nahm.

Gegen Lenchens Protest führten die beiden Frauen sie ins Haus. »Schau mal, jetzt gibt es Apfelkuchen.« Margarete stellte ihrer Enkelin ein viel zu großes Stück hin, doch Ellie ließ es durchgehen. Sie musste erst einmal zur Ruhe kommen. Stuten konnten gerade in den ersten Wochen aggressiv reagieren. Ellie wollte sich nicht ausmalen, was dem Kind hätte zustoßen können. Sofort machte sie sich selbst Vorwürfe. Sie hätte Lenchen nicht allein davonlaufen lassen dürfen, während sie ihre Mutter begrüßte. Sie würde von jetzt an viel besser aufpassen. Überall lauerten Gefahren.

Margarete sank auf einen Stuhl. »Ich weiß langsam nicht mehr, wie ich die Arbeit bewältigen soll. Gestern ist wieder einer der Knechte abgehauen, er machte sich Sorgen wegen der Russen. Meinte, die kommen bald und bringen alle um. Er hat seine Frau und seinen Sohn eingepackt und will im Westen neu anfangen.«

Ellie tätschelte die Hand ihrer Mutter. »Vielleicht musst du noch ein paar Pferde abgeben.«

Margarete stand abrupt auf und ging zum Herd. »Dann kann ich gleich aufgeben. Ich habe deinem Vater versprochen, dass ich weitermache.«

»Vater wusste nichts vom Krieg. Er würde wollen, dass du in Sicherheit bist und dich nicht überarbeitest.«

Ihre Mutter rührte in einem Topf. »Gibt Bohnensuppe. Ich hatte keine Zeit, etwas Aufwendiges vorzubereiten.«

Ellie eilte zu ihrer Mutter und legte einen Arm um ihre Schultern. »Ist doch völlig egal, was wir essen. Hauptsache, es geht uns gut.« Ihr Blick wanderte zu Lenchen, die schweigend ihren Kuchen verspeiste, wobei sich unter ihrem Stuhl jede Menge Krümel ansammelten. Ihre Tochter so zu sehen, ließ ihr das Herz aufgehen: die blonden Zöpfe, das fast schon zu kurze Kleidchen, die noch etwas pummeligen Arme. Ellie wäre am liebsten zu ihr gegangen und hätte sie mit Küssen überschüttet.

»Ich will hier nicht weg.« Margaretes Stimme klang trotzig. »Das ist alles, was ich kenne.«

»Musst du ja auch nicht. Und wenn, verstecken wir uns eine Weile und gehen dann zurück zu unseren Höfen.« Ellie dachte an die Obdachlosen aus Königsberg. Was war, wenn der Russe ihre Häuser zerstörte oder die Engländer mit ihren Bomben zurückkehrten?

Sie schüttelte den Kopf, als könne sie die unangenehmen

Gedanken vertreiben, doch während des Essens wollte keine Unterhaltung aufkommen und Ellie verabschiedete sich gleich danach.

Es dämmerte, und sie wollte auf jeden Fall vor der Dunkelheit zu Hause sein.

Auf dem Weg kamen ihr zwei Frauen mit Handkarren und drei kleinen Kindern entgegen. Sie nickten kurz, bevor sie den Blick wieder auf den Boden richteten, ihre Mienen schwer zu lesen. Das ungute Gefühl war wieder da.

Zwei Wochen später erschien Margarete überraschend auf Ellies Hof.

»Hast du gehört?«, rief sie, kaum dass sie vom Kutschbock gesprungen war. »Die Russen waren in Nemmersdorf, haben das halbe Dorf ermordet.«

Ellie nahm Helene auf den Arm und lief ihr entgegen. »Komm erst mal rein.«

Margarete zog die *Königsberger Allgemeine Zeitung* aus der Handtasche. »Schau mal.«

Ellie setzte Lenchen wieder ab und überflog die Zeilen. »Das erklärt zumindest, warum in den letzten Tagen viel mehr Menschen auf der Straße sind.«

»Nur gut, dass die Wehrmacht die Russen zurückgeschlagen hat. Ich will gar nicht dran denken, was sonst hätte passieren können. Es sind gerade mal hundert Kilometer bis nach Nemmersdorf.«

Wieder regte sich in Ellie das Unbehagen. Wenn die Russen einmal eingedrungen waren, konnten sie es jederzeit wieder versuchen.

»Wir sollen auf jeden Fall ganz normal weitermachen«, meinte ihre Mutter. »Die Wehrmacht hat alles im Griff.«

So wie sie Königsberg und Stalingrad im Griff hatte? Manchmal fragte sich Ellie, wie ihre Mutter so blind sein konnte. Laut sagte sie: »Vielleicht sollten wir uns ein Versteck vorbereiten. Irgendwo, weg von den Höfen.«

Margarete schaute sie entgeistert an. »Willst du irgendwo ein Loch graben? Der Winter kommt. Das geht doch nicht.«

Als Ellie abends im Bett lag, ging ihr der Bericht in der Zeitung nicht aus dem Kopf. Sie bezog keine Zeitung mehr, hatte ohnehin keinen Moment der Ruhe. Was der Hof nicht einnahm, benötigte Lenchen.

Sie war viel zu klein, um sie aus den Augen zu lassen. Manchmal nahm Ellie sie beim Arbeiten auf den Rücken, doch das verursachte ihr bald Schmerzen in den Lendenwirbeln und Lenchen zappelte ungeduldig, weil sie lieber herumlief.

Sie dachte an Albert, dessen Feldpost immer seltener geworden war. Wie gerne hätte sie alles mit ihm besprochen. Sicher wusste er viel mehr über die Situation des Landes. Es war schwer auszumachen, was wirklich stimmte, aber sie traute Goebbels und den fieberhaften Stimmen aus dem Radio schon lange nicht mehr.

Am Anfang hatten sie von einem Großdeutschland gesprochen, sie wollten alles besser machen. Aber nach und nach war alles schlechter geworden, die englischen Bomber warfen ihre tödlichen Lasten ab, die Amerikaner waren in Frankreich gelandet. Angeblich war alles unter Kontrolle, doch inzwischen wussten sie selbst hier in Ostpreußen, dass die Amerikaner auf dem Vormarsch nach Deutschland waren. Und jetzt standen die Russen auf der anderen Seite, kaum mehr als einhundert Kilometer von ihrem Hof … und Lenchen.

Ein Schluchzer erhob sich in der Stille. Ellie setzte sich auf und schaute aus dem Fenster. Zum ersten Mal verstand sie, dass ihr Leben eine Illusion war.

KAPITEL DREI

Lena

Als der Wecker um sechs Uhr klingelte, stellte Lena ihn ab und warf sich auf die andere Seite. Sie hatte die ganze Nacht kein Auge zugemacht, während der Text der Adoptionsurkunde in ihrem Kopf herumgetanzt war, unterbrochen von Szenen aus ihrer Kindheit: Katarina an ihrem Schreibtisch, unnahbar, das Haar perfekt gelegt, ihr kritischer Blick, wenn Lena mit Lehmresten an den Knien und sich auflösenden Zöpfen auf einen der kostbaren Teppiche getreten war.

Hatte sie nicht schon immer gewusst, dass etwas nicht stimmte? Dass Katarina viel zu distanziert gewesen war, zu reserviert und missbilligend? Sowohl ihr Vater als auch ihre Mutter hatten dunkle Haare gehabt, sie dagegen war ihr ganzes Leben blond gewesen.

Doch wenn sie ehrlich war, hatte sie ihre Position als Tochter der von Schweigs nie infrage gestellt. Im Gegenteil, sie hatte das Ansehen der Familie genossen. Sie waren schließlich vom Adel, etwas Feines, so hatte ihre Mutter es regelmäßig ausgedrückt. Vor allem, wenn Lena eine Freundin aus der Schule mitgebracht hatte. »Das ist kein Umgang für dich«, hieß es jedes Mal. Und so waren die wenigen Freundschaften in der Schule bald versiegt, und Lena hatte an den Nachmittagen allein im Garten gespielt.

Dabei war sie nichts Feines, sondern ein Kind, das von irgendwo und irgendwann stammte – ein Nichts aus einem Land, das es nicht mehr gab.

Sie öffnete die Augen, blinzelte heftig, um die Tränen zu

vertreiben. Katarina hatte immer gesagt, dass Tränen ein Zeichen von Schwäche seien, und Lena hatte sich jedes Mal geschämt, wenn ihre Emotionen sie zum Weinen gebracht hatten. Sie hatte einfach nicht anders gekonnt. Erst in den letzten zwanzig Jahren hatte sie gelernt, sich in den Griff zu bekommen. So wie ihre Mutter hatte sie sich oft unnahbar gegeben. Lag es daran, dass sie nie eine tiefere Beziehung mit einem Mann eingegangen war?

Doch ihre Mutter war tot, ihr Vater auch. Keiner konnte sie zur Rechenschaft ziehen, wenn sie weinte. Und was sie gestern erfahren hatte, war definitiv Grund genug.

Gegen zehn Uhr klingelte das Telefon. Sie ging nicht ran.

»Frau von Schweig?«, erklang die Stimme auf dem Anrufbeantworter. »Christina hier, Ihre Assistentin. Ich wollte nur sichergehen, dass alles in Ordnung ist. Wir haben heute um elf Uhr einen Termin mit dem Betriebsrat. Auf dem Kalender ist nicht eingetragen, dass Sie verhindert sind. Ich … es tut mir leid. Melden Sie sich bitte?«

Lena starrte aus dem Fenster. Sie war immer noch im Schlafanzug, etwas, das nicht mal am Wochenende vorkam. Hunger hatte sie auch nicht. Sie sollte Christina anrufen, sich entschuldigen, duschen und ins Büro gehen. Doch sie tat es nicht. Irgendwann ging sie zum Kühlschrank und aß drei saure Gurken. Auf dem oberen Regal lag eine Tafel Lohmann-Schokolade, die sie ebenfalls in sich hineinstopfte. Dann machte sie Kaffee, extra stark mit zwei Stücken Zucker und einem ordentlichen Schuss Cognac.

Die alte Lena von Schweig hatte jegliche Süßigkeiten und beinahe allen Alkohol vermieden. Die neue Lena, wer immer sie war, interessierte das nicht die Bohne. Sollten sie ihr den Buckel herunterrutschen.

Gegen zwei Uhr verließ sie das Haus, doch bis zur Bank kam sie nicht. Wie sollte sie ihre Abwesenheit erklären, ihr Aussehen? Sie trug Sportschuhe und Jeans. So ging man nicht zur Arbeit. Sie kaufte Brot, Butter und Leberwurst, Brie aus der Normandie, drei Pakete Eiscreme und eine neue Flasche Cognac, schlenderte durch die Einkaufsstraßen, als sähe sie sie zum ersten Mal. Sie war ein Gast in einer neuen Stadt, eine Fremde, deren Heimat es nicht mehr gab.

Hatten sich ihre Eltern, also Hans und Katarina, auch so gefühlt, nachdem sie hier gelandet waren? Erklärte sich ihre eigene innere Unruhe durch ihre fragwürdige Herkunft? Warum hatte sie die beiden nie nach Ostpreußen gefragt? Warum hatte sie angenommen, dass sie sich hier im Münsterland heimisch fühlten? Mit ihr hatten sie nie über Ostpreußen gesprochen, ganz so, als hätte die Vergangenheit ihrer Eltern nie existiert.

Sie war also ein vertriebenes Kriegskind, kein Kind einer adeligen Familie, ihre Adoptiveltern hatten sie fünfzig Jahre lang belogen. Zu ihrem Schock gesellte sich Wut, glühend heiße Wut, die ihr den Atem nahm. Sie blieb abrupt stehen, sodass die Passantin hinter ihr sie anrempelte und beschimpfte.

Lena ignorierte den Schmerz in ihrer Ferse und die Frau und zwang sich, tief zu atmen. Ein frostiger Wind wehte, doch sie spürte keine Kälte, nur diese Hitze in ihrer Brust, die sich zum Hals und in den Unterleib ausbreitete.

Als sie ihre Wohnung betrat, wartete eine weitere Nachricht ihrer Assistentin. »Ich mache mir wirklich Sorgen. Melden Sie sich bitte. Auch heute Abend bei mir.« Sie hinterließ eine Privatnummer.

Lena löschte die Nachricht und goss sich Cognac ein. Nicht im bauchigen Glas, wie es sich gehörte, sondern im Wasserglas. Ihre Mutter hätte die Nase gerümpft. Gut!

Sie leerte das Glas und trank ein zweites. Dann setzte sie sich an den Tisch und verspeiste wie eine Verhungernde Brot mit Leberwurst und Käse. Als ihr Magen rebellierte, rannte sie ins Bad und erbrach alles wieder.

Am nächsten Morgen blieb der Wecker stumm, und Lena schlief zum ersten Mal seit Jahren in den Morgen hinein. Die Türklingel weckte sie.

Lena kroch aus dem Bett und schlich zum Eingang. Hatte sie etwas bestellt? Meistens ließ der Paketbote die Sachen vor der Tür. Sie schrak zusammen, als es klopfte.

»Frau von Schweig, Christina hier. Sind Sie da? Ist alles in Ordnung?«

Lena schluckte. Ihr Hals schmerzte vor Trockenheit, ihr Kopf dröhnte, sie musste unbedingt etwas trinken. Wenn sie sich nicht meldete, holte die Frau womöglich die Polizei. »Ich habe mich schrecklich erkältet.« Tatsächlich klang ihre Stimme belegt. »Tut mir leid.« Sie hustete theatralisch.

»Kann ich etwas holen? Medikamente, etwas zu essen?« Christina klang aufrichtig besorgt.

»Ich habe alles … danke.«

»Dann … gehe ich wieder ins Büro. Rufen Sie mich jederzeit an. Auch nachts«, kam es durch die Tür.

Lass mich doch in Ruhe. Laut sagte Lena: »Sehr nett von Ihnen. Ich melde mich gegebenenfalls.«

Doch auch am nächsten Tag ging sie nicht ins Büro. Und dann war Freitag. Da lohnte es sich kaum mehr. Wann hatte sie je eine Woche ausgesetzt? Und das unentschuldigt? Selbst in den geplanten Urlauben war sie oft doch in die Bank gegangen. Weil sie nichts Besseres zu tun hatte, weil die Bank ihr Leben bedeutete. Lachhaft.

Dabei war ihr ständig zum Weinen zumute. Oder sie wollte schreien. Einfach so, ohne Grund, wollte sie ihre Wut, ihre Fragen und Verwirrung herausschreien. Laut genug, dass ihre Eltern sie hören konnten.

Das Telefon klingelte schrill – anklagend –, verstummte. Christina würde sich bis Montag gedulden müssen.

Das Wochenende lag vor ihr, lange Tage, an denen es nichts zu tun gab. Sie hatte sich selten darauf gefreut. Wenn ihre Kollegen von Kurzreisen und Feiern sprachen, von Wanderungen und leckerem Essen im Lokal, hatte sie so getan, als sei sie zu beschäftigt. Dabei gab es daheim kaum etwas zu tun. Ihre Putzfrau hielt die Wohnung peinlich sauber. Es gab weder Haustiere noch Familienbesuche, noch traf sie sich mit Freunden. Ihre einzige Freundin Claudia sah sie normalerweise einmal im Monat in irgendeiner Pizzeria, oder sie gingen gemeinsam ins Kino.

Gelangweilt griff Lena nach der Fernbedienung und schaltete den Fernseher ein. Sie musste sich ablenken, würde sich einen Cognac gönnen und auf der Couch vor sich hindösen.

Das Klingeln an der Tür riss sie aus ihren Gedanken.

»Verdammt!« Mit langen Schritten ging Lena zum Eingang. Warum war ihre Assistentin so aufdringlich? Am liebsten hätte sie die Tür aufgerissen und das Mädchen geschüttelt. Doch so wie sie aussah, durfte sie kein Mensch sehen. Strähnige Haare, der Pulli voller Flecken. Sie brauchte dringend eine Dusche.

»Frau von Schweig? Ich bin es, Dr. Schumann. Ich muss dringend mit Ihnen sprechen.«

Lena legte die Stirn an die Tür. »Mir geht es nicht gut.«

»Das weiß ich«, kam es von der anderen Seite. »Ich will Ihnen helfen. Wir haben eine Menge Arbeit vor uns.«

Lena richtete sich auf und starrte die Tür an, ganz so, als könne sie ihrem Anwalt ins Gesicht sehen. »Ich kann keine Gäste empfangen«, hauchte sie, mehr zu sich als zu Dr. Schumann.

Doch der Mann musste ein Gehör wie eine Fledermaus haben. »Glauben Sie mir, ich habe schon alles gesehen. Machen Sie auf.«

Lena öffnete einen Spalt und spähte in die nahende Dunkelheit. Ihr Anwalt schaute sie fragend an, aber da blitzte etwas in seinen Augen, das sie neugierig machte.

Wenig später saßen sie im Wohnzimmer. Lena hatte ihnen zwei großzügige Cognacs eingeschenkt und sich unter der Wolldecke verkrochen.

Der Anwalt schnupperte am Glas, ließ sich aber nicht anmerken, wie ungewöhnlich sich seine Klientin verhielt oder wie chaotisch es aussah. Schmutzige Gläser, eine Schüssel mit eingetrockneten Haferflocken, Papier von drei Tafeln Schokolade, die sie seit gestern verspeist hatte, Taschentücher, ein Stapel *Westfälischer Nachrichten* und *FAZ*, die Lena noch lesen wollte, aber die wahrscheinlich in der Altpapiertonne landen würden.

Stattdessen holte er ein Dokument aus der Aktentasche. »Ich habe mich erkundigt. Es gibt einige Möglichkeiten, Ihre Herkunft zu recherchieren.« Er hielt inne und nahm einen Schluck. »Oder wollen Sie das so stehen lassen?«

Lena starrte ihren Anwalt an. »Was meinen Sie?«

»Wollen Sie nicht zumindest versuchen, herauszufinden, wer Sie sind? Ihre Eltern, Ihren Namen, Ihre richtige Familie und die Umstände der Adoption?«

Lena hatte nach dem Glas greifen wollen, doch die Worte des Anwalts rissen die Wunde wieder auf, und sie ließ die Hand sinken.

Da sie nicht antwortete, fuhr der Anwalt fort. »Ich kann nichts versprechen, aber es gibt einiges, was wir probieren sollten.« Ein kleines Lächeln war auf seine Züge geschlichen, das ihn jünger aussehen ließ, und der Funke lag wieder in seinen Augen. Er sah gut aus, schlank und breitschultrig, vor allem seine tiefe Stimme gefiel Lena.

»Ich weiß, dass Ihnen das nicht weiterhilft, aber Ihre Situation gab es öfter. Nach dem Zweiten Weltkrieg forschten mehr als hundertdreißigtausend Kinder nach ihren Eltern. Sie hießen Suchkinder, vielleicht weil sie suchten und gesucht wurden.« Dr. Schumann nahm einen Schluck Cognac und fuhr fort. »Nach dem Krieg herrschte in ganz Deutschland Chaos. Mehr als sechzehn Millionen Menschen wurden vermisst, jeder Vierte suchte ein Familienmitglied … oder mehrere.« Er beugte sich vor. »Damals wurde viel unternommen, um die Familien zusammenzuführen. Es gelang nicht immer.«

»Offensichtlich!«, brach es aus Lena heraus. »Wahrscheinlich haben sie es gar nicht versucht.«

»Oder Ihren leiblichen Eltern ist etwas zugestoßen. Auf jeden Fall sind viele Kinder in Waisenhäusern oder bei Pflegeeltern aufgewachsen. Und manchmal, wenn die Eltern gefunden wurden, wollten die Kinder gar nicht mehr zurück.«

»Ha, ich kann mir kaum vorstellen, meine Mutter nicht zu wollen.«

»Vielleicht. Aber Sie waren ja selbst noch so klein, dass Sie keine Erinnerung an Ihre Eltern haben. Richtig?«

»Kam Hans und Katarina ja voll entgegen.« Lena leerte das Cognacglas und beäugte die Flasche. Seit Montag versuchte sie, sich irgendetwas aus ihrer frühen Kindheit ins Gedächtnis zu rufen, doch die ersten Szenen waren alle aus der Villa hier in Münster.

»Die Umstände kennen wir nicht. Aber meinen Sie nicht, wir sollten erst mal herausfinden, was passiert ist, bevor Sie Ihre Adoptiveltern verurteilen?«

Lenas Blick schoss zu ihrem Anwalt. »Sie meinen tatsächlich, wir könnten etwas über meine Herkunft herausbekommen?«

»Nicht garantiert und mit Sicherheit mit einem Haufen Zeit und Arbeit, aber vielleicht haben wir ja Glück.«

Lena lehnte sich zurück und nickte. »Vielleicht haben Sie recht, und meine Eltern haben nur Gutes gewollt. Sie hätten es mir trotzdem sagen müssen.«

»Stimmt. Aber alle Menschen machen Fehler – wir auch.« Dr. Schumann nahm einen Schluck, als wüsste er, wovon er spräche.

Lenas Blick wanderte zurück zu ihrem Anwalt. »Also gut, wo fangen wir an? Und wie sollen wir das verrechnen? Sie wollten doch helfen.«

»Sagen wir es so, Sie werden die meiste Arbeit machen und ich berate Sie.« Der Funke von vorhin war zurück. »Laden Sie mich ab und zu mal zum Essen ein, das ist genug Bezahlung.«

Lena merkte, wie sich ihr Gesicht zu einem Lächeln verzog.

Am Sonntagnachmittag verfasste Lena einen Brief an die Leitung der Deutschen Kontorbank.

Sehr geehrte Damen und Herren,

nach dem Tod meiner Mutter muss ich mich um dringende persönliche Geschäfte kümmern. Ich bitte daher um eine dreimonatige Auszeit. Ab dem 1.

August stehe ich wieder voll und ganz zur Verfügung. Ich entschuldige mich für eventuelle Engpässe, die meine Abwesenheit verursachen könnte.

Mit freundlichen Grüßen

Lena von Schweig

Entschlossen klebte sie den Umschlag zu und steckte ihn auf dem Weg zum Restaurant *Pinkus Müller* in den Postkasten der Bank. Sie beschleunigte ihre Schritte, nicht weil es mal wieder Bindfäden regnete und ein hässlicher Wind wehte, sondern weil sie eine neue Energie in sich spürte, ja sich regelrecht freute, etwas, das sie seit vielen Jahren nicht getan hatte.

Dr. Schumann stand auf und nahm ihr den Mantel ab, als sie sich zu ihm durchgekämpft hatte. Die Brauerei lief auf vollen Touren, und es war reichlich laut.

»Vielleicht treffen wir uns nächstes Mal in einem ruhigeren Gasthof«, meinte er lachend. »Zum Glück habe ich die ersten Schritte notiert. Die können Sie abarbeiten, genau so, als säßen Sie im Büro.« Er zwinkerte und schob ihr einen Umschlag zu.

Lena brannte darauf, Schumanns Notizen zu lesen, doch sie hielt sich zurück. Stattdessen bestellte sie sich ein großes Altbier und ein Schnitzel mit Kartoffelsalat, eine Unmöglichkeit in ihrem alten Leben, in dem sie einen gesunden Salat mit Putenbrust bestellt hätte. Ihr Anwalt schien ähnlich Appetit zu haben, und sie verbrachten zwei vergnügliche Stunden.

»Melden Sie sich mit den Ergebnissen, dann sehen wir weiter«, sagte Dr. Schumann, als sie ins Freie traten. »Das ist erst der Anfang.«

Sobald das Standesamt am Montagmorgen öffnete, stellte Lena einen Antrag auf Auskunft aus dem Geburtenregister. Sie zeigte Ausweis und Adoptionsvertrag, der von der Dame am Tresen ohne Reaktion begutachtet und kopiert wurde.

»Es wird ein paar Tage dauern, Sie bekommen schriftlich Bescheid.«

Wieder auf der Straße steuerte Lena das Jugendamt an. Das war der zweite Punkt auf Dr. Schumanns Liste gewesen. Hier sollte sie sich nach den Namen ihrer tatsächlichen Eltern erkundigen. Laut Dr. Schumann existierte eine Adoptionsakte, in der oft wahres Gold zu finden war.

»Haben Sie einen Termin?«, fragte die Dame an der Rezeption.

»Nein, ich brauche eine Auskunft über meine Adoption.« Lena

schob den Vertrag über den Schreibtisch.

Die Dame blinzelte. »Das wird dauern, die alten Akten wurden archiviert. Hinterlassen Sie Ihre Adresse. Jemand wird sich mit Ihnen in Verbindung setzen.«

Enttäuscht ging Lena wieder hinaus. Wenn es so weiterging, würde sie Jahre brauchen, bis sie die Wahrheit erfuhr. Vielleicht hatte sie ja Glück und die Akte enthüllte, warum ihre leibliche Mutter sie abgegeben hatte. Vor allem brauchte sie ihren richtigen Familiennamen, damit sie ihre Familie suchen konnte.

Beim Familiengericht, Punkt drei auf Dr. Schumanns Liste, wurde ihr mitgeteilt, dass Akten der Adoptionsverfahren inzwischen vom Jugendamt verwaltet wurden.

Als sie heimkam, lag im Briefkasten eine Karte von Tante Anna aus Tunesien, adressiert an ihre Mutter. Anna reiste gerne in der Weltgeschichte herum und schrieb altmodische Postkarten. Lena hatte ganz vergessen, ihr vom Tod ihrer Schwester zu berichten. Anrufen wollte sie nicht. Sie würde ihr einen Brief schreiben.

KAPITEL VIER

Ellie

Normalerweise freute sich Ellie auf den Winter. Es gab außer mit der Tierfütterung im Stall weniger Arbeit, und sie mochte die Wärme des Holzfeuers, das Tag und Nacht im Küchenofen prasselte. An Sonntagen hatten sie früher auch den Kamin im Wohnzimmer entfacht, doch das hatte sie aufgegeben, nachdem Albert eingezogen worden war.

Dieses Jahr war anders. Nicht nur, weil sie ständig Holzscheite verloren – sie wusste, dass viele der vorbeiziehenden Familien das eine oder andere Stück Holz mitgehen ließen –, sondern auch weil sie die Stille, die das Haus füllte, beunruhigte.

Lenchen spielte in der Regel mit dem Bär, den Ellie ihr zum Geburtstag am 1. September aus dem Plüschfutter einer alten Jacke genäht hatte, oder mit der von Friedrich geschnitzten Kuh. Eigentlich hatte sie in Königsberg ein Spielzeug kaufen wollen, doch nach der Bombardierung traute sie sich nicht mehr in die Stadt. Lenchen schien es nicht zu stören, dass das Stofftier schiefe Augen und eine aufgenähte Nase hatte, sie trug ihre beiden Schätze überall mit sich herum, legte sie zum Schlafen oder fütterte sie mit Krümeln und Gras. Auch jetzt saß Lenchen vor dem warmen Ofen und hielt ein Zwiegespräch mit ihrem Teddy, der Hugo hieß.

Doch Ellie hörte nicht zu, sie war mit ihren Gedanken bei Albert und dem Brief, der heute gekommen war.

Liebste Ellie,

immer noch warte ich auf Heimaturlaub, schon im Sommer habe ich einen

Antrag gestellt, doch der wird und wird nicht genehmigt. Ich … wir alle sind ganz ausgemergelt. Das Essen wird zunehmend schlechter, und wir müssen oft die Einheimischen bestehlen. »Beschlagnahmen« nennen sie es, aber es tut mir in der Seele weh, denn die Menschen haben kaum genug für sich selbst. Wir sind ständig auf Wanderschaft, oft schlafen wir nur eine Nacht an einem Ort, oft im Freien. Wie viele meiner Kameraden habe auch ich Schützengrabenfuß, es juckt und kribbelt zum Verrücktwerden – die Schuhsohlen sind durchgetreten, bei jedem Regen saugt sich alles voll. Es gibt keine neue Ausrüstung, selbst die Munition ist kaum ausreichend. Doch genug von mir.

Wie kommst du über die Runden? Ich hoffe, Friedrich ist weiterhin gesund genug, um dir zu helfen. Und wie geht es unserem Lenchen? Ich kann es kaum erwarten, sie in meine Arme zu schließen, euch beide. Das Foto von ihr trage ich an meinem Herzen und bilde mir ein, dass sie es spürt. Bitte verzage nicht, ich schaffe es zu dir.

In Liebe

Dein Albert

Ellie schaute auf das winzige Foto im Rahmen, das sie im Frühsommer hatte machen lassen, das gleiche, das sie auch Albert geschickt hatte. Ihre Tochter hockte in einem Sessel mit einer Puppe im Arm. Der Fotograf hatte sich abgemüht, damit Lenchen lange genug stillsaß. Das Ergebnis zeigte ein ernstes Mädchen mit festen Zöpfen und einem Schmollmündchen, gar nicht das lebenslustige und neugierige Kind, das sie kannte. Nun, Albert freute sich so oder so, und das war die Hauptsache. Und irgendwann, hoffentlich bald, würden sie wieder vereint sein und Lenchen würde ihren Vater endlich kennenlernen.

Es klopfte, und dann hörte sie Friedrichs Stimme. »Sind wieder Besucher da.«

»Komme.«

Ellie packte Lenchen in ihre Jacke, nahm sie auf den Arm und eilte nach draußen. Diesmal war es eine große Gruppe, mindestens zwanzig Personen, hauptsächlich Frauen und Kinder und zwei alte Männer, bepackt mit Säcken und Koffern, einige zogen Leiterwagen.

»Haben Sie Platz, eine Nacht?« Die Anführerin, eine ältere Frau, wirkte verhärmt und schlecht gelaunt. »Wir können arbeiten, falls Sie was haben.«

Ellie schaute die armseligen Figuren an, die Kinder schienen sich kaum auf den Beinen halten zu können. »Schon gut, Sie können in der Scheune übernachten.« Sie deutete auf das große Gebäude, das nach dem Sommer mit Heu und Stroh gefüllt war. »Wir bringen

Ihnen zu essen.«

Ein flüchtiges Lächeln erschien auf dem Gesicht der Frau, während sie nickte. »Rein da, jetzt«, rief sie über ihre Schulter. »Und sed still, jefälligst.«

»Wo kommen Sie her?«, fragte Ellie.

Die Miene der Frau verdüsterte sich wieder. »Ebenrode. Nich weit von Gumbinnen. Der Iwan hat uns fast erwischt.«

»Die Wehrmacht hat sie doch zurückgeschlagen.«

Die Frau schüttelte den Kopf. »Wenn du das gläubst. Wir haben unsere Sachen gepackt. Is nich enfach, aber die kommen wieder.« Sie schaute nachdenklich einer der jungen Frauen hinterher. »Mene Tochter soll dene nich zum Opfer fallen.«

Ellie schluckte. Die Worte der Frau hallten in ihrem Kopf wider … *Wenn du das gläubst.* Laut Gauleiter Koch war es verboten, zu flüchten. Man solle ausharren, die Wehrmacht sei stark genug, die russische Gefahr zu bannen, hatte es im Radio geheißen.

»Wir sen dankbar, jute Frau«, sagte die Frau gerade.

Ellies Aufmerksamkeit kehrte zu den Besuchern zurück, und sie nickte Friedrich zu. »Mein Verwalter wird Ihnen gleich Kartoffeln und Zwiebeln bringen. Sie können vor der Scheune ein Feuer machen, an der Seite liegt Holz.«

Die Frau nickte und rief einem der älteren Männer etwas zu. Dann folgte sie den Frauen und Kindern in die Scheune.

»Was machen die, Mami?«, fragte Lenchen.

»Die schlafen heute Nacht hier.«

Doch auch nachdem Ellie ihre Tochter ins Bett gebracht hatte, gingen ihr die Worte der älteren Frau nicht aus dem Kopf. *Die kommen wieder.*

Wenn sie über den Verlauf des Krieges nachdachte und daran, wie Deutschland inzwischen von allen Seiten angegriffen wurde, dann lag, was die Frau behauptete, wesentlich näher als die Parolen von Gauleiter Koch.

Ellie kletterte in den Keller und betrachtete die Regale voller eingemachter Früchte und Gemüse. Wie konnte sie das alles zurücklassen? Ihren Hof, ihr Heim? Doch das Gefühl der Sicherheit war spätestens nach dem Angriff auf Königsberg verschwunden. Und ihr Bauch schien sie zu warnen. Konnten all die Menschen, die hier vorbeizogen, falschliegen? Sie hatten den Angriff miterlebt oder zumindest gehört.

Sie mochte sich nicht ausmalen, was die Russen taten, wenn sie

Frauen vorfanden. Die Gerüchte sprachen von schrecklichen Übergriffen. Sie musste an Lenchen denken und sie beschützen. Und was war mit Albert? Wenn sie loszog, würde er Mühe haben, sie zu finden. Seine Feldpost würde vergebens hier landen. Sie musste ihm schreiben. Aber was? Wann war der richtige Zeitpunkt? Der Winter würde bald beginnen und die Flucht erschweren.

Nachdem Lenchen eingeschlafen war, packte sie einen Korb mit eingemachten Pflaumen und Äpfeln und trug ihn in die Scheune.

Die meisten Kinder lagen bereits in Kopftücher und Decken gehüllt im Stroh, auch die zwei Männer schliefen. Aber die ältere Frau und ihre Tochter saßen eng beieinander und flüsterten.

»Hier ist etwas Obst aus dem Keller«, meinte Ellie. »Es wird den Kindern guttun.«

Die Frau nickte. »Sehr freundlich.«

Dann rückte sie auf dem Strohballen beiseite und deutete auf die leere Stelle. »Setz dich, wenn de willst.«

Ellie lächelte schwach. »Wo wollen Sie denn hin?«

»Immer nach Westen, Berlin, oder noch weiter.«

»Wo der Iwan uns nich fängt«, meinte die Tochter, die kaum älter als zwanzig sein konnte.

»Is ja nich mene Angelegenheit, aber des hier …«, die Mutter schaute sich in der Scheune um. »Sie sind allene, oder?«

Ellie nickte. »Mein Mann ist an der Front.« Die paar Männer, die noch übrig waren, gehörten entweder zur NSDAP oder sie waren krank oder invalide.

»Sicher is es hier och nich.«

Wieder nickte Ellie. »Ich warte auf meinen Mann«, hörte sie sich sagen.

Die Frau ergriff ihre Hand, die Finger schwielig und mit Dreck verkrustet. »Du bis jung, nich mehr als zweundzwanzig, richtig?«

»Vierundzwanzig.«

»Du has den janzes Leben vor dir. Wenn se dich hier erwischen, kommst du nich mehr weg.«

Die Worte der Frau hallten durch ihren Kopf, während Ellie ins Haus eilte. Friedrich hatte noch extra Decken verteilt und sich vorsichtshalber mit einem »Man weiß nie« in einem der Ställe am Eingang der Scheune schlafen gelegt.

Im Bett wollte der Schlaf nicht kommen. Von allen Seiten gab es Warnzeichen, Ellie musste etwas tun. Sie nahm sich vor, gleich am nächsten Morgen zu ihrer Mutter zu fahren, um ihre Reise zu planen.

»Ich gehe hier nicht weg.« Ellies Mutter saß in der Küche und nippte Pfefferminztee.

»Hast du keine Angst vor den Russen?«

Ein Schatten wanderte über Margaretes Gesicht, doch dann presste sie stur die Lippen zusammen. »Wo soll ich denn hin? Allein –«

»Du bist nicht allein, wir fahren zusammen. Packen die Pferdewagen. Du kannst einige Sachen mitnehmen, die Fotos und das Silberbesteck, deine gestickten Decken.«

Margarete schaute ihre Tochter an. »Und was mache ich mit den Pferden?«

»Dein Verwalter kann sie versorgen.«

»Wenn ich fort bin, macht der, was er will.«

Wenn die Russen kommen, nützen dir die Pferde auch nichts. Laut sagte Ellie: »Glaubst du wirklich, dass du hier in Sicherheit bist? Glaubst du den Parolen immer noch?«

»Wohl kaum, aber der Gedanke, alles zurückzulassen, ist schlimmer.«

Ellie wollte schreien, doch sie zwang sich zur Ruhe. »Ich darf es nicht riskieren, auch nicht wegen Lenchen.« Ihr Blick fiel auf ihre Tochter, die mit Holzklötzchen einen Turm baute. Sie stand auf. »Aber ich warte noch eine Woche oder zwei. Bitte überleg es dir, zusammen ist alles leichter.«

Auf dem Nachhauseweg fragte sich Ellie, ob sie den Mut haben würde, allein loszufahren. Ihre Mutter war immer in der Nähe gewesen, hatte ihr Rat gegeben, eine Schulter zum Anlehnen, als Albert in den Krieg gezogen war – ihre Mutter war wie eine Freundin, die selbst einsam war. Sie musste sich gedulden, Margarete würde zur Vernunft kommen, vor allem wenn die Flüchtlingsströme weiter anschwollen.

Gegen jede Vernunft träumte Ellie vom Ende des Krieges. Wenn Hitler aufgab, konnten alle nach Hause zurückkehren. Die Bedrohung aus dem Osten würde sich auflösen, sie würden ihr altes Leben wieder aufnehmen.

KAPITEL FÜNF

Lena

Ende der Woche traf Post vom Standesamt ein. Keine der auf der Adoptionsurkunde vermerkten Personen war im Geburtenregister von Münster registriert. *Das hätte ich gleich sagen können. Selbst die von Schweigs stammten aus Ostpreußen und sind irgendwann, wahrscheinlich nach Ende des Zweiten Weltkriegs, in Münster gelandet.* Warum hatte sie nie mit ihren Eltern über die alte Zeit gesprochen?

Doch das hatte sie versucht. Sie erinnerte sich dunkel, als Teenager an einem Projekt gearbeitet zu haben. Es ging um Ahnenforschung, und sie hatte ihre Mutter erwartungsvoll nach ihrer Familie befragt. Doch Katarina hatte abgewunken. »Ist schon lange her. Es war damals eine schwierige Zeit.«

»Aber wir kommen doch aus dem Osten, richtig?« Lena hatte ein Gespräch ihrer Mutter mit einer Freundin überhört. »Wieso sind wir da überhaupt weg?«

Ihre Mutter verzog das Gesicht, als hätte sie auf eine Zitrone gebissen. »Die Russen kamen, das musst du doch in der Schule gelernt haben. Alle Deutschen sind damals ausgewandert.«

»Und was genau ist passiert?«

Katarina schüttelte angewidert den Kopf. »Daran will ich nicht mehr denken. Frag deinen Vater.«

Doch Hans hatte sich ähnlich verhalten. »Wofür brauchst du die Informationen überhaupt? Geht doch die Schule gar nichts an.«

»Frau Heinzmann hat gesagt, wir sollen einen Stammbaum erstellen mit Namen, Geburtsdaten und -orten, und dann sollen wir dazu einen Bericht über die Familie schreiben.«

Hans von Schweig starrte sie entgeistert an. »Über die von Schweigs schreibst du mir nichts.«

»Aber Vater –«

»Kein Aber. Das ist Privatsache. Sag deiner Lehrerin, sie möge sich um ihre eigenen Angelegenheiten kümmern.«

»Das kann ich doch nicht.« Lena kämpfte mit den Tränen. »Ich bekomme eine sechs, meine Note wird im Zeugnis saumäßig aussehen.«

»Wo lernst du solche Wörter …« Ihr Vater seufzte. »Also gut, ich schreibe deiner Lehrerin eine Notiz. Dann lässt sie dich in Ruhe.«

Und damit war das Thema Familiengeschichte im Hause von Schweig gestorben.

Am folgenden Freitag kam endlich Post vom Jugendamt. Lena hatte einen dicken Umschlag erwartet, doch das Kuvert war dünn und enthielt nur ein Blatt.

Die Namen der leiblichen Eltern des adoptierten Kindes Lena von Schweig aus Ostpreußen (Geburtstag und -ort unbekannt) sind unbekannt. Das Kind wurde von Hans und Katarina von Schweig 1945 in Pflege genommen und laut Adoptionsvertrag am 15. November 1950 adoptiert.

Mit freundlichen Grüßen

Ewald Gottfried, Jugendamt Münster

Lena ließ den Brief sinken und griff zum Telefon. Dann überlegte sie es sich anders und zog sich den Mantel an.

Dr. Schumann war allein im Büro, als Lena klingelte. Den ganzen Weg hierher hatte sie innerlich geflucht. Die ganze Sucherei brachte nichts, so viel war klar. Zumindest nicht hier in Münster, wo sie zugezogen waren.

Sie streckte dem Anwalt die beiden Briefe entgegen. »Fehlanzeige auf ganzer Linie.«

Entgegen ihrer Erwartung grinste Dr. Schumann. »Haben Sie etwa erwartet, dass sich das Rätsel um Ihre Herkunft hier löst?« Er trat zur Seite. »Kommen Sie erst mal rein. Dann sprechen wir über die nächsten Schritte.«

Lena sank auf den Stuhl im Besprechungszimmer, während der Anwalt eine Akte öffnete. »Ich habe weiter recherchiert. Die Frage ist, wann und unter welchen Umständen Ihre Adoptiveltern Sie in Pflege genommen haben. Wahrscheinlich gibt es darauf keine

Antwort. Aber es besteht die Möglichkeit, beim Suchdienst des Deutschen Roten Kreuzes nachzufragen, ob zum Beispiel Ihre leiblichen Eltern eine Suchanfrage gestellt haben –«

»Wir wissen nicht mal meinen Nachnamen, wie soll das gehen?« Lena hasste, wie verzweifelt ihre Stimme klang, schrill und hilflos und ein wenig aggressiv, ganz so, als sei der Anwalt mit Schuld an ihrer Situation. Wo war die Frau geblieben, die in der Bank kühl und kontrolliert die Personalabteilung geführt hatte?

Doch Dr. Schumann ließ sich nicht aus der Ruhe bringen. »Es gibt Möglichkeiten, am besten fangen wir hier in Münster an, wo das DRK eine Beratungsstelle hat.« Er schaute auf die Uhr und deutete auf das Telefon auf dem Tisch. »Rufen Sie einfach an und fragen Sie nach einem Termin. Ich hole uns derweil etwas zu trinken.«

»Ich dachte, der Suchdienst sitzt in München.«

»Stimmt, aber Hinfahren lohnt nicht. Das wird Ihnen die Beratungsstelle hier erklären.«

Am folgenden Dienstag saß sie einer etwa gleichaltrigen Frau namens Diedrich gegenüber, die ihren Adoptivvertrag studierte.

»Beim Jugendamt haben Sie nichts herausgefunden?«

Lena schüttelte den Kopf.

Frau Diedrich legte das Papier zur Seite. »Wir können in München einen Suchantrag stellen. Dort liegen sowohl die Zentralkartei als auch der Kindersuchdienst.« Sie seufzte. »Dort wurden über die Jahre fünfzig Millionen Karteikarten angelegt. Wir bekommen immer noch jedes Jahr zehntausend Anfragen. Und jede Anfrage wird manuell bearbeitet.« Sie schaute Lena direkt an. »Ich brauche Ihnen nicht zu sagen, dass es eine Weile dauern wird. Vor allem, da Sie keine Daten über Ihre Familie angeben können.«

»Macht es denn überhaupt Sinn?« Die ganze Woche über hatte Lena mit sich gerungen, die blöde Sucherei an den Nagel zu hängen und in die Bank zurückzukehren. Vor allem nach dem unerwartet unerfreulichen Gespräch mit der Firmenleitung. Christina hatte angerufen und um einen Termin gebeten. Sie hatte bedrückt geklungen, und als Lena am nächsten Morgen erschienen war, war sie sofort in die Chefetage gebeten worden.

Dr. Wenninger, einer der beiden Direktoren, hatte sie nach ein paar Höflichkeitsfloskeln wie ein kleines Kind zur Rede gestellt. Sie wusste, dass er Frauen in Führungspositionen nicht mochte, er hatte über die Jahre mehrfach Kommentare dazu verlauten lassen. Bisher hatte Lena seine kalte Art ignoriert, doch jetzt saß sie auf der empfangenden Seite.

»Frau von Schweig, schön, dass Sie da sind. Sie wollen also eine Pause einlegen. Einfach so.«

Lena zwang sich, gerade zu sitzen und ein neutrales Gesicht zu machen. Am liebsten hätte sie dem arroganten Pinsel den goldverzierten Aschenbecher an den Kopf geworfen. »Nach dem Tod meiner Mutter muss ich einiges regeln, das keinen Aufschub duldet –«

»Und Sie konnten uns nicht eher davon in Kenntnis setzen? Ihre Mutter war doch schon eine Weile krank.«

»Es gibt neue Erkenntnisse …« Lena suchte nach Worten. Die Wahrheit ging den Kerl nichts an. »… die weitreichende Folgen für mich haben können.«

»Ich verstehe.«

Sie verstehen gar nichts, null, nicht die Bohne. Lena starrte ihren Chef an. »Es war mir nicht bewusst, dass ich unersetzlich bin. Bestimmt lassen sich die meisten Verantwortungen für den Zeitraum von der Zentrale übernehmen. Wenn ich krank wäre oder einen Unfall gehabt hätte, müsste ja auch jemand einspringen.« Das waren die Herren der Bank nicht gewohnt, denn Lena hatte wesentlich mehr als das Normale gearbeitet.

Wenninger straffte die Schultern und erinnerte Lena an einen aufgeplusterten Gockel, zu dem auch die Hakennase perfekt passte. »Dann stellen Sie uns also vor vollendete Tatsachen.«

Lena stand auf. »Tut mir leid, Dr. Wenninger, soll ich mich nach einer anderen Stelle umschauen?« Sie wusste genau, dass der Betriebsrat nie damit einverstanden sein würde, sie nach mehr als dreißig Jahren zu entlassen, weil sie um eine dreimonatige Auszeit gebeten hatte.

Das Gesicht ihres Chefs verzog sich zu einer Fratze, was wohl ein Lächeln sein sollte. »So dramatisch wird es wohl nicht kommen.« Er streckte ihr die Hand entgegen. »Dann wünsche ich Ihnen alles Gute für die nächsten Monate.«

»Frau von Schweig?« Lena kehrte in die Gegenwart zurück. Die Dame vom DRK schaute sie neugierig an. »Ich hatte gefragt, ob Sie vielleicht ein Foto aus Ihrer Kindheit haben, so früh wie möglich. Das würde dem Antrag helfen, gerade weil wir keinen Familiennamen haben.«

Tief in Gedanken steuerte Lena auf die Villa ihrer Eltern zu. Seit ihre Mutter krank geworden war, war sie unbewohnt. Ab und zu schickte Lena ihre Putzhilfe hin, um den gröbsten Staub zu entfernen. Sie selbst hatte höchstens einmal im Monat nach dem Rechten gesehen. Doch nun musste etwas passieren. Nicht nur, weil sie ein Foto aus ihrer Kindheit finden sollte, sondern sie musste etwas mit dem Haus machen. Dr. Schumann hatte ihr den Kontakt eines Immobilienbüros gegeben, doch sie hatte bisher nicht angerufen.

Der Schlüssel knirschte im Schloss, dann stand sie im mit Marmor gepflasterten Eingang mit Blick auf die geschwungene Treppe nach oben. Tücher bedeckten die Polstermöbel, die Luft schien stillzustehen. Lena horchte. Nichts. Und doch war es ihr, als hörte sie Stimmen. Aus den Schlafzimmern im ersten Stock, aus der Küche. Ihre Gespräche mit der Köchin, mit der sie sich nach der Schule oft ausgesprochen hatte und die ihr nähergestanden hatte als ihre Mutter. Die tiefe Stimme ihres Adoptivvaters am Telefon in seinem Büro, einem Heiligtum, das sie nur selten betreten hatte.

Sie schüttelte ihr Unbehagen ab und betrat das Wohnzimmer mit Blick auf den Garten. Das hier war wie ein Schrein ihrer Familie, die nicht ihre war. Sie hatte die Villa aufgeschoben, weil sie die Arbeit scheute. Alles musste raus, bevor sie den Verkauf starten konnte. Allein die eine Wand enthielt Tausende von Büchern. Da war die Bibliothek, die Büros ihrer Eltern, die Schlaf- und Gästezimmer. Wo in aller Welt steckten die Fotoalben?

Auf den Regalen standen zu unterschiedlichen Zeiten aufgenommene Portraits ihrer Familie, ihre Mutter im Kostüm, ihr Vater im Anzug und sie zu verschiedenen Anlässen. Auf dem ältesten Foto musste sie sieben sein … vor der Adoption. Warum war ihr nie aufgefallen, dass es keine Babybilder gab? Fotos ihrer Mutter während der Schwangerschaft. Alte Babykleider oder Spielsachen. Da war nichts, ein Vakuum, das ihre Mutter hätte füllen können und es nicht getan hatte. Die Wut stieg wieder in ihr hoch. Vielleicht waren die Umstände damals schlimm gewesen, wie Dr. Schumann angedeutet hatte, aber das entschuldigte nicht das lebenslange Schweigen über ihre Herkunft.

Sie würde einen Plan machen und kategorisch jeden Raum durchsuchen, persönliche Dinge an sich nehmen. Und dann ein Unternehmen bestellen, das alles ausräumte und versteigerte.

Sie legte den Mantel ab und trat ans erste Regal. Es würde ein langer Tag werden.

Die ganze Woche sortierte Lena Regale und Schränke mit Büchern und Akten. In der Bibliothek fand sie eine Kollektion Fotoalben. Das Wappen der von Schweigs war auf einigen Deckeln zu sehen. Manchmal stand eine Jahreszahl dabei, bei vielen starrten ihr Frauen, Männer und Kinder in Schwarz-Weiß entgegen. Die Alben enthielten ihre gesamten Geburtstage, Weihnachts- und Osterfeste, es war eine Ansammlung von perfekt in Szene gesetzten Feiertagen, Urlaubsfotos aus Österreich und der Schweiz, wo die von Schweigs Ski gelaufen waren. Sommerfotos von Stränden und Bergen. Lena hatte sich nie gekümmert und war erstaunt, wie viele Fotos sich angesammelt hatten.

Wie erwartet riss der Faden in den 1950er-Jahren ab. Sie war auf einem Foto zu sehen, in einem offensichtlich neuen Kleid, die blonden Haare im Pferdeschwanz, ein Weihnachtsbaum im Hintergrund. Das Jahr 1950 war daneben vermerkt. Ihr erstes Weihnachten als Adoptivkind.

Ein weiteres Album zeigte sie mit Hans und Katarina als kleineres Kind. Im Sandkasten, im Garten eines Parks, auf einem Spaziergang. Sie musste um die sechs oder sieben gewesen sein.

Lena machte sich eine Notiz. Sie würde sich die Fotos später mit der Lupe anschauen.

Wann hatten ihre Eltern die Villa gekauft? Wenn sie selbst aus Ostpreußen geflohen waren und das restliche Deutschland in schlimmster Verfassung gewesen war, mussten sie irgendwann hier gelandet sein. Die noch älteren Fotos zeigten ein Sammelsurium von Menschen, die sie nicht kannte. Männer und Frauen in der Kleidung der 1920er- und 1930er-Jahre. Sie meinte, Katarina, die 1915 geboren war, zu erkennen. Viele Fotos waren in eleganten Wohnzimmern und vor großen Häusern aufgenommen. Katarina auf einem Pferd, lachend, die dunklen Haare lang und lockig. Ein junger Mann hielt die Zügel, lachte ebenfalls – Hans von Schweig.

Lena stapelte die Alben an der Wand, denn sie würde sie mitnehmen. Das Büro ihres Vaters stand unverändert wie zu seinen Lebzeiten. Sie öffnete die Gardinen und schaute sich um. Soweit sie sich erinnern konnte, war sie nur mit Bangigkeit hier eingetreten, normalerweise, wenn sie etwas angestellt hatte. Ihr Vater hatte hinter seinem Schreibtisch gethront und sie ernst betrachtet. Das war genug gewesen, um sie einzuschüchtern.

Sie stieß einen Seufzer aus. Wahrscheinlich hatte er sich gefragt, warum er ein fremdes Kind adoptiert hatte, das gerne im Dreck wühlte und auf Bäume kletterte.

In ihrem Magen rumorte es – sie hatte seit heute Morgen nichts mehr gegessen. Lena entschied sich, die Aktenordner mit nach Hause zu nehmen und sie in Ruhe durchzusehen. Vielleicht gab es Hinweise auf ihre Herkunft, irgendeine Spur, der sie folgen konnte … vielleicht einen Beleg über den Kauf eines Kindes – sie grinste bitter.

Das Wochenende saß sie zwischen Papieren, die ihr Vater aufbewahrt hatte. Alte Geschäftsaufträge, hunderte Kaufbelege von Möbeln, Wäsche, Schmuck und Kleidung, Kunstobjekte, Immobilien- und Mietverträge und einen Ordner mit der Aufschrift *Schumann*. Lena blätterte und blätterte, machte sich Kaffee, streckte sich, doch nichts, rein gar nichts, hatte mit ihr zu tun.

Am Sonntagabend rief sie Dr. Schumann an. Sie wusste inzwischen, dass er nach einer missglückten Ehe allein lebte.

»Ich könnte vorbeikommen«, meinte er, nachdem sie ihm von ihrer vergeblichen Suche erzählt hatte. »Mögen Sie Pizza?«

So saßen sie am Sonntagabend in ihrem Wohnzimmer, leere Pizzakartons und mehrere leere Flaschen Pinkus-Bier auf dem Tisch.

»Wie weit sind Sie denn mit der Durchsicht der Räume? Ich könnte mich nach einem Nachlassunternehmen erkundigen. Sie brauchen einen vertrauenswürdigen Auktionator, denken Sie an die Bilder.« Er leerte sein Glas, hatte ausnahmsweise das Jackett ausgezogen. Was darunter zum Vorschein kam, war gar nicht schlecht. Dr. Schumann schien sich sportlich zu betätigen, denn unter dem blaugestreiften Hemd wölbte sich ein muskulöser Oberkörper. Er schaute sie aufmerksam an, sein Blick durchdringend. »Wissen Sie was? Sie sollten sich für das Haus Zeit nehmen. Es enthält Ihre Kindheit, auch wenn sie nicht komplett ist.«

Lena schaute den Mann an, der sie seit Jahren beriet. Bisher hatte er immer gute Arbeit geleistet. »Meinen Sie nicht, wir sollten uns duzen? Wie ich heiße, wissen Sie ja.«

Falls Dr. Schumann überrascht war, ließ er es sich nicht anmerken. »Ich heiße Ansgar.« Er hob sein Glas. »Darauf stoßen wir an.«

Lena lächelte, innerlich nörgelte die Stimme ihrer Mutter. *Weißt du nicht, was sich gehört? Er ist dein Anwalt, ein Dienstleister, kein Freund.* »Ein ungewöhnlicher Name.«

»Mein Großvater war dänisch.«

»Daher die blauen Augen.« Lena biss sich auf die Unterlippe. Sie sollte das Trinken aufhören. Es klang, als wolle sie sich dem Mann an den Hals werfen.

Ansgar lachte. »Schon möglich.« Er stand abrupt auf, zog sich die Jacke an. »Ich sollte los.« Er schritt zur Tür. »Bleib sitzen, ich finde allein hinaus.«

Lena sank in den Sessel zurück. Verdammt. Sie hatte sich unmöglich benommen. Erst zwang sie ihn zum Du, und dann auch noch der Kommentar zu den blauen Augen. Aber die passten wirklich perfekt zum Hemd. Ob er das wusste? Vielleicht hatte er eine Freundin oder war schwul. Sie wusste fast nichts Persönliches über ihn, und jetzt hatte sie sich total blamiert. Kein Wunder, dass er davonlief. *Wie die anderen vor langer Zeit.*

Als sie im Bett lag, wollte der Schlaf nicht kommen. Die Szene im Wohnzimmer wiederholte sich, sein Blick auf ihr, der abrupte Abschied – einfach nur peinlich. Vielleicht sollte sie sich entschuldigen. Zumindest eine Weile Abstand halten.

Als sie um Mitternacht immer noch nicht schlief, stand sie wieder auf und zog sich an.

Die Villa lag im Dunkeln, und sie fuchtelte mit der Taschenlampe, um das Schloss zu finden.

Sie schaltete jedes Licht im Flur an und stieg die Treppe hinauf. Unten war sie komplett durch, doch sie hatte noch Katarinas Schlafzimmer und ihr eigenes Zimmer zu durchsuchen.

Das große Bett ihrer Mutter war perfekt bezogen und schien wie auf einem Designerfoto. Dabei hatte ihre Mutter schon Jahre nicht mehr darin geschlafen. Lena setzte sich auf die Kante und schaute sich um. Sie war selten hier gewesen, fühlte sich wie ein Eindringling – auch jetzt.

Im begehbaren Schrank fand sie ganz oben im Regal einen Karton. Sie schüttelte ihn neugierig. Schuhe waren jedenfalls nicht drin.

Das Innere offenbarte eine Sammlung Briefe, die alt zu sein schienen. Die Schrift auf den Umschlägen war verschnörkelt, der Absender trug den Namen A. von Lütz. Stammten sie von Katarinas Schwester Anna?

Lena stellte den Karton an die Tür und suchte weiter. Doch der Tresor stand offen und war leer, es gab nichts außer Kleidern, Schuhen und Accessoires, mit denen sie eine Modenschau hätte ausrichten können.

Eine alte Szene kehrte zurück. Lena hatte ein Paar rote hochhackige Schuhe ihrer Mutter anprobiert, wie es kleine Mädchen gerne tun. Als ihre Mutter hereingekommen war, war sie zunächst stocksteif geworden und hatte Lena dann aufgefordert, die Schuhe wieder in den Schrank zu stellen und das Seidentuch abzulegen.

»Tu das nie wieder«, hatte sie gesagt. Lena hatte das Zimmer mit hängendem Kopf verlassen. Sie konnte nicht älter als sechs gewesen sein.

Wie im Traum ging Lena zum Schrank und wählte ein Paar Designerschuhe, die ihr zwei Nummern zu groß waren – Katarina von Schweig war eine hochgewachsene Frau gewesen –, trat hinein und schlurfte damit durchs Zimmer. Dann schleuderte sie die Schuhe von den Füßen und brach in Tränen aus. Sie rollte sich auf dem Bett zusammen und schluchzte laut. Trotz der Distanz, die ihre Mutter zu ihrer Tochter gehalten hatte, vermisste Lena sie. Es hatte auch viele schöne Momente gegeben, vor allem in späteren Jahren, als Lena in der Bank aufgestiegen war. Sie waren zusammen zum Friseur gegangen, hatten eingekauft und die Sonntage miteinander verbracht.

Jetzt war sie allein. Schniefend schaute sie zum Nachttisch, wo ihre Mutter bestimmt eine Sammlung Spitzentaschentücher verwahrte. Doch bevor sie die Schublade öffnen konnte, fiel ihr Blick auf den silbernen Bilderrahmen, der allein dort stand. Das Foto darin, schwarz-weiß und winzig, zeigte ein Mädchen in einem Sessel mit einer Puppe im Arm, ihr Ausdruck ernst, ein wenig anklagend, so, als hege sie einen Groll gegen den Fotografen. Sie konnte kaum drei Jahre alt sein.

Lena knipste die Nachttischlampe an und schaute erneut darauf. Die Haare des Mädchens waren in zwei Zöpfe geflochten und hell, also blond. Doch ihr Fokus kehrte zu den Augen zurück. Sie kannte diese Augen, diesen strengen Ausdruck – endlich hatte sie ein Foto von sich gefunden.

Mit zitternden Fingern öffnete sie den Rahmen und studierte die Rückseite. Der Stempel stammte von einem Atelier *Binder* in Königsberg. *Juni 1944* stand da vermerkt. Und ein Name: *Lenchen.*

KAPITEL SECHS

Ellie

Am Heiligabend mühte sich Ellie, einen Weihnachtsbaum zu schlagen. Es gab jede Menge, und früher hatten sie drei Meter hohe Tannen aus dem Wald geholt. Jetzt musste ein kleiner Baum genügen, denn es war schwierig genug, sich durch die Schneewehen zu kämpfen, die sich seit November aufgebaut hatten. Der Wind wehte konstant aus Ost/Nordost und schnitt mit Leichtigkeit durch die dickste Kleidung, denn auch bei Tage stiegen die Temperaturen nicht über minus zehn Grad.

Ellies Nase brannte vor Kälte, als sie den Baum in die Küche zerrte. Friedrich, der auf Lenchen aufpasste, sprang auf, als er sie sah. »Ich wünschte, du hättest mich das machen lassen.«

»Ist Tradition, Friedrich.« Sie riss sich das Tuch vom Kopf und schüttelte die Locken darunter, die gleichen hellen Haare wie Lenchen. »Jetzt könnt ihr mir schmücken helfen.«

Sie verbrachten den Nachmittag bei Rosinenkuchen mit Pflaumenmus, und das Zimmer duftete wunderbar nach Braten. Friedrich hatte vom Nachbarhof eine Rehkeule ergattert, die mit Pilzen und Gemüse im Ofen schmorte.

Der alte Mann gönnte sich ein Glas Schnaps, das seine runzligen Wangen zum Glühen brachte. »Ist wieder schön hier drin«, meinte er mehrmals. »Wenn nur dein Mann endlich heimkäme.«

Ellies Blick wanderte zu dem Portrait auf dem Regal, das sie und Albert bei der Hochzeit zeigte. Sie hatten im Sommer 39 geheiratet, sie war gerade neunzehn gewesen, eigentlich viel zu jung, aber sie hatte Albert ihr ganzes Leben gekannt und vertraute ihm blind.

Seitdem konnte sie die Monate, die sie miteinander verbracht hatten, an einer Hand abzählen. Sie musste jede Entscheidung allein treffen, vieles tun, was früher Albert übernommen hatte. Ganz zu schweigen von Lenchens Erziehung. Ellie fühlte sich überwältigt, vor allem nachts, wenn sie wild träumte oder stundenlang wach lag.

»Ist besser, wenn du bald abhaust«, meinte Friedrich nach dem dritten Glas Schnaps. Er schaute zum Fenster hinaus, obwohl es dort nichts als schwarze Nacht zu sehen gab.

»Was meinst du?« Ellie beobachtete ihre Tochter, die vor dem Feuer auf einer Decke eingeschlafen war, das Bäuchlein gefüllt mit Braten und Kuchen.

»Du weißt, was ich meine.« Friedrichs Blick fing ihren ein. »Ist gefährlich. Iwan wird kommen, sobald der Schnee nachlässt. Ist das Wetter ja gewohnt.«

»Ich will meine Mutter mitnehmen.«

»Deine Mutter ist stur wie ein Esel, die bringt sich eher um, als den Hof zu verlassen.« Er nickte wissend. »Ihr Verwalter kann ein Lied davon singen.«

Ellie ließ seine Bemerkung stehen. Sie kannte ihre Mutter. »Und was ist mit dir?« Sie beugte sich vor und nahm seine schwielige Hand in ihre.

Friedrich schaute sie wohlwollend an. »Du und Albert, ihr habt mich immer wie Familie behandelt. Ich bin dankbar dafür. Doch ich bin alt und will nicht mehr neu anfangen. Irgendwo in der Fremde, wo ich keinen kenne. Ich bleibe und passe auf, solange es geht.« Er nickte, mehr zu sich selbst als zu Ellie.

»Wenn sie kommen, werden sie den Hof überrennen, wahrscheinlich abbrennen.«

In Friedrichs Augen schimmerten Tränen. »All die Arbeit für nichts. Kannst dem Führer dafür danken. Zerstört uns alle … bis vom ganzen Land nichts mehr übrig ist.« Er zuckte die Schultern und schnäuzte sich mit einem riesigen karierten Stofftaschentuch die Nase.

Friedrichs Gesicht verschwamm. Seine Trauer, seine ruhige Gefasstheit, sich mit dem Schicksal abzufinden, traf Ellie wie eine Faust in den Magen. Er war also auch davon überzeugt, dass sie verloren waren. Auch wenn Gauleiter Koch weiter seine Durchhalteparolen durchs Radio verkündete. Morgen, wenn ihre

Mutter zum Weihnachtsessen kam, würde sie es noch einmal versuchen.

Aber Ellies Mutter war nicht umzustimmen. Sie wollte abwarten.

»Wenn du später fährst, allein, werden wir uns verpassen. Es sind jetzt schon viele Tausende unterwegs.« Ellie hatte immer angenommen, ihre Mutter würde in ihrem Leben sein. Wenn sie fuhr, war das alles vorbei. Lenchen würde ohne Oma aufwachsen, ohne Familie, die sie liebte. Der Schmerz überraschte sie, ein Ziehen in der Brust, eine Leere, die ihr den Atem nahm.

Sie stand auf und sammelte die Teller ein. »Ich werde morgen anfangen, alles vorzubereiten. Im Januar werde ich abfahren.«

»Schreib mir, wo du bist. Ich komme gegebenenfalls nach. Oder du kehrst im Frühjahr hierher zurück.«

Die Worte ihrer Mutter klangen hohl in Ellies Ohren. Sie war naiv, wenn sie glaubte, dass die Post noch funktionieren würde, und ein Wiedersehen im Frühjahr war glatter Unsinn.

Ellie drückte Lenchen an sich. »Aua, Mama, du tust mir weh.« Ihre Tochter strampelte, und Ellie ließ los.

»Sag deiner Oma gute Nacht und geh schon mal ins Bett. Ich komme gleich.«

Nachdem ihre Mutter aufgebrochen war, setzte sich Ellie an den Küchentisch.

Liebster Albert,

ich weiß nicht, ob und wann dich diese Zeilen erreichen. Ich muss den Hof verlassen und in den Westen fahren. Es heißt, dass die Russen bald kommen und Ostpreußen leerfegen. Ich hatte immer angenommen, hier im wunderschönen Samland alt zu werden. Doch das wird nicht passieren. Meine größte Sorge ist jedoch, dich wiederzufinden. Vielleicht schreibst du Mutter, die hier bleiben wird? Ich werde ihr mitteilen, wo ich unterkomme. Und wenn alles vorbei ist, kommen wir hier alle wieder zusammen.

Ich fühle mich schuldig, alles zurückzulassen. Es ist der Hof deiner Eltern, und ich hatte versprochen, mich um alles zu kümmern. Sei mir nicht böse, wenn ich aufgebe. Ich könnte es nicht ertragen, wenn Lenchen etwas passiert.

Bitte pass auf dich auf, ich schicke den Brief an deine letzte Adresse, in der Hoffnung, dass er dich findet.

Alles Liebe
Ellie und Lenchen

Ende Dezember hatte Ellie alles gepackt. Sie hatte hin- und

herüberlegt, was sie mitnehmen sollte: die silbernen Kerzenhalter von Alberts Eltern, die zwei Fotoalben der Familie, handgestickte Tischwäsche, Geschenke von ihrer Mutter? Was nahm man mit, wenn man neu anfangen musste? Am Ende entschied sie sich für pragmatische Gegenstände und Verpflegung, warme Sachen für Lenchen und sich, Bettzeug und Decken, Hafer, Kartoffeln und Eingemachtes, Futter für die beiden Trakehner, dazu Besteck, Teller und Tassen, ein scharfes Messer, Holz zum Feuermachen, die wichtigsten Dokumente.

Am ersten Januar schleppte sich Friedrich zur Frühstückszeit mit hochrotem Kopf in die Küche. Dabei zitterte er trotz der Winterjacke. Ellie hatte zehn Brote gebacken und packte sie gerade in Papier, während Lenchen eine Scheibe mit Brombeermarmelade verspeiste. »Was ist passiert?«

»Weiß nicht, ob ich beim Wagenpacken helfen kann.« Er sank auf einen Stuhl und ließ den Kopf hängen.

Ellie legte den Handrücken an Friedrichs Stirn und schreckte zurück. »Du glühst wie ein Ofenfeuer. Du musst dich sofort hinlegen.«

»Aber –«

»Kein Aber. Ich mache dir Lenchens Bett zurecht. Sie kann bei mir schlafen.« Ellie eilte zum Wäscheschrank und wechselte die Laken. Dann geleitete sie Friedrich ins Zimmer, half ihm beim Ausziehen. Er zitterte am ganzen Körper.

»War bestimmt die letzte Flüchtlingsfamilie. Die Kinder haben schrecklich gehustet«, murmelte er und kroch unter das Federbett.

Ellie holte eine extra Wolldecke und packte sie obendrauf. »Ich mache jetzt Tee und Suppe. Du musst trinken.«

Lenchen beobachtete sie vom Tisch aus. »Mama, fahren wir heute los?«

Ellie hatte ihr über die letzten Tage immer wieder von ihrer bevorstehenden Reise erzählt. Hatte versucht, sich damit selbst Mut zuzusprechen. »Wir müssen uns erst um Friedrich kümmern, dann geht's los, versprochen.« Sie produzierte ein Lächeln, das sie nicht fühlte.

»Was hat er denn?«

»Ich denke, eine Grippe.« Sie wischte Lenchen Mund und Finger ab und setzte sie auf den Boden. »Sei brav und spiel mit Hugo. Ich muss Tee kochen.«

Aber Friedrich ging es auch am Abend nicht besser. Im Gegenteil, das Fieber stieg gegen fünf Uhr, und er begann zu halluzinieren. Ellie bereitete Wadenwickel, flößte ihm tröpfchenweise Holunderblütentee ein und lauschte Friedrichs röchelndem Atem.

Wie konnte sie ihn hier allein lassen? Womöglich starb er.

Nach drei Tagen wanderte die Erkältung in die Bronchien, und Friedrich begann zu husten. Er schien gar nicht aufhören zu können, vor allem nachts, obwohl Ellie ihm zwei weitere Kissen untergeschoben hatte, damit er aufrechter schlief.

Sie selbst machte kaum ein Auge zu. Die extreme Kälte setzte ihr zu, aber vor allem war es das Gefühl, dass sie einen Fehler machte, zu warten. Unheilvolle Wolken schienen sich über ihrem Hof aufzutürmen. Immer mehr Menschen zogen auf der Straße vorbei.

Manchmal fragten sie nach Wasser oder einem Stück Brot, aber die wenigsten wollten übernachten, ihr Drang, viel Raum zwischen sich und die Rote Armee zu bringen, war größer. Ellie erkannte es in ihren Gesichtern, die Augen unruhig und voller Angst, ihre Bewegungen fahrig. Sah sie selbst so aus?

Friedrichs Genesung war schleppend, mal ging es einen Tag besser, dann hustete er wieder die ganze Nacht. Ellie machte Dampfbäder und rieb seine Brust mit Pfefferminztinktur ein. In seinem Alter starben die Menschen an Lungenentzündung.

Nach zehn Tagen atmete sie auf. Ein wenig Farbe war in Friedrichs Wangen zurückgekehrt, und heute Morgen hatte er eine ganze Schnitte Brot mit Marmelade gegessen. Als sie das Zimmer betrat, war er dabei, aufzustehen.

»Geh bloß wieder ins Bett«, schimpfte sie, nahm seinen Arm und drückte ihn sanft, aber bestimmt wieder auf die Matratze.

Friedrich ergriff ihren Unterarm. »Du hast genug für mich getan, du musst los, aber sofort.«

»Unsinn. Du gehörst zur Familie. Komm erst mal zu Kräften.«

Die Augen des alten Mannes leuchteten mit unvergossenen Tränen. »Das schaffe ich allein. Ich würde mir nie verzeihen, wenn euch etwas passiert.«

»Nichts ist passiert.« Ellie drehte sich zur Tür, damit Friedrich ihren Gesichtsausdruck nicht sah. »Jetzt ruh dich aus. Du musst erst mal zu Kräften kommen, damit du wieder laufen kannst.«

Am 15. Januar erschien überraschend ihre Mutter. Ellie hatte sich nicht getraut, Friedrich allein zu lassen und sich vor mehr als zwei Wochen von ihr verabschiedet.

Margarete schaute ihre Tochter entgeistert an. »Was machst du denn noch hier? Du wolltest doch längst weg sein. Ich suche Friedrich, ist er hier?« Sie sprach abgehackt, als sei sie außer Atem.

»Friedrich war schwer krank. Ich musste ihn pflegen, deshalb bin ich noch hier.«

Die Miene ihrer Mutter verdüsterte sich weiter. »Dann solltest du unbedingt hören, was ich heute Morgen erfahren habe.«

Ellie nickte und holte Friedrich aus dem Schlafzimmer. Er lief wieder ein wenig, wirkte aber noch schwach. Die beiden begrüßten sich, während Ellie Lenchen auf den Schoß nahm.

Ihre Mutter setzte sich in Hut und Mantel auf die Küchenbank. »Ich bleibe nicht lange.« Sie seufzte, schaute dann Ellie und Friedrich an. »Die Russen sind in Ostpreußen. In Tilsit, Goldap und Gumbinnen hören sie Kanonenfeuer.«

»Woher weißt du das? Im Radio wurde nichts gesagt.«

Ihre Mutter warf ihr einen Blick zu, der sagte, dass sie von ihrer Tochter mehr erwartete. »Seit wann glaubst du den Parolen der NSDAP?« Sie seufzte erneut. »Ich war heute in Königsberg, um beim Tierarzt Arznei zu holen. Am Bahnhof schrien die Leute herum, dass Iwan kommt. Es ist wie die Wildnis da draußen.« Sie schüttelte sich. »Wir haben keine Zeit zu verlieren.«

Ellie schaute ihre Mutter an. »Wir? Du kommst mit?«

Margarete lächelte wässrig. »Ich kann doch meine Tochter und Enkelin nicht allein in diese verrückte Welt fahren lassen.«

Ellie sprang mit Lenchen im Arm vom Stuhl und umarmte ihre Mutter. »Wie schön.«

Margarete schaute Friedrich an. »Du solltest auch mitkommen. Es ist vorbei, so oder so. Wenn wir flüchten, können wir uns vielleicht retten.«

Im Morgengrauen des 19. Januar verließ Ellie mit ihrer Tochter, Mutter und Friedrich den Hof. Sie hatte noch abgeschlossen und den Schlüssel sorgfältig in ihrem Brustbeutel verstaut. Die letzten Kühe und Hühner hatte sie freigelassen – sie würden sich durchschlagen müssen, wahrscheinlich würden sie der Roten Armee als Proviant dienen.

Die Luft traf ihre Haut wie eine Eiswand, sie fühlte, wie ihre

Nasenflügel zusammenklebten. Es schmerzte zu atmen. Sie hatte den Ofen vorsichtshalber ausgehen lassen, und nun kroch die klirrende Kälte unter ihre Kleidung. Diesmal konnte sie nicht nach kurzer Zeit wieder in die warme Küche. Von diesem Moment an mussten sie im Freien ausharren und hoffen, dass sie zügig vorankamen.

Ellie folgte den anderen zum Wagen, verstaute die letzten Taschen. Friedrich, der nur einen kleinen Koffer und sein Gewehr dabeihatte, hob Lenchen hinten in den Wagen und umwickelte sie mit Decken, bis nur noch Nase und Augen hervorschauten. Margarete setzte sich daneben, ihr Blick in die Ferne gerichtet, als wolle sie nicht mehr hinschauen, was hier gerade passierte.

Doch Ellie sah sich genau um, versuchte, sich alles einzuprägen: die roten Ziegel des Hauses, die Scheune und den Stall, die herumlaufenden Tiere, die die Verrücktheit der Menschen nicht verstanden. Mit einem Seufzer kletterte sie zu Friedrich auf den Bock, der den Pferden sofort das Abfahrkommando gab. Erst als sich der Wagen in Bewegung setzte, kamen Ellie die Tränen. Sie blinzelte heftig, denn Nässe wurde bei diesen Temperaturen sofort zu Eis. Auf keinen Fall durfte sie schwach werden, musste nach vorn schauen. Sie räusperte sich und klopfte Friedrich auf den Arm. »Schön, dass du mitkommst.«

Auf der Straße bewegte sich ein ständiger Strom von Menschen mit Koffern, Handkarren und Pferdewerken. Als sie gegen Mittag in Königsberg eintrafen, blieb vor ihnen der Verkehr stehen. Überall stauten sich schreiende, gestikulierende Menschen zwischen Handwagen, Pferdefuhrwerken und Karren, und dann hörte Ellie eine blecherne Stimme aus dem Lautsprecher.

»Achtung! Achtung!

Anordnung des Gauleiters Koch:

Die sofortige Evakuierung der Stadtteile Ponarth, Rosenau, Haberberg und des Nordbahnhofs hat zu beginnen.

Frauen, Kinder und ältere Personen haben sich unverzüglich zu den Sammelstellen an der Königsallee, am Hauptbahnhof und an der Pregelbrücke zu begeben.

Mitnahme: Handgepäck bis zwanzig Kilogramm pro Person, Verpflegung für zwei Tage. Betten und größere Gegenstände bleiben zurück. Zuwiderhandlungen werden als Wehrkraftzersetzung bestraft.

Ordnung halten! Den Anweisungen der Polizei und der Volkssturm-Posten ist Folge zu leisten.

Heil Hitler!«

Margarete rief ihr zu: »Wenn sie hier schon evakuieren, müssen wir sofort weiter.«

Ellie schaute sich hilflos um. Vor ihnen warteten, so weit das Auge reichte, die Fuhrwerke. Sie wandte sich an Friedrich. »Du kennst dich gut aus. Wie wäre es, wenn wir die Nebenstraßen nutzen? Ist ein Umweg, aber vielleicht ist es nicht so voll.«

Friedrich wechselte mit Margarete den Platz und übergab ihr Lenchen, deren Nase vor Kälte rot leuchtete, fest in den Arm. »Schauen wir mal, ob wir einen besseren Weg finden.«

Friedrich begann, Anweisungen zu geben, und lenkte den Pferdewagen Zentimeter um Zentimeter von der Hauptstraße … Als es auch dort nicht weiterging, kletterte er vom Kutschbock und verschwand in der Menge.

»Was macht er nur?«, fragte Ellie ihre Mutter, die ein schlafendes Lenchen in den Armen hielt.

Margarete zuckte mit den Schultern, ihre alte Resolutheit war von ihr gewichen. Sie wirkte unsicher und ängstlich.

Ellie ignorierte ihre Mutter. Sie konnte jetzt nicht schwach werden. Es lagen viele Kilometer vor ihnen, es würde Wochen, wenn nicht Monate dauern, bis sie … Ja, wo wollten sie eigentlich hin? Nach Berlin? Wohl kaum, da würde der Russe hinsteuern, denn da wohnte der Führer. Wenn Berlin fiel, war der Krieg vorbei.

Doch wohin dann? Sie war noch nie im Westen gewesen, und sie kannte sich nicht mal aus. Es war am besten, wenn sie gar nicht so weit dachte. Es galt, am Leben zu bleiben, Lenchen zu beschützen und irgendwann Albert wiederzusehen.

Friedrich mühte sich kopfschüttelnd, wieder aufzusteigen. »Ist überall Chaos. Viele wollen nach Pillau, andere nach Westpreußen.«

»Pillau ist doch ein Hafen, da können wir unsere Sachen nicht mitnehmen«, meinte Ellie.

»Dann fahren wir in Richtung Heiligenbeil«, meinte Margarete. »Die Richtung stimmt auf jeden Fall.«

»Haberberger Brücke«, murmelte Friedrich. »Bevor sie sie schließen.«

Er nahm erneut die Zügel und lenkte den Wagen nach links in eine Seitenstraße, dann wieder links. Irgendwann überquerten sie die Brücke. Friedrich sprach zu sich selbst. »Richtung Neuhufen …«

Bevor sie die Stadt verlassen konnten, dunkelte es bereits. Leichter Schneefall hatte eingesetzt, die Kristalle trafen Ellies

Gesicht wie Nadeln. Sie versuchte, sich tiefer in ihrem Schal zu verstecken, doch die Kälte kroch durch ihre Sachen und attackierte ihre Haut. Sie sorgte sich um Lenchen, die wortlos neben ihr hockte und deren kleiner Körper bebte. »Nicht mehr lange«, flüsterte Ellie.

Irgendwo am Straßenrand hielten sie an. Friedrich fütterte die Pferde aus dem mitgebrachten Vorrat, während Ellie versuchte, ein Feuer zu entfachen. Der Wind hatte zugelegt, und der Schnee baute immer höhere Wehen neben ihnen auf. Sie gab das Feuermachen auf und überlegte, ob sie eins der Feuer entlang der Straße aufsuchen sollten – so weit das Auge reichte, standen Fuhrwerke und Handkarren. Doch sie durften ihren Wagen nicht verlassen, wer wusste, was verzweifelte Menschen anstellten. Am Ende würden sie ihr Hab und Gut verlieren. Zu viert zwängten sie sich auf den Wagen und aßen halbgefrorenes Brot. Sie hatten gerade mal fünfzehn Kilometer geschafft.

KAPITEL SIEBEN

Lena

Als Lena am Morgen in ihre Wohnung trat, wollte sie sogleich Dr. Schumann … Ansgar anrufen. Doch nach einer heißen Dusche, als sie sich mit einem Kaffee an den Tisch setzte, verließ sie der Mut. Sie hatte sich unmöglich benommen, das Du herbeigezwungen und dann noch seine Augenfarbe kommentiert, als wolle sie etwas von ihm. Deshalb war er fast aus der Wohnung geflüchtet. Sie war ein Idiot.

Nach neun eilte sie zum Fotogeschäft *Doppheide und Kollow* und bestellte zehn Abzüge ihres Kinderbildes mit Eilauftrag. Am Nachmittag holte sie die Kopien ab und ging zu Frau Diedrich vom DRK-Suchdienst.

»Frau von Schweig, haben Sie etwas entdeckt?«

»Das wollte ich *Sie* fragen.«

Frau Diedrich schüttelte den Kopf. »Ich habe Ihren Antrag nach München geschickt, aber es kann Monate dauern, vielleicht länger, vor allem ohne Familiennamen und Geburtsdatum.«

Lena zog ein Foto aus dem Umschlag. »Das habe ich gestern Abend gefunden. Ich bin sicher, dass ich das bin.«

Frau Diedrich studierte das Bild und die Rückseite, sah Lena an und nickte. »Das *sind* Sie.« Sie lächelte. »Ich schicke es gleich morgen früh hinterher. Das wird bestimmt helfen.«

Dennoch war Lena enttäuscht, als sie die Straße in Richtung Dom entlangeilte. Es war nach fünf Uhr, die Bürgersteige quollen vor Menschen über, jeder war auf dem Weg nach Hause oder um letzte Besorgungen zu machen. Sie blieb vor einem Schuhgeschäft stehen, starrte blind ins Fenster. Hinter ihr begrüßten sich freudig zwei Frauen, ein junges Paar küsste sich ungeniert im Nebeneingang. Alle hatten Menschen in ihrem Leben, Freunde, Partner, Familie. Nur sie war allein. *Bist du doch selbst schuld*, meldete sich ihr Kopf. *Hast einen auf Karriere gemacht, waren dir alle nicht gut genug.*

Ihre Mutter hatte viel damit zu tun gehabt, hatte sie zur Arroganz erzogen. Jetzt fühlte sie sich wie eine Lügnerin. Sie war genauso wenig adelig wie die Menschen hier auf der Straße. Die hatten wenigstens einen Namen, ein Geburtsdatum, eine Familie, wussten, wo sie hingehörten. Und außerdem, was hatten ihre Eltern denn geschafft, das sie so hochnäsig gemacht hatte? Den Titel, Land und Geld hatten sie geerbt. Ihr Vater hatte zwar gearbeitet, aber sein Titel hatte ihm überall offene Türen beschert, selbst in der Regierung.

»Frau von … Lena?« Ansgar Schumanns Figur erschien neben ihr im Glas des Schaufensters.

Sie drehte sich zu ihm um. »Hallo, ja, guten Abend.«

Ansgar, der einen halben Kopf größer war, nickte freundlich. »Ist was passiert?«

Lena zwang sich zu einem Lächeln. Wo war ihre lockere Art, mit Menschen umzugehen, geblieben? Sie war immer stolz darauf gewesen, wie gut sie mit Bewerbern, Auszubildenden, neuen und alten Kollegen kommunizieren konnte. Jetzt schien sie kaum in der Lage, Ansgar ins Gesicht zu sehen. Sie öffnete ihre Handtasche und zog das Foto aus ihrer Kindheit hervor. »Ich habe etwas gefunden.«

Der Anwalt betrachtete das Bild, studierte die Rückseite. »Das kleine Lenchen«, sagte er schmunzelnd. »Wo hat es gesteckt?«

Lena schüttelte den Kopf. »Das ganze Haus habe ich durchsucht, und wo war es – am Bett meiner Mutter.«

»Hast du es vorher nie bemerkt?« Das *Du* klang komisch aus seinem Mund.

»Ich meine, es hätte früher nicht dort gestanden. Aber ich war eigentlich nie im Schlafzimmer meiner Mutter.« Nach dem Ereignis mit den Schuhen, die Lena als Sechsjährige anprobiert hatte, war sie nicht mehr in Katarinas Schlafzimmer gewesen. Nur einmal, als ihre Mutter krank gewesen war, hatte sie sie am Bett besucht. Das war viele Jahre her.

Hinter ihnen grölten einige Studenten, die die ersten Kneipen hinter sich hatten. Ansgar schaute ihnen hinterher und wandte sich wieder an sie. »Ich wollte gerade etwas zu essen besorgen. Willst du mitkommen? Ich meine, wenn du noch nichts vorhast. Ich habe noch ein paar Ideen …«

»Eh, ja gerne.« Lena schaute den stattlichen Mann an, und mit einem Mal war ihr warm.

Die blauen Augen leuchteten. »Magst du Hähnchen? Ich habe irgendwie Hunger drauf.«

Lena spürte, wie sie lächelte. Sie hatte ihn also nicht verschreckt, er wollte sogar mit ihr essen gehen.

Ansgars Haus im roten Backsteinstil des Münsterlands lag in fußläufiger Entfernung zur Innenstadt, hinter einer hohen Hecke verborgen. Eine Tüte mit knusprigem Hähnchen, Kartoffel- und Krautsalat baumelte an seinem Arm, während er die Tür aufschloss.

»Gehen wir ins Esszimmer, da hinein.« Er zeigte in den offenen Wohnbereich, der mit modernen Wandschränken und farblich abgestimmten hellen Ledermöbeln ausgestattet war.

Wenig später saßen sie am Tisch, Finger und Mund mit Fett beschmiert, jeder ein Glas Bier vor sich. »Was ich dir erzählen wollte«, begann er. »Nach dem Krieg hat der DRK-Suchdienst Bücher mit Fotos von Vermissten herausgegeben. Diese Bücher wurden in ganz Deutschland verteilt. Und unsere Unibibliothek hat auch Exemplare.«

»Die kann ich sichten?«

Ansgar nickte. »Und ob. Aber geh mit Gelassenheit ran. Es gibt so viele Bücher, auch von Kindern.« Er wischte sich den Mund ab und nahm einen Schluck Bier. »Und eine weitere Quelle sind die Landsmannschaften der Ostpreußen. Es gibt im Ort eine Stelle. Auch die haben Suchbücher.«

»Dann fange ich da an. Denn auf dem Foto 1944 war ich in Königsberg.«

Ansgar grinste. »Würde ich auch so machen.«

Lena lächelte zurück. »Ich weiß gar nicht, wie ich dir danken soll.«

»Unsinn, mache ich gerne. Ist wie ein Krimi, eine willkommene Abwechslung zu meinem langweiligen Anwaltsleben.« Er stand auf und krempelte sich die Hemdsärmel hoch.

Lena folgte seinen Bewegungen, ihr Fokus auf seinen Händen, die schlank und gut gepflegt wirkten. Wie mochte es sich anfühlen, von ihnen gestreichelt zu werden? Ihre Wangen flammten auf, sie erhob sich abrupt und sammelte die Teller ein, bevor sie wieder etwas Falsches sagte.

»Lass stehen, das kann *ich* doch machen.« Er nahm ihr die Teller aus der Hand, auf einmal so nah, sie bemerkte einen Hauch Rasierwasser, zitronig … holzig. »Setz dich, ich gebe dir noch die Adresse der Landsmannschaft.«

Als Lena ihre Wohnung betrat, war es nach neun Uhr. Sie hätte noch ewig bei Ansgar bleiben können, doch sie traute sich nicht. Sie hatten sich gut unterhalten, er hatte ihr von seiner gescheiterten Ehe erzählt, die über fünf Jahre zurücklag, von Reisen ans Meer.

Sie waren teils in denselben Hotels gewesen, kannten einige der Manager.

Lena hätte fast vorgeschlagen, einmal gemeinsam dorthin zu reisen. Am Ende war sie wieder aufgesprungen, die alte Unruhe und Unsicherheit füllten ihre Knochen wie ein kribbelnder Ameisenhügel.

»Melde dich und berichte, was du findest. Auch wenn es nichts ist«, hatte er ihr an der Tür hinterhergerufen.

Lena setzte sich in ihr perfekt aufgeräumtes Wohnzimmer und starrte den ausgestellten Fernseher an. Normalerweise hätte sie sich jetzt beduseln lassen, einfach abgeschaltet, um nicht über ihr langweiliges Leben nachzudenken. Früher hatte sie nie an ihrem Tun gezweifelt, war stolz auf ihre Stellung in der Bank gewesen. Jetzt, wo sie Zeit zum Nachdenken hatte, merkte sie, dass ihr Leben unglaublich einseitig war. Wenn sie nicht mehr arbeiten könnte, würde ihr Chef sie in fünf Minuten austauschen. Na ja, nicht in Minuten, aber zügig und ohne sie je zu vermissen.

Sie war wie alle Kollegen ersetzbar, ihr Einsatz bedeutete im Großen und Ganzen nichts. Ihr ganzes Leben hatte aus Arbeit, Besuchen bei ihrer Mutter und Abenden vor dem Fernseher bestanden. Sie seufzte in der Stille. Etwas musste sich ändern, und zwar sofort.

Nur was? Wie bekam man den Karren, den man in den Dreck geschoben hatte, wieder heraus? Sie war zweiundfünfzig Jahre alt, und auch wenn sie für ihr Alter ganz passabel aussah, war der Lack ab. Sie färbte inzwischen mit Strähnchen nach, um die grauen Haare zu kaschieren, ihre Haut runzelte an den Schläfen und um den Mund. Sie brauchte sich nichts vorzumachen, sie war längst aus dem besten Alter heraus. Wenn sie ihren Job kündigte, blieb ihr nur noch der Fernseher und ein Haufen Leere. Im Inneren wie äußerlich.

Nach weiteren Minuten auf dem Sofa griff Lena zum Telefon und wählte Claudias Nummer.

Wenig später setzte sie sich ins Auto und fuhr zu ihrer alten Freundin.

»Du siehst aus wie drei Tage Regenwetter. Was ist denn los? Hat dich dein Chef geärgert?«

Lena schob sich an ihr vorbei und sank auf den erstbesten Stuhl. »Hol dir besser ein Bier, hol zwei, ich muss dir was erzählen.«

Als Lena fertig war, saß Claudia sprachlos da, ein Wunder, denn Claudia erzählte gerne und viel, ein Grund, warum Lena sie nur ab und zu sah. »Du bist ein Suchkind?«

»Du kennst den Begriff?«

Claudia nickte. »War letztens noch im Fernsehen.« Sie schaute Lena an. »Ich glaub's ja nicht. Du hast dir monatelang freigenommen. Was machst du denn jetzt?«

»Nach meinen Eltern suchen. Wenn sie mich schon nicht finden konnten, finde ich sie vielleicht.«

»Nach all den Jahren?« Claudia ergriff Lenas Hand. »Versteh mich nicht falsch. Ich finde es vollkommen verständlich, dass du verstehen willst, wer du bist.«

»Ansgar meint, das DRK bekommt jedes Jahr noch mehr als zehntausend Suchanträge. Ich bin offensichtlich nicht die Einzige.«

»Ansgar?«

»Mein Anwalt … ich meine Dr. Schumann.«

»Ihr duzt euch? Seit wann?« Claudia grinste vielsagend.

Wieder spürte Lena die Hitze in ihren Wangen. Sie entzog Claudia ihre Hand und leerte ihr Glas. »Ich fahr besser heim. Du musst morgen früh raus.«

Claudia blieb sitzen und starrte Lena an. »Du hast dich in deinen Anwalt verliebt?« Sie war überzeugte Junggesellin und schien damit glücklich.

Lena nahm ihre Tasche vom Stuhl und murmelte dabei »Quatsch«, was Claudia mit einem Kichern quittierte.

»Willst du mir nicht erzählen, was passiert ist?«

»Nichts ist passiert. Er hilft mir bei der Suche, gibt Anregungen.«

»Aha, Anregungen?« Wieder das Kichern.

Lena eilte zur Tür. »Mach dich ruhig lustig.« Mit einem Mal bereute sie, ihrer Freundin alles erzählt zu haben.

Claudia kam ihr hinterher und nahm sie in den Arm. »Tu ich nicht. Ich freue mich, wenn es zwischen euch beiden klappt.«

Lena bemerkte, wie gut ihr der menschliche Kontakt tat. »Eigentlich wollte ich dich fragen, wie ich aus meinem alten Leben herauskomme«, sagte sie leise.

Claudia lehnte sich zurück. »Was meinst du?«

Ein Seufzer entfuhr Lena. »Schau mich doch an: Ich habe eine Arbeit in einer Bank, wo nur die Männer in die Chefetage kommen – sonst nichts.«

»Die Adoptionsgeschichte hat dich ganz schön aus der Bahn geworfen. Ich denke, die Zeit wird's zeigen. Schau mal, wie dir das Leben ohne Personalabteilung gefällt. Du hast wahnsinniges Glück, denn du musst ja nicht arbeiten, oder? Du hast doch geerbt, und die Riesenvilla gehört auch dir.« Claudia lächelte. »Du hast alle Freiheiten, die sich ein Mensch wünschen kann.«

»Nur weiß ich nichts damit anzufangen.«

Claudia klopfte ihr auf die Schulter. »Lass dir Zeit. Du wirst Klarheit gewinnen, selbst wenn du deine echte Familie nicht findest.«

KAPITEL ACHT

Ellie

Die Nacht brachte Ellie an ihre Grenzen. Die Temperaturen sanken gegen Morgen noch weiter ab, Eiskristalle klebten am Rand ihrer Decke, Hals und Nase schmerzten von der kalten Luft.

Sie hatte Lenchen die ganze Nacht fest im Arm gehabt, auch wenn ihre Tochter sich losmachte und herumzappelte. An Schlaf war kaum zu denken. Auch Margarete seufzte und versuchte immer wieder, ihr Bett neu zu ordnen. Es war eng und ungewohnt, mit vier Menschen auf dem Wagen zu liegen. Dabei mussten sie dankbar sein, denn der Boden war sicherlich ungleich kälter. Ellie fragte sich, wie es die Menschen schafften, hier draußen zu überleben.

Weil sie es mussten. Und wenn sie aufgaben, starben sie. In der kurzen Zeit hatten sie bereits mehrere Tote am Straßenrand gesehen, halb verborgen von Schnee und Eis, und doch eindeutig erkennbar, auch Kinder waren darunter.

Friedrich kroch ächzend vom Wagen und erleichterte sich neben den Pferden. Dann kramte er nach Feuerholz, doch die alte Unruhe ergriff Ellie. Sie wollte heute so weit wie möglich kommen. »Wir sollten besser los.«

Friedrich hatte eine der zwei Stallleuchten angezündet. »Ist zu dunkel, Sonnenaufgang ist vor neun. Wir kommen womöglich vom Weg ab.«

Ellie kroch aus den Decken und schob das schlafende Lenchen in den Arm ihrer Mutter. Sofort attackierte die eisige Luft Gesicht und Ohren. Sie schob sich die Mütze tief über die Stirn und den

Kragen hoch und kletterte vom Wagen. Ihre Blase drückte, sie musste sich erleichtern, auch wenn ihr vor der Kälte graute.

Das Geschäft erledigt, stampfte sie mit den Füßen und rubbelte ihre Arme. Friedrich mühte sich, das Holz anzuzünden, doch der Wind blies die Streichhölzer sofort aus.

Kurz entschlossen nahm Ellie einen der Holzscheite und grub hinter einer Schneewehe am Straßenrand ein Loch. Es war harte Arbeit, die Oberfläche zu Bruchharsch gefroren, der Untergrund eine Mischung aus Eis und gepacktem Schnee. Ihr Magen knurrte, während Friedrich das Feuer in Gang brachte. Das bisschen Wärme verflog sofort, doch sie konnte zumindest das gefrorene Brot rösten und einige kleine Kartoffeln in die Glut legen. Sie schmolzen sauberen Schnee im Topf, und ihre Mutter, die inzwischen mit Lenchen aufgestanden war, reichte ihr getrocknete Pfefferminzblätter.

Sie aßen schichtweise, Ellie gab ihrer Tochter ein wenig Marmelade zum Brot. Lenchen wirkte blass und kleinlaut. Doch sie klagte nicht, obwohl sie bestimmt schrecklich fror. Bei Anbruch der Dämmerung reihten sie sich in den Flüchtlingsstrom ein, der bereits unterwegs war.

»Wie weit ist es nach Heiligenbeil?«, fragte Ellie ihre Mutter. Sie selbst war dort geboren, doch ihre Eltern waren als junges Paar auf den Hof ihres Onkels im Samland gezogen.

»Etwa fünfzig Kilometer.«

Friedrich schaute mit finsterem Blick auf den Strom der Fuhrwerke und Menschen vor ihnen. »Zwei Tage brauchen wir mindestens, vielleicht drei. Noch mal ein bis zwei Tage bis Westpreußen.«

»Aber die Russen kommen doch auch nicht voran, wenn hier alles verstopft ist«, meinte Margarete.

Die schießen sich den Weg frei, zerquetschen mit ihren Panzern, was im Weg ist. Oder sie fliegen drüber, dachte Ellie. Doch sie wollte ihre Mutter nicht beunruhigen. Es reichte, wenn sie selbst sich Sorgen machte. Am liebsten hätte sie die Pferde mit der Peitsche angetrieben. Doch das tat den Tieren nicht gut, und die Straße war ohnehin voller Frauen und Kinder, viele um einiges langsamer.

»Mama, wann sind wir da?« Lenchens Frage erneuerte Ellies alte Zweifel, wo sie denn eigentlich hinwollten. Wenn Ostpreußen fiel, dann kam Westpreußen als Nächstes. Sie mussten unbedingt nach Deutschland, doch auch von dort kamen Nachrichten von

Bombardierungen, vor allem der Großstädte.

»Bald, liebes Kind. Ich weiß, es ist so kalt. Aber wir müssen noch einige Zeit fahren, bevor wir ankommen.«

»Treffen wir dort Papa wieder?«

Ellie holte tief Luft und lächelte. »Hoffentlich.«

Als es dunkelte, hielten sie erneut am Straßenrand. Etwa einhundert Meter von der Straße entfernt befand sich ein Bauernhof, der bereits völlig überlaufen war. Friedrich machte sich auf den Weg, um Wasser zu holen, denn Schnee aufzutauen würde wieder ein Feuer verlangen, und sie wollten Holz sparen.

Während Ellie ihren Proviant inspizierte und Brot und den Rest der Kartoffeln von heute Morgen zusammenklaubte, fragte sie sich, wie sie die hart gefrorenen Stücke essen sollten. Friedrich erschien bald mit Wasser und hatte eine Lösung.

»Auf dem Hof brennt ein Feuer. Wie wär's, wenn ihr drei euch dort aufwärmt und das Essen auftaut?« Er blinzelte in die Abenddämmerung, seine Nase rot und seine Lippen spröde. »Ich bleibe beim Wagen. Man weiß nie.«

Wenig später drängten sich die Frauen mit Lenchen zwischen sich in Richtung Feuer. Inzwischen hatte sich um die kostbare Wärme ein Ring von Menschen gebildet, der immer breiter wurde. Viele trugen etwas Gefrorenes mit der gleichen Absicht.

Eine junge Frau mit einem Baby vorn im Mantel lächelte Ellie zu. »Gar nicht so einfach, hier dranzukommen.«

Ellie nickte. Sie konnte das Feuer nur erahnen und den auffliegenden Funken in der Dunkelheit hinterherschauen. Immerhin war es zwischen den Menschenkörpern wärmer als im Freien. »Mädchen oder Junge?«

»Mädchen.« Die junge Frau nickte angespannt. »Ich habe kaum Milch, kriege den eisigen Schnee nicht hinunter.«

»Da hinten ist ein Brunnen«, meinte Ellie. Sie war froh gewesen, Lenchen eine große Tasse Wasser geben zu können, und hatte sich selbst sattgetrunken.

»Habe mir die Flasche gefüllt. Aber alles gefriert so schnell.«

Ellie streckte der Frau ihre Hand hin. »Kommen Sie ganz nah zu mir, dann zwängen wir uns gemeinsam durch.«

Eine Stunde später, Ellies Beine schmerzten vom Stehen, waren sie endlich weit genug vorn, um ihre Lebensmittel ans Feuer zu stellen. Dabei musste sie höllisch aufpassen, dass niemand »aus Versehen« ihre Sachen mitgehen ließ. Ihre Mutter hielt Lenchen fest, die fasziniert auf die Flammen starrte. Die Wärme überschwemmte Ellies Haut, wärmte ihren Körper wie ein warmes Bad, auch wenn ihre Rückseite kalt blieb.

Die junge Frau umklammerte ihr wimmerndes Baby, als sei es ein Rettungsreifen. Im tanzenden Licht wirkte sie einsam und ängstlich.

»Wenn Sie wollen, beschütze ich Ihren Topf«, meinte Ellie. »Dann können Sie das Kind hier am Feuer stillen.«

Wenig später kehrten Ellie, ihre Mutter und Lenchen zu Friedrich zurück. Ellie hätte ewig am prasselnden Feuer stehen bleiben können, auch wenn ihre Lendenwirbelsäule vom vielen Sitzen auf dem harten Kutschbock und vom Stehen schmerzte. Aber die anderen Reisenden wollten auch ihr Essen wärmen und ein paar Minuten Wärme genießen.

Friedrich schlang seine Portion hinunter und schien tief in Gedanken.

»Ist was passiert?«, fragte Ellie.

Friedrich druckste herum, schien sich aber dann zum Reden zu entschließen. »Habe eben mit einem Mann aus Heiligenbeil gesprochen. Der kam von dort. Meinte, die Russen marschieren von Süden heran, dass wir nicht mehr durchkommen werden.«

»Aber wir haben fast die Hälfte des Weges geschafft.« Ellie bemerkte den schrillen Ton in ihrer Stimme. Tatsächlich waren sie besser durchgekommen als gestern. »Wenn wir Glück haben, sind wir morgen Abend da.«

»Wo sollen die denn herkommen?«, meinte Ellies Mutter. »In Königsberg waren sie ja auch noch nicht.«

Friedrich schien mehr sagen zu wollen, doch dann schüttelte er den Kopf. »Versuchen wir, morgen so schnell wie möglich zu fahren. Am besten, bevor die Massen loslaufen.«

Ellie schöpfte Mut, als sie am nächsten Tag trotz mehrerer Wehrmachtkolonnen, die in die gleiche Richtung fuhren, noch besser durchkamen. Allerdings kam ihnen jetzt ein steter Treck entgegen, der immer dichter zu werden schien.

»Warum ziehen die nicht nach Westpreußen?« Margarete schüttelte den Kopf. »Sie laufen den Russen direkt in die Arme. Königsberg wird nicht mehr lange stehen.«

Die alte Unruhe stieg in Ellie auf. Etwas stimmte nicht, doch sie fühlte sich hilflos und von der Welt abgeschnitten – trotz der vielen

Menschen. Informationen flossen nur von Mund zu Mund, und wer wusste schon, was stimmte? Den Sprüchen der Wehrmacht und Gauleiter Koch konnte man schon lange nicht mehr glauben.

Irgendwann hielten sie an, und Friedrich fragte zwei ältere Frauen, die jeweils einen Sack und einen Koffer trugen. »Wohin geht es?«

»Pillau«, meinten beide, ohne anzuhalten oder ihn eines Blickes zu würdigen, als verlange selbst das Kopfheben zu viel Energie.

»Sollen wir umdrehen?«, fragte Ellie, als Friedrich wieder auf den Bock kletterte.

»Schwer zu sagen. Pillau ist um die fünfzig Kilometer von Königsberg. Da sind wir noch mal vier bis sechs Tage unterwegs.«

»Pillau ist doch ein Hafen«, meinte Margarete. »Von da muss man ein Schiff nehmen. Was machen wir dann mit den Trakehnern und unseren Sachen?«

Ellie schüttelte den Kopf. »Fahren wir erst mal weiter?« Die anderen beiden nickten, Lenchen starrte teilnahmslos nach vorn.

Am nächsten Morgen war die Straße wieder völlig verstopft. Doch diesmal war es der entgegenkommende Flüchtlingszug, der ihnen ständig in den Weg kam. Oft warteten sie eine Stunde oder länger, weil sich vor ihnen Engpässe bildeten. Und am Abend waren sie kaum zehn Kilometer weit gekommen.

Friedrichs Gesichtsausdruck war noch düsterer, als ob das noch möglich gewesen wäre. »Wir sollten uns überlegen, ob wir nicht auch umdrehen«, meinte er, als sie sich schlafen legten.

Ellie tat fast die ganze Nacht kein Auge zu. Es war eng und dadurch auch etwas wärmer, aber die Unruhe in ihrem Körper nahm stetig zu. Das viele Stillsitzen auf dem Kutschbock ging ihr auf den Nerv, die vielen tausend Menschen auch. Und über allem lastete die Angst vor den Russen.

Am nächsten Morgen ging gar nichts mehr. Nur Fußgänger und kleine Karren kamen noch durch, ihr Wagen war viel zu breit. Als ihnen ein Wehrmachtswagen entgegenkam, sprang Friedrich wie ein Verrückter vom Bock und stellte sich armefuchtelnd in den Weg.

Zum Glück fuhr der Kübelwagen im Schritttempo, auch für die Wehrmacht gab es kein schnelles Durchkommen.

»Was ist da unten los?«, schrie Friedrich dem Offizier entgegen, dessen rote Ohren unter der Mütze zu glühen schienen. Der Mann winkte unwirsch, doch der alte Knecht rührte sich nicht vom Fleck.

Kurzentschlossen schnappte Ellie Lenchen und stellte sich neben ihren treuen Verwalter. »Bitte, Herr Offizier, können Sie uns –«

»Wenn Sie nicht unverzüglich den Weg freimachen, werden Sie erschossen.« Der Fahrer zielte mit einer Handwaffe auf Ellie und dann auf Friedrich.

Ellie begann zu zittern, riss Lenchen an sich und eilte hinter ihren Wagen. Friedrich folgte, wenn auch langsamer, sein Kopf rot vor Wut, wie sie ihn noch nie gesehen hatte. Er bekam kaum Luft und lehnte sich schwer an den Kutschbock. Margarete, die hinten gesessen hatte, reichte ihm die kostbare Flasche Schnaps, die sie eingesteckt hatten.

Der Motor des Kübelwagens brauste auf, und er rollte an ihnen vorbei.

»Verdammte Schweine«, keuchte Friedrich. »Denen ist doch völlig egal, was aus uns wird.« Vor ihnen setzte sich der Zug wieder in Bewegung. »Weiter, also?«, fragte er.

Ellie nickte. Noch ein Stück, wenigstens bis Heiligenbeil. Dann würden sie überlegen, wie es weiterging.

Es dämmerte, als die ersten Häuser am Abend in Sicht kamen, und Ellie atmete auf. Warum, wusste sie selbst nicht. Denn sie hatte keine Erinnerung an die Stadt, in der ihre Eltern großgeworden waren. Doch schon wieder stoppte der Treck vor ihnen.

»Jetzt habe ich aber die Nase voll«, brüllte Friedrich. Er richtete sich auf, wischte mit der Peitsche über die Rücken der Pferde und zog gleichzeitig die Zügel nach rechts. »Dann fahren wir eben durch den Schnee.«

Der Wagen schob sich langsam aus der Lücke, während die Pferde mühsam die Böschung erklommen. Es war kaum Gefälle, aber Eis und Schnee lagen hier höher.

Nach mehreren Minuten hatten sie sich freigekämpft und zogen langsam neben der Straße an der Karawane vorbei. Dann wurde Ellie klar, warum es nicht weitergegangen war. Die Brücke vor ihnen war mit Fahrzeugen und Pferdewagen zugestellt. Doch es gab keinen anderen Weg über die Banau, was hieß, dass sie wieder auf die Straße zurückmussten.

Friedrich stieß einen weiteren Fluch aus und steuerte die Pferde wieder nach links. Irgendjemand *musste* sie hereinlassen, wenn sich der Engpass auflöste.

Der Wagen ruckte hart und abrupt, die Pferde wieherten, Ellie wäre fast vom Kutschbock gefallen. Zum Glück befanden sich Lenchen und ihre Mutter auf der hinteren Ladefläche. Etwas unter ihnen knirschte, dann lehnte sich das gesamte Fuhrwerk nach rechts. Ellie schaute über die Seite und wollte laut schreien. Das hintere Rad war zwischen zwei Felsen geraten, hängengeblieben und hatte sich aus der Achse gelöst. Es hing nun im schiefen Winkel, und einige Speichen waren zerbrochen.

Friedrich mühte sich, vom Bock zu steigen, und ging langsam um den Wagen herum. Dort stand er wortlos und starrte das zerstörte Rad an. »Verdammt!«

Ellie gesellte sich zu ihm. »Was machen wir jetzt?«, fragte sie kleinlaut. In ihr brodelte es. Sie wollte Friedrich am Kragen nehmen und schütteln. Warum hatte er nicht besser aufgepasst? Doch sie sah auch, dass die beiden Steine unter dem Schnee nicht zu erkennen gewesen waren. Es war einfach Pech gewesen. Sie bat ihre Mutter, mit Lenchen im Wagen zu bleiben. Die Kälte war ohnehin nicht zum Aushalten.

Friedrich seufzte mehrmals, dann schaute er sie ernst an. »Tut mir leid, Ellie, ich habe es verbockt. Ich werde einen Hof finden müssen, auf dem es noch Wagenräder gibt. Die meisten dürften inzwischen unterwegs sein.« Er überflog die Landschaft und warf einen finsteren Blick auf die Straße, die unter dem dunkler werdenden Himmel kaum noch zu sehen war. »Querfeldein wird zu anstrengend. Ich versuche es erst mal in der Stadt. Die kennen doch die Höfe in der Nähe.«

»Was kann ich tun?«

»Du bleibst bei Lenchen und deiner Mutter. Macht Feuer, esst. Ich werde so bald wie möglich wiederkommen.« Er tippte sich an die Mütze und wanderte vorsichtig und langsam in Richtung Straße.

Ellie bemühte sich, sich ihre Verzweiflung nicht anmerken zu lassen. An einen kaputten Wagen hatte sie im Leben nicht gedacht. Sie stapelte hinter den Steinen Holz und atmete erleichtert auf, als es nach wenigen Minuten zu knistern begann. Dann suchte sie Brot und Kartoffeln heraus und steckte beides auf Spieße, während Margarete und Lenchen in Decken gehüllt am Feuer saßen.

Nach dem Essen hockten sie noch eine Weile zusammen, bis Lenchen die Augen zufielen. Margarete legte sich zu ihr auf die Wagenfläche, und Ellie nahm die Wache auf. Ab und zu stand sie auf und vertrat sich die Beine, die von der Kälte taub waren. Von Friedrich fehlte jede Spur.

Wer wusste, wo er hingegangen war? Wie lange der Weg dauerte? Ob er Erfolg hatte? Irgendwann fielen Ellie die Augen zu, und sie riss sie immer wieder auf, um sich daran zu erinnern, dass da draußen ihr alter Freund, das war er nach den vielen Jahren, unterwegs war.

Im Morgengrauen, als sie vor Kälte aufwachte, erkannte sie seine Figur auf dem Kutschbock. Er hatte sich nicht zu ihnen gelegt. Sie krabbelte aus den Decken und kletterte zu ihm.

»Hab noch keinen Erfolg gehabt«, meinte er, den Kopf auf die Brust gesenkt. »Alles meine Schuld, aber ich konnte nicht mehr. War viel zu dunkel, und die meisten Höfe sind eine halbe bis Stunde Fußmarsch entfernt.«

Ellie rubbelte ihm den Rücken. »Keiner macht dir einen Vorwurf. Du –«

»Ich bin aber von der Straße abgefahren, weil ich keine Geduld hatte. Und ich habe das Rad zerstört.«

»Es war Pech, Friedrich. Wir suchen, bis wir ein neues Rad finden. Das ist immer noch schneller, als zu Fuß weiterzulaufen. Lenchen würde es ohnehin nicht schaffen.«

Friedrich nickte, wobei er auf die Karawane auf der Straße blickte, die sich auch so früh am Morgen bereits bewegte. »Ich esse schnell was, dann bin ich weg.«

Den Tag müßig zu verbringen, war für Ellie die Hölle. Es gab nichts zu tun, daheim war sie von morgens bis abends beschäftigt gewesen. Das viele Sitzen war nicht nur langweilig, in der Kälte zog sich jede Stunde in die Länge. Lenchens kleines Gesicht war ganz rau geworden, ihre eigenen Lippen brannten. An Schafsfett hatte sie nicht gedacht. Auf dem Hof hatte sie immer einen Vorrat für ihre Tiere gehabt.

Am Nachmittag tauchte Friedrich wieder auf. Diesmal wirkte sein Schritt forsch, sodass Ellie es bereits wusste, bevor er ihr zurief, dass es ein Rad gab.

»Sie bringen es vorbei.«

»Was hast du ihnen gegeben?«

»Meine Ersparnisse. Ist ohnehin egal, ich werde nicht mehr lange leben. Da brauche ich auch kein Geld.«

Ellie verbiss sich eine scharfe Bemerkung über seine fatalistische Einstellung, denn in dem Moment löste sich aus dem Treck auf der Straße ein Fuhrwerk und hielt auf sie zu.

»Das wird er wohl sein«, meinte Friedrich.

Wenig später luden sie das Gepäck ab, damit sich der Wagen besser aufbocken ließ. Friedrich hatte die Pferde ausgespannt und mit Futter versorgt.

Der alte Mann nickte knapp, als er fertig war. »Solltet nach Königsberg. Es heißt, Westpreußen ist zu, Iwan ist in Elbing und bis zum Frischen Haff. Bald wird er hier sein.«

»Bleiben Sie denn hier?«, fragte Margarete.

Der Alte winkte ab. »Lohnt nicht mehr. Bin zu alt für so eine Tortur. Da sterbe ich lieber auf meinem Hof.«

Ellie und die anderen winkten zum Abschied. Sobald der Alte in der Menge verschwunden war, drehte sie sich zu ihren Reisegefährten um. »Ihr habt's gehört, wir sollten umkehren.«

Margarete seufzte laut, und Friedrich schüttelte entmutigt den Kopf. »Morgen früh dann.«

»Morgen früh«, sagten Ellie und Margarete gleichzeitig.

KAPITEL NEUN

Lena

Lenas Herz schlug ihr im Hals, als sie am folgenden Nachmittag im Büro der Landsmannschaft Ostpreußen vorsprach – Ansgar hatte ihr einen Termin besorgt. Wie beim Suchdienst wurde sie freundlich empfangen.

»Unsere Heimatstube hat einiges an Material.« Die Dame, die mindestens in den Siebzigern sein musste, führte sie in einen Raum mit gut gefüllten Regalen und Schwarz-Weiß-Fotos von Flüchtlingsszenen an den Wänden. »Nehmen Sie sich Zeit.«

Mehrere Regale enthielten Suchbücher, von denen Ansgar gesprochen hatte. Lena setzte sich an einen der Tische und schlug das erste Buch auf.

Eltern suchen ihre verlorenen Kinder stand als Überschrift über den Schwarz-Weiß-Fotos von Kindern jeden Alters, auch Kleinkindern und Babys. Links waren die Mädchen, darunter eine Kurzbeschreibung mit Familiennamen und Geburtsdatum.

Lena starrte die Bilder an und holte dann das Foto vom Nachttisch ihrer Mutter hervor, das sie jetzt immer bei sich trug. Ihre richtigen Eltern hätten beim DRK eine solche Suchanzeige gestartet, das hieß, sie konnte hier potenziell ihren Nachnamen finden. Sie begann zu blättern, schaute immer wieder auf ihr eigenes Bild, versuchte, sich die Gesichtszüge genau einzuprägen. Wie standen die Chancen? Es hatte mehrere hunderttausend Suchkinder gegeben. Inzwischen waren viele entweder gefunden oder hatten sich mit ihrer Situation abgefunden.

Die alte Wut stieg in ihr hoch. Sie wollte … würde sich nie damit abfinden, nichts über ihre Herkunft zu wissen. Nach einer Stunde stand sie auf und schaute aus dem Fenster. Ausnahmsweise schien die Sonne und helles Licht filterte herein. Wieder setzte sie sich an den Tisch und begann zu blättern.

Als sie sich gegen achtzehn Uhr auf den Weg machen wollte – sie hatte sich die Buchnummer notiert, die sie bereits angeschaut hatte, und einen neuen Termin für Freitag gemacht –, rief die Dame ihr hinterher, sie solle doch gerne zum nächsten Vertriebenentreffen kommen. Lena nickte dankbar, obwohl sie keine Lust hatte, sich mit einem Haufen alter Leute zu unterhalten.

Aber sie würde wiederkommen, denn sie hatte gerade mal einen Band geschafft und es warteten noch elf weitere. Sie musste sich wirklich Zeit nehmen, denn sie schätzte, es waren um die zweitausend Fotos pro Buch, und nach einer Weile verschwammen die Gesichter der kleinen Mädchen. Auch war es wahrscheinlich, dass ihre Eltern ein anderes Foto genutzt hatten, also musste sie sich auf jedes Bild konzentrieren.

Die halbe Nacht lag sie wach, weil ihr die Gesichter der Kinder wie kleine Geister durch den Kopf gingen – jedes davon ein Schicksal mit einer Familie. Wie musste es damals nach dem Krieg gewesen sein, als Millionen Menschen ihre Angehörigen suchten? Die schreckliche Ungewissheit, die Angst, das Warten auf Nachrichten. Mehr als zwölf Millionen Flüchtlinge waren aus den Ostgebieten in das zerstörte Deutschland gezogen, dazu die Millionen Soldaten.

Welch ein Chaos musste dort geherrscht haben? Vielleicht war es besser, dass sie sich nicht erinnerte. Doch es wurde auch gesagt, dass die Menschen durch das Trauma der Flucht und Vertreibung genetisch vorbelastet waren. War sie deshalb immer so unruhig?

Sie dachte an Ansgar und daran, wie gut er in Hemdsärmeln aussah, wie freundlich er sie behandelte. Er hatte Mitleid mit ihr, so viel war klar – eine einsame Frau ohne Eltern und Herkunft.

Sie warf sich auf die Seite und seufzte in die Stille. Sie musste sich auf ihre Suche konzentrieren und war doch gleichzeitig dazu verdammt, auf die Antwort des DRK zu warten. Nach dem Fall der Mauer vor drei Jahren konnte sie Königsberg, inzwischen Kaliningrad, besuchen, doch was brachte es, nach fast fünfzig Jahren dorthin zu fahren? Es würde keine Spuren geben, dafür hätten die Russen gesorgt. Auch wenn das Foto von dort stammte, hieß es noch lange nicht, dass sie dort aufgewachsen war.

Vielleicht sollte sie sich an den Verkauf der Villa machen. Es würde Zeit brauchen, alles zu sortieren. Auktionator und Immobilienmakler konnten den Rest erledigen. Sie würde den Erlös anlegen … in Aktien und Fonds.

Ihre Gedanken kehrten zum Suchdienst zurück. Damals hatte es Radiomeldungen gegeben, die stundenlang die Namen und Daten von Vermissten durchgegeben hatten. Vielleicht sollte sie herausfinden, ob es Aufzeichnungen gab.

Sie rollte sich wieder auf den Rücken. Es war wie die berühmte Nadel im Heuhaufen, und mit großer Wahrscheinlichkeit würde sie nichts herausfinden. Doch über ihre Adoptivfamilie musste es Informationen geben. Sie waren vom Adel, gut vernetzt. Ihr fiel ihre Tante Anna ein, der sie immer noch nicht geschrieben hatte.

Kurzentschlossen knipste sie das Licht an und ging an den Schreibtisch.

Liebe Tante Anna,

es tut mir leid, dir vom Tod deiner Schwester berichten zu müssen. Katarina starb vor einigen Wochen, du weißt, sie war auf der Alzheimerstation hier in Münster. Ich hoffe, dir geht es gut. Vielleicht können wir uns mal sehen? Ich habe mir die nächsten drei Monate freigenommen und hätte Zeit, dich zu besuchen.

Liebe Grüße

Deine Nichte Lena

Ihre Tante *musste* etwas über die Adoption wissen. Katarina hatte irgendwann erzählt, dass sie damals zusammen geflüchtet waren.

Bereits drei Tage später klingelte das Telefon. »Anna, hier.«

Lena erkannte die leicht rauchige Stimme ihrer Tante, die viele Jahre von Zigaretten gelebt hatte, um ihre Figur zu halten, auf Anhieb. »Schön, dass du anrufst.«

»Warum hast du mir nicht Bescheid gesagt? Ich wäre zur Beerdigung gekommen.« Annas Stimme klang vorwurfsvoll.

»Es tut mir leid. Ich habe kaum geschafft, alles zu organisieren.« Lena atmete tief. So schrecklich war es gar nicht gewesen, warum log sie eigentlich? »Darf ich dich besuchen?«, platzte sie heraus. Sie musste ihrer Tante in die Augen sehen, wenn sie Fragen stellte.

»Natürlich, Kind.«

Am Samstagmorgen saß Lena im ICE. Dabei hatte sie sich mit Ansgar zum Abendessen verabredet. Er wollte ihr seine Lieblingspizzeria vorstellen. Sie musste ihn unbedingt anrufen, wenn sie in München eintraf.

Die Durchsicht des zweiten Bandes im Heimathaus der Ostpreußen hatte keine neuen Erkenntnisse erbracht. Sie hatte auch festgestellt, dass es nicht ungewöhnlich war, wenn die kleinen Kinder keine Nachnamen und Geburtsdaten hatten. Dafür wurde genau beschrieben, wo sie gefunden worden waren, ihre Kleidung und eventuelle Gegenstände. Vielleicht hatte sie ja das kleine Foto bei sich getragen. Oder hatte ihre Mutter sie den reichen von Schweigs freiwillig übergeben? Wer wusste, wie es damals zugegangen war? Viele Menschen waren verzweifelt gewesen, hatten alles verloren. Vielleicht hatte sich ihre leibliche Mutter eine bessere Zukunft für ihre Tochter gewünscht. Was bedeutete, dass es sie im Suchsystem des DRK gar nicht geben würde.

Ihre Tante wohnte am südöstlichen Stadtrand in Trudering, mehr wusste Lena nicht. Nach einigem Herumfragen fand sie die richtige S-Bahn und war erstaunt, wie dörflich die Gegend wirkte.

Das umgebaute Bauernhaus lag in einem von blühenden Osterglocken, Hyazinthen und Krokussen umgebenen Garten und gefiel Lena auf Anhieb.

»Lena, wie schön.« Tante Anna hatte offensichtlich das Rauchen aufgehört, denn sie hatte einige Kilo zugelegt, was sie bei ihrer kleinen Größe rundlich machte. Sie sah ihrer schlanken großen Schwester Katarina so gar nicht ähnlich.

»Tante Anna, ich freue mich.« Lena umarmte ihre Tante.

»Komm, Kind, komm. Ich zeige dir das Haus. Oder willst du erst mal zur … Du hast bestimmt Hunger – und Durst.«

Lena entschuldigte sich kurz und kam dann in die wohnliche Küche mit einer langen mit Kissen und Fellen dekorierten Bank und Blick in den Garten. »Wie schön.«

Anna strahlte. »Habe ich durch Zufall gefunden. Die alte Frau, die hier wohnte, musste ins Heim – wie deine Mutter.« Sie ergriff Lenas Hand. »Wie geht es dir damit?«

»Ist schon in Ordnung. Wusste ja, dass es irgendwann so weit sein würde.« Zu ihrer Überraschung fühlte Lena einen Kloß im Hals. Sie hatte selten mit Anna gesprochen und kannte ihre Tante kaum. Ein- oder zweimal war sie vor vielen Jahren bei Festen dabeigewesen.

»Setz dich erst mal. Ich habe gebacken, meinen besten Nussschokokuchen.«

Lena nickte. Ihre Mutter hatte nie gebacken. Die Köchin hatte jeden Mittag drei Gänge zubereitet, aber Kuchen kam immer aus der Konditorei. Komischerweise fühlte Lena sich heimelig in dem alten Haus mit den krummen Balken. Ihre Mutter hätte es nie zugelassen, dass die Wände schief standen.

Anna servierte Kaffee und setzte einen Teller mit dicken, duftenden Scheiben Kuchen auf den Tisch. »Greif zu. Und erzähl. Ich meine von dir.«

Lena stopfte sich den Mund voll und konnte erst mal keinen Ton sagen. Irgendwann nahm sie einen Schluck Kaffee und lehnte sich zurück. »Traumhafter Kuchen. Gibst du mir das Rezept?« Sie hatte nur wenige Male in ihrem Leben gebacken, für die Geburtstage ihrer Mutter im Heim, für sie allein lohnte es nicht.

Anna nickte freundlich und abwartend.

Nun war der Zeitpunkt gekommen. Sie musste sagen, warum sie hier war, alles herauslassen. Schon wieder war der Kloß da, tief im Hals drückte er ihr die Luft ab. Sie räusperte sich. *Reiß dich zusammen.* »Also es ist alles okay, aber es gibt da etwas …«

Annas kurze Finger landeten auf ihrem Handrücken. »Kind, ich sehe, dass du etwas auf dem Herzen hast. Heraus damit.« Sie nickte ermutigend.

»Wusstest du, dass ich adoptiert bin?«, platzte Lena heraus.

»Habe ich es mir doch gedacht. Sie haben es dir also nie erzählt.« Anna runzelte die Stirn, ihr Blick ärgerlich. »Feiglinge, alle beide.« Sie stand auf, was bei ihrer Fülle nicht ganz einfach war, und ging zum Schrank, schüttete zwei Cognac ein. »Hier, trink erst mal. Du bist ganz blass.«

Lena nahm einen Schluck und schaute ihre Tante erwartungsvoll an. »Du weißt es also.«

Anna nickte. »Katarina konnte keine Kinder bekommen, denn sie hatte mit fünfzehn eine Gebärmutterentzündung. Wäre fast daran gestorben.« Annas Blick wanderte zum Fenster, dann zurück zu Lena. »Das hat sie dir sicher auch nie erzählt. Oh, meine hochnäsige Schwester. War immer besser als andere, selbst als ihre Tochter.«

»Du bist ganz anders …«, entfuhr es Lena. »Mutter hat nicht viel über dich erzählt.«

»Wir waren schon immer sehr unterschiedlich. Als Kind saß

deine Mutter im feinen Kleid am Klavier oder feierte eine Teeparty mit ihren Puppen. Ich war draußen im Wald mit den Hunden und habe im Dreck gewühlt.« Anna leerte das Cognacglas. »Aber unsere Mutter war genau wie Katarina. Hat auch immer die Nase gerümpft, wenn ich nicht elegant genug herumlief.«

»Erzählst du mir von eurer Flucht?«

Anna nickte. »Ich spreche auch kaum darüber, war sehr traurig, unglaublich anstrengend und gefährlich, selbst wenn man Geld hatte. Jedenfalls sind wir im Januar 45 aus Heiligenbeil geflüchtet, wo unsere Familie einen Gutshof besaß. Katarina hatte Hans von Schweig geheiratet und lebte keine fünf Kilometer von uns entfernt. Ich war noch bei meinen Eltern, weil ich keinen der Lackaffen heiraten wollte. Mitte Januar war klar, dass die russische Armee ein riesiges Heer an der ostpreußischen Grenze aufbaute. Und dann brachen sie wie die Heuschrecken über das Land und verschlangen alles. Wir hatten gewartet, zu lange hin- und herüberlegt, welchen Weg wir nehmen sollten. In Wahrheit wollte weder mein Vater noch Hans von Schweig sein Anwesen verlassen, alles aufgeben, das ihre Leben so angenehm gemacht hatte.« Anna stand auf und schüttete Cognac nach. »Den brauche ich jetzt.« Sie nahm einen Schluck und schaute Lena an, ihre Augen glänzten mit Tränen. »Wir wollten eigentlich in Richtung Elbing nach Westpreußen, den schnellsten Landweg. Doch am 23. Januar besetzten die Russen Elbing und drangen bis zum Frischen Haff vor. Wir hatten zu lange gewartet, das heißt, wir mussten in Richtung Königsberg. Nachdem die Nachricht von Elbing uns einen Tag später erreicht hatte, zögerte mein Vater wieder, was uns fast den Kopf gekostet hätte. Denn er wollte vieles mitnehmen, seine Sammlungen, Silber und Schmuck, Kleider. Das Gut war vollgestopft mit wertvollen Sachen, die seit Jahrhunderten im Familienbesitz gewesen waren.«

»Wieso habt ihr sie nicht mitnehmen können? Ihr hattet doch bestimmt jede Menge Pferdewagen und Personal.«

»Hatten wir. Aber über Königsberg ging es *nur* noch nach Pillau, einen Hafen, von dem man *ausschließlich* per Schiff wegkam, was bedeutete, dass nicht mehr als ein oder zwei Koffer mitkonnten.« Anna seufzte. »Also sind wir erst am 26. Januar los, die Artilleriefeuer wurden lauter, sodass man kein Auge zubekam. Viel zu spät. Katarina und Hans trafen uns an der Straße, und wir sind mit jeweils zwei Fuhrwerken los.« Anna holte tief Luft, ihr Blick weit weg. »Doch die Straße nach Königsberg war eine Katastrophe. Die

Menschen quälten sich in langen Märschen durch den Schnee, Tausende bepackt mit Habseligkeiten.« Anna beugte sich vor. »Und da haben wir dich gefunden.«

Lena stockte der Atem. »Was meinst du, gefunden?«, hauchte sie.

»Du standest da am Straßenrand, auf einem verlassenen Fuhrwerk. Ganz allein, gefrorene Tränen auf den Wangen. Du hast so gezittert. Katarina ist sofort vom Wagen und hat dich angesprochen. Doch du standest da, warst ja noch winzig klein, vielleicht um die drei, in deinem Kleidchen und den dicken Strümpfen, den Mantel halb offen, die Mütze schief, ein Stofftier im Arm. Es war herzerweichend. Und Katarina hat in diesem Moment entschieden, dich mitzunehmen. Es ging ganz schnell, denn wir mussten sofort weiter.«

»Hat sie mich denn nicht gefragt, wo meine Mutter ist?«

»Hat sie wohl, auch nach deinem Namen hat sie gefragt. Du hast wohl nur Lenchen herausgebracht, so kalt und einsam warst du.«

»Katarina hat mir das Leben gerettet?«

»Vielleicht. In dem Gewusel der Menschen konnte man nichts mehr nachprüfen. Und die Russen waren schon da, in Heiligenbeil wurde gekämpft. Wir sind dann weiter, was unglaublich lange dauerte. Bis Königsberg haben wir es nicht mehr geschafft, mussten über das Frische Haff. Und haben bis auf ein paar Kleinigkeiten alles am Ufer stehen lassen müssen: Vaters Messersammlung, seine kostbaren Bilder, eben alles.«

»Ihr hättet die Sachen doch zum Schiff mitnehmen können. Vielleicht extra bezahlt, aber trotzdem.«

Anna schüttelte vehement den Kopf. »Ging nicht. Eine Wasserschicht bedeckte das Eis des Frischen Haffs, die Menschen mussten mit Pferdewagen transportiert werden. Die Wehrmacht hat uns gezwungen, alles abzuladen und dafür Flüchtlinge mitzunehmen. Vielleicht stammte daher Katarinas Abneigung gegenüber den normalen Menschen. Sie haben sie daran gehindert, Hans' Kostbarkeiten zu retten. Alles blieb am Rand des Wassers stehen, und wir sind, teils unter russischen Bomben, nach Pillau.«

»Und ich?«

»Du warst dabei. Katarina hat dich wie eine Puppe in Felle eingepackt und gefüttert. Sie war ganz verliebt.«

»Und wir sind dann mit dem Schiff in den Westen?«

»Das ging relativ schnell, Vater und Hans hatten ja Gold und

Juwelen. Sie haben ein paar Leute geschmiert. Auch wenn die Überfahrt eng und ungemütlich war, hat es uns an nichts gefehlt.«

»Dann kam ich also aus Heiligenbeil.«

Anna lächelte. »Zumindest haben wir dich da aufgegabelt.«

Als Lena am Sonntagnachmittag wieder im ICE saß, fielen ihr fast die Augen zu. Sie hatte die halbe Nacht wach gelegen und über Annas Worte nachgedacht. Sie war also tatsächlich ein Suchkind aus Ostpreußen, und es gab keinerlei Informationen über ihre Eltern. Kurz bevor sie einschlief, fiel ihr ein, dass sie total vergessen hatte, Ansgar anzurufen.

KAPITEL ZEHN

Ellie

In der Nacht erwachte Ellie von einem dumpfen Grollen. Auch ohne es je gehört zu haben, wusste sie, dass die Front sie eingeholt hatte.

Am liebsten hätte sie gleich alle geweckt und wäre losgefahren. Doch die Dunkelheit war noch schlimmer als unter Schnee begrabene Gefahren. So lag sie zwischen Lenchen und Friedrich und lauschte dem lauter werdenden Getöse.

Sie hatten zu lange gewartet, hatten hin- und herüberlegt, dann war noch der Unfall mit dem Wagenrad passiert. Ihre Entscheidungen waren falsch gewesen. Sie hätten gleich von Königsberg nach Pillau fahren und sich all das ersparen können, säßen wahrscheinlich schon auf einem Schiff in Richtung Westen.

Ellie stöhnte leise. Heute mussten sie so schnell wie möglich vorankommen. Schon jetzt graute ihr vor dem Rückweg, all das Frieren und Herumsitzen, das langsame Fahren und Warten nahm kein Ende. Wer wusste, wie es in Königsberg aussah? Vielleicht waren die Russen dort auch schon gelandet.

Im Morgengrauen kletterte sie vom Wagen, um sich zu erleichtern. Auf der Straße in fünfzig Meter Entfernung bewegten sich bereits Flüchtlinge, Handkarren und Wagen.

Sobald sich Friedrich regte, rief sie: »Wir müssen los.«

Er nickte knapp und weckte Margarete, die sich um Lenchen kümmerte, während Ellie in ihren Proviantsäcken wühlte. Mit einem Mal hörte sie Schreie, die immer lauter und hysterischer wurden. Die

Menschen auf der Straße schienen in Panik zu geraten und eilten voran, so schnell es der Treck zuließ.

Gleichzeitig rief Margarete, ihre Stimme vor Angst verzerrt. Als Ellie aufschaute, blinzelte sie mehrmals, versuchte, die in ihr aufsteigende Panik zu kontrollieren. Keine hundert Meter entfernt bewegten sich in breiter Linie Soldaten und Panzer auf sie zu. Auch ohne ihn je gesehen zu haben, wusste Ellie, dass der Russe sie erreicht hatte.

Sie schrie Friedrich etwas zu, der die Pferde vor den Wagen spannte. Seine Hände zitterten so stark, dass er kaum das Zaumzeug über die großen Köpfe bekam. Ellie sprang vom Bock, um ihm zu helfen. Margarete versteckte Lenchen in den Decken und kletterte nach vorn.

Doch die Panzer rollten unaufhörlich, und die Gesichter der dazwischen laufenden Männer waren jetzt deutlich zu erkennen. Ellie half Friedrich auf den Wagen, kletterte selbst hinauf. Sie mussten weg, schnell weg.

Ein Pfiff ertönte, laute Männerstimmen. Ein Schuss knallte, drei oder vier mehr. Margarete und Ellie drückten sich flach auf den Sitz, aber Friedrich sprang vom Bock und lief um den Wagen herum, zog das Gewehr aus der Hülle und zielte.

»Nein!«, schrie Ellie. »Sie erschießen dich.«

Zu spät. Schüsse dröhnten, rissen Löcher in Friedrichs Mantel. Er röchelte, fiel auf die Knie und sank unter prasselndem Beschuss mit dem Gesicht nach vorn in den Schnee. Ellie sprang vom Wagen, ihr einziger Gedanke bei Friedrich. Doch er lag unbeweglich, um ihn herum färbte sich das Weiß zu grellem Rot. Friedrich war tot.

Ellie schaute auf den Wagen, wo sich Lenchen versteckte. Sie wollte sie an sich drücken, ein letztes Mal küssen und ihren Duft einsaugen. Doch die Männer schrien jetzt und fuchtelten mit ihren Gewehren, ihre Augen gefüllt mit einer Mischung aus Wut, Gier und Schadenfreude.

Dann standen sie vor Ellie und holten Margarete, die wie erfroren auf dem Bock saß, herunter. Zwei Soldaten bedeuteten ihnen, mitzukommen, während zwei weitere den Wagen durchsuchten und Koffer, Säcke und Decken zu Boden warfen. Jeden Moment würden sie Lenchen entdecken.

Einer der Russen gab den Pferden die Peitsche, sodass das Gespann führerlos in Richtung Straße davonrollte.

Ellie schrie etwas, wollte ihrer Tochter hinterher, als sie am rechten Arm brutal herumgerissen wurde und sich einem der Russen gegenübersah. Er war einen Kopf größer als sie, mit vollem schwarzen Bart und öligen Haaren, von denen ein strenger Geruch ausging. Nur seine Augen leuchteten hellblau. Er grinste und offenbarte einen Mund voll brauner Zähne. Ellie begann zu zittern, spürte ihre Mutter neben sich, die ebenfalls von einem der Soldaten festgehalten wurde.

Die anderen Männer lachten, wobei sie auf eine Scheune zeigten, die etwa hundert Meter entfernt stand.

Der Russe vor Ellie riss sie herum und zerrte sie mit sich durch den Schnee. Sie strauchelte, versuchte, nicht zu fallen und gleichzeitig zu sehen, was sie mit ihrer Mutter machten. Auch Margarete wurde mitgezogen, einer hielt sie am Arm, zwei oder drei andere fuchtelten mit ihren Kalaschnikows. Ellie versuchte vergeblich, zu sehen, wohin der Wagen rollte, auf dem immer noch Lenchen lag. Wenn sie herunterfiel, würde sie sich verletzen. Hoffentlich hielten die Pferde an. Sie waren älter und daran gewöhnt, geführt zu werden. Sie musste einen Weg finden, den Russen zu entkommen.

Die Scheune rückte näher, und dann öffnete sich die riesige Tür und verschluckte sie, ihre Mutter neben ihr, umzingelt von einem Dutzend russischer Soldaten. Und sie wusste, dass die schrecklichen Gerüchte über die Schändungen der Russen an deutschen Frauen wahr waren.

Ellie wachte auf. Es war dunkel, und die ersten Gedanken wanderten zu Lenchen und dass sie da draußen schrecklich allein war und sie sicherlich suchte. Ihr war eisig kalt, Füße, Beine und Unterleib wie erfroren. Sie tastete in der Dunkelheit an sich herum, fand nackte Oberschenkel, ihre Strümpfe halb zerrissen an den Waden klebend, der Rock nach oben geschoben. Alles war nass und schmerzte, nein, brannte wie Feuer. Sie zwang sich, ihre Kleider zu ordnen, kam auf die Knie und versuchte zu stehen. Ein stechender Schmerz durchfuhr ihren Unterleib, und sie fiel zu Boden. Die Russen hatten sich abgewechselt und laut grölend ihre Kumpanen angefeuert. Sie ekelte sich vor sich selbst, aber sie musste sofort hinaus, um Lenchen zu suchen.

Wieder versuchte sie zu stehen, halb schwankend tat sie einen Schritt. Dann noch einen. Es war so dunkel, sie streckte eine Hand aus, um nicht gegen eine Wand zu laufen. Ihr Fuß stieß gegen etwas auf dem Boden, sodass sie fast gestürzt wäre. Jemand stöhnte.

»Mama?« Ellie fiel auf die Knie und tastete in der Finsternis herum, bis sie eine Hand fand. Sie drückte die Finger, streichelte die Handfläche. »Mama, hörst du mich?«

»Ellie, bist du das?«, kam es vom Boden. Die Stimme ihrer Mutter klang alt und brüchig. Ellie hatte gehört, wie sich die Männer über ihre Mutter hergemacht hatten. Ihr Alter schien ihnen egal, Hauptsache, sie konnten schänden. Bittere Galle stieg in ihr auf, und sie rang nach Luft.

»Kannst du aufstehen?«

»Ich weiß nicht, mir ist so kalt.«

Ellie tastete auf dem Boden herum und fand ihre Mutter in der gleichen Situation, ihre Strümpfe an den Waden. »Wenn du dich setzt, kannst du dich besser richten. Dann helfe ich dir, aufzustehen.«

Es dauerte mehrere Minuten, bis Margarete in der Lage war, sich aufzurichten. Hand in Hand tasteten sie sich an der Wand entlang zum Tor. Eisige Kälte schlug ihnen entgegen. Ellie vermummte sich so gut es ging und half ihrer Mutter. Dann hielt sie inne und wartete, bis sich ihre Augen an das Mondlicht gewöhnt hatten. Es ging auf Vollmond zu, und durch den reflektierenden Schnee wirkten die Umrisse der Scheune wie ein schwarzes Ungeheuer.

Sie nahm ihre Mutter fest am Arm, und zusammen stolperten sie in Richtung Straße. Irgendwo hier hatten sie kampiert, und von hier war der Pferdewagen mit Lenchen heute Morgen losgefahren. Warum hatte sie so lange geschlafen? Unsinn, sie war ohnmächtig geworden, hatte es nicht mehr ertragen können. Doch sie durfte jetzt nicht an sich denken, an den Schmerz in ihrem Unterleib, die Nässe, die dort klebte und die sie sich am liebsten mit Schnee abgewaschen hätte.

»Da vorn.« Margarete zeigte auf eine dunkle Stelle. »Das müssen unsere Sachen sein.«

Sie stapften durch den Schnee, wobei Ellie den Blick auf die Straße gerichtet hielt und versuchte, abzuschätzen, ob sie an der richtigen Stelle waren. Ihr Körper schmerzte, da unten pochte es, während die Kälte in ihren Unterleib stieg. Sie musste es ignorieren, musste sich beeilen. Irgendwo da vorn wartete Lenchen.

Auch ihre Mutter stöhnte ab und zu und schleppte sich mit schweren Schritten neben ihr her. Irgendwann zupfte sie Ellie am Ärmel. »Mein Koffer. Ich sehe unsere Sachen.«

Im Halbdunkel des Mondlichts fanden sie ihre Säcke und

Koffer aufgeschlitzt, Ersatzkleider und Wäsche lagen versprenkelt im Schnee. Egal. Ellie wühlte hektisch durch die Sachen, bis sie neue Unterwäsche und Strümpfe fand, wischte sich notdürftig sauber und zog sich um. Sie mussten sich beeilen und den Pferdewagen finden.

Und dann entdeckte sie die stille Form im Schnee: Friedrich lag wie heute Morgen – eine dünne Eisschicht bedeckte ihn. Ellie fiel auf die Knie und streichelte seine Haare. »Es tut mir so leid«, flüsterte sie. »Wir werden dich vermissen. Verzeih uns, dass wir dich nicht begraben, wir müssen Lenchen suchen. Sie ist irgendwo hier draußen, ganz allein und kalt und hungrig.«

Ellie schaute auf, doch die Straße vor ihr verschwamm. Inzwischen liefen die Menschen auch im Dunkeln, ihre Schatten schweigende Geister. Wo war Lenchen hingefahren? Sie mussten den Spuren des Wagens im Schnee folgen.

Entschlossen, keine Zeit zu verlieren, half sie ihrer Mutter, die sich ebenfalls umgezogen hatte, einen Koffer zu packen, steckte einige von Lenchens und ihren Sachen in einen Sack. Dann packten sie Brot und Kartoffeln in eine Tasche, die Marmelade wie alles Glas musste hier bleiben. Es war viel zu schwer. Sobald sie den Wagen fanden, würden sie einfach hierher zurückkommen. Ellie hängte ihrer Mutter und sich eine Decke um, und dann gingen sie langsam, den Blick zu Boden und auf den Spuren des Pferdewagens los.

Bereits nach einer halben Stunde stoppten die Räder direkt neben der Straße, die von den Tausenden Flüchtenden zertrampelt war. Doch da war nichts außer ein paar Vertiefungen. Von ihrem Wagen fehlte jede Spur. Mit aller Wahrscheinlichkeit hatte irgendjemand Wagen und Pferde an sich genommen, war vielleicht unwissentlich mit Lenchen davongefahren.

»Hier lang«, sagte Ellie mit zitternder Stimme. »Sie können nur in Richtung Königsberg.« Sie wollte weinen, sich irgendwo hinlegen und aufgeben, doch das ging nicht. Sie mussten los, jetzt sofort, und Lenchen suchen. Ihre Mutter schwieg, nur ab und zu tastete sie nach ihrem Bauch, als habe sie Schmerzen.

Sie reihten sich in den Flüchtlingstreck, der um diese Zeit recht dünn war. Aus Südwest schallte Artilleriefeuer herüber. Ellie war sich sicher, dass es für die Wehrmacht zu Ende ging, egal, was die Idioten im Radio behaupteten. Die Russen waren siegreich auf dem Vormarsch und zerstörten alles, was ihnen in den Weg kam. Sie würden nicht mehr stoppen, bis sie in Berlin ankamen.

Ihr Unterleib pochte, während sie versuchte, nicht an die

Scheune zu denken. Wie mochte es ihrer Mutter gehen? Doch Ellie hatte nicht die Kraft, sie zu fragen. Jeder Schritt kostete sie Mühe, ihre Beine waren kraftlos, ihr Kopf gefüllt mit Watte und nur einem Gedanken: Lenchen.

Als es dämmerte, verdichtete sich der Verkehr auf der Straße erneut. Irgendwann hielten Ellie und Margarete an, um etwas zu essen. In der Nähe der Straße brannte ein Feuer, wo sie den Rest des gefrorenen Brotes rösteten. Ellie schmeckte nichts, ihre Gedanken bei ihrer Tochter. Sie bekam kaum Luft, wenn sie daran dachte, dass Lenchen dort draußen herumirrte. Wie sollte sie sie in diesem Durcheinander jemals finden?

Ihre Brust begann zu schmerzen, jeder Schritt wurde zur Qual. Sie brauchten Schlaf, ein warmes Bett. Doch so weit sie sehen konnte, lag die Landschaft unter Schnee begraben, den der böige Wind immer wieder in hohen Wehen auftürmte. *Geh weiter*, kommentierte ihr Kopf. *Du musst weiter, egal, wie müde du bist.*

Lenchen war alles, was ihr geblieben war. Den Hof hatte sie verloren. Wer wusste, ob sie Albert je wiedersehen würde? Doch ohne ihre Tochter lohnte es sich nicht mehr, weiterzukämpfen. Sie warf einen Blick auf ihre Mutter, die mit niedergeschlagenen Augen daherlief, als sei ihr Inneres vollkommen leer. Sie selbst fühlte sich so: leer und verbraucht. Nur ihre Füße marschierten mechanisch voran, als wüssten sie, wohin der Weg führte. Dabei wusste sie nichts, sie war ein Fähnchen im Sturm, das kein Eigenleben mehr hatte.

Zwanghaft kontrollierte sie jedes Gefährt, jeden Karren, der sie überholte. Wenn Kinder am Wegesrand rasteten, hielt sie an, um ihnen ins Gesicht zu sehen. Als sie sich am Abend entlang einer Hecke niedersetzten, wollte Ellie nur noch schlafen – und nicht mehr aufwachen.

Doch im Morgengrauen hielt sie es vor Kälte nicht mehr aus. Die Zwanghaftigkeit kehrte zurück, sie nahm ihre Mutter an der Hand und tat einen Schritt nach dem anderen, denn Lenchen, wo immer sie war, brauchte sie. Ihre Mutter schwieg immer noch, ihr Gesicht ausdruckslos wie eine Maske, ihr Blick in die Ferne oder zu Boden gerichtet.

Irgendwann lief die Nachricht durch die Flüchtenden, dass Königsberg von den Russen umkämpft wurde.

»Was machen wir jetzt?«, fragte Ellie, ohne eine Antwort von ihrer Mutter zu erwarten.

Ein älterer Mann, der vor ihnen einen Karren zog, drehte sich zu ihnen. »Gibt nur noch eins, wir überqueren das Frische Haff nach Pillau.«

Und so folgten Ellie und Margarete den anderen durch den Schnee bis zur Küste.

Am Abend lag eine weiße, formlose Wüste aus Eis und Schnee vor ihnen. Hinter ihnen drängte der Russe die Menschen aus dem Land.

KAPITEL ELF

Lena

Als Lena ihre Wohnung betrat, klingelte das Telefon, doch bis sie es erreicht hatte, war es verstummt. Der Anrufbeantworter blinkte. Dann ertönte Ansgars Stimme.

»Lena, bist du da? Wir wollten, glaube ich, um sechs Uhr Pizza essen. Ich hoffe, es geht dir gut.«

Die zweite: »Lena, ich mache mir langsam Sorgen. Melde dich bitte, damit ich weiß, dass alles in Ordnung ist.«

»Lena, habe ich etwas verbrochen, dass du nicht anrufst? Ich bin drauf und dran, die Polizei zu rufen.« Die letzte Nachricht war von heute Nachmittag.

Sie wollte gerade den Hörer abnehmen, um ihn anzurufen, als es an der Tür klingelte.

»Lena?« Ansgar stand im Eingang und starrte sie an, seine Wangen gerötet, Haare und Anzug vom Regen durchweicht. »Ist alles in Ordnung?«

»Es tut mir leid, ich war in München.«

»München?«

Lena trat beiseite. »Komm erst mal rein. Ich muss mich entschuldigen.« Als Ansgar an ihr vorbeiging, stieg ihr der Duft seines Rasierwassers wieder in die Nase. Sie schnupperte unwillkürlich. »Bin gerade heimgekommen und habe deine Nachrichten abgehört.« Sie schaute an ihm herunter. »Du bist ja ganz nass.« Sie rannte ins Bad und kehrte mit einem Handtuch zurück.

Ansgar trocknete sich die Haare, ein Tropfen lief an der Schläfe herunter. Sie nahm den Zipfel des Handtuchs und wischte ihn weg, fühlte, wie er ihr Handgelenk ergriff.

»Hattest mich also vergessen«, sagte er, sein Blick schwer zu lesen.

»Nein, ich –«

Sein Gesicht war auf einmal ganz nah, seine Lippen trafen ihre. Weich und warm, mit einem Hauch von Zitrone. Unwillkürlich schreckte sie zurück.

Er trat zurück und schüttelte den Kopf. »Entschuldigung, ich wollte …« Er ging zur Tür. »Bis bald.« Die Tür fiel ins Schloss.

Lena stand wie angewachsen da, ihr Blick immer noch auf dem Handtuch, das auf dem Regal lag. Was war gerade passiert? Wieso hatte er sie geküsst? Ihr Blick fiel auf ihr Spiegelbild, ihre Haare wild von der Reise, die Bluse nicht mehr ganz sauber, der Lippenstift war längst verschwunden. Das hatte ihn scheinbar nicht gestört.

Tief in Gedanken hängte sie das Handtuch ins Bad und setzte sich aufs Sofa. Sie musste nachdenken. Ihr Anwalt Dr. Ansgar Schumann hatte sie geküsst. Die Szene im Flur wiederholte sich. Seine durchweichte Gestalt, die breiten Schultern, der offene Hemdkragen … der Bartschatten. Im Nachhinein schlug ihr das Herz bis zum Hals. Er hatte sich Sorgen um sie gemacht, war vorbeigekommen, um nachzuschauen. Dann seine Berührung, die Lippen, sanft und doch männlich, ein wenig fordernd.

Sie sog laut die Luft ein. Warum hatte sie sich nicht in seine Arme geworfen? War zurückgeschreckt wie ein Teenager? »Du bist eine blöde Kuh«, sagte sie laut.

Sie überlegte, ihm hinterherzulaufen, doch das wirkte bedürftig. Sie würde ihn anrufen, nicht sofort, aber morgen würde sie ihm von Tante Anna erzählen.

Doch als sie am nächsten Morgen in der Kanzlei anrief, meinte seine Sekretärin, er sei in Gesprächen. Den ganzen Nachmittag wartete sie daheim, er rief nicht an. Kurz vor Büroschluss versuchte sie es erneut, doch es ging niemand ran.

Was wollte *sie* eigentlich? Sollte sie ihn besuchen? Sie hatte die Nacht kaum geschlafen, hatte sich immer wieder gefragt, was mit ihm los war und was er über ihr abweisendes Verhalten denken musste. Jetzt, wo sie ein wenig Zeit gehabt hatte, um darüber nachzudenken, war ihr klar, dass sie ihn mochte … Nein, das war es nicht. Immer wenn sie an seine Umarmung dachte, krampfte sich ihr

Magen vor Aufregung zusammen. Sie hatte Gefühle für ihn entwickelt, die gleichzeitig fremd und unglaublich schön waren. Claudia hatte es längst gewusst. Sie eigentlich auch. Aber sie wollte sich keine vergebliche Hoffnung machen. Der Mann konnte viele Frauen haben, die viel jünger waren, kein Suchkind mit fraglicher Vergangenheit, keine langweilige Bankfrau, die nur für ihre Karriere lebte. Es stimmte, sie hatte Geld. Aber nach seinem Beruf und dem Haus zu urteilen, hatte er selbst genug.

Jetzt sei mal mutig, nörgelte die Stimme in ihrem Kopf.

Die Lippen fest zusammengepresst, zog sie ihren Mantel an und holte bei der Pizzeria, die sie am Samstag verpasst hatte, zwei große Pizzen mit Gemüse, Pilzen und extra Käse und eilte zu Ansgars Haus.

Ansgars Augen weiteten sich, als er die Tür öffnete.

»Ja, ich …«, begann sie und trat an ihm vorbei in den Flur. »Ich dachte, wir sollten über gestern Abend sprechen.«

Ein sonderbares Geräusch kam aus Ansgars Kehle. »Tut mir leid, wird nicht wieder –«

Die Pizzatüte immer noch an der rechten Hand, trat Lena an ihn heran, schlang ihren linken Arm um seinen Hals und fand seine Lippen. Irgendwann fiel die Tüte zu Boden. Egal. Lena hatte vergessen, wo sie war. Der Mann roch schon wieder so gut, und sein Mund auf ihrem ließ ihren Herzschlag galoppieren. Sie fühlte seine Brust an ihrem Schlüsselbein, ihre Körper ganz nah, sodass sie jeden Atemzug von ihm spürte.

Irgendwann lehnte er sich zurück, nahm vorsichtig ihren Kopf in beide Hände und schaute sie an. »Ich muss schon sagen, Lena von Schweig, du bist immer für eine Überraschung gut.« Er grinste schelmisch. »Ich dachte gestern, dass ich einen riesigen Fehler begangen hätte.«

Lena lächelte. »Bin aus der Übung, manchmal brauche ich einfach etwas länger.«

Ansgars Grinsen vertiefte sich. »Habe ich eben aber nicht bemerkt.«

»Auch noch frech werden.« Lena lachte. Sie schaute auf die am Boden liegende Tüte. »Sollen wir essen, bevor alles kalt ist?«

Ansgar half ihr aus dem Mantel und führte sie zum Tisch. »Glas Rotwein dazu?«

Sie hätte den ganzen Abend sitzen bleiben können, Ansgar neben ihr auf der Couch, einen Arm um sie geschlungen. Ab und zu küssten sie sich und zwischendurch hielten sie Händchen. Irgendwie spürte er, dass sie nicht gleich ins Bett hüpfen konnte. Alles war so neu, aufregend, aber auch beängstigend. Unter den Kleidern sah sie nicht schlecht aus, alles saß noch an seinem Platz, na ja, nicht mehr so fest und frisch wie mit dreißig oder vierzig, aber sie hatte nie unnötiges Gewicht zugelegt und sich regelmäßig sportlich betätigt. Nicht im Fitnessstudio, das war ihr zu blöd, aber im Freien. In Münster fuhr man Rad, und das tat sie immer noch gerne.

Gegen elf Uhr verabschiedete sie sich mit einem Kuss und marschierte in den Flur. Sie hatte Ansgar von ihrer Tante berichtet, die ihre Herkunft als ostpreußisches Suchkind bestätigt hatte. Morgen würde sie erneut ins Heimathaus gehen und einen weiteren Band durchschauen. Immerhin brauchte sie keine Kinderheime zu kontaktieren, denn sie war direkt von der Straße aufgelesen worden.

Auch wenn sie hundemüde war und nicht wirklich glaubte, je etwas über ihre Herkunft herauszufinden, fühlte sie sich gleichzeitig leicht und fast glücklich. Sie mochte Ansgar, sein Selbstvertrauen, seine Art, mit ihr umzugehen – seine Männlichkeit, etwas, das sie seit Jahren vermisst hatte, ohne es zu wissen. Er konnte auch anders, knallhart und wortgewandt, wenn er vor Gericht aussagen musste oder einen seiner Klienten vertrat. Doch die Seite zeigte er nur, wenn es um Wichtiges ging.

Am Dienstagmorgen nahm sie das Rad zur Villa. Es war wolkig, aber nicht kalt. Als sie den Weg zur Haustür einschlug, fiel ihr ein roter Polo auf, der direkt vor dem schmiedeeisernen Tor parkte. Der Mann am Steuer schien sie zu beobachten. Wahrscheinlich wartete er auf jemanden.

Sie hatte kaum die Haustür aufgeschlossen, als sie hinter sich eine Bewegung spürte und erschrocken herumfuhr.

Der Mann aus dem Polo, in den Vierzigern mit nikotingelben Fingern, befleckten Jeans und einem Sweatshirt, das an Kragen und Ärmeln ausgefranst war, hob beschwichtigend die Hände. Zunächst dachte Lena, er sei ein Journalist. Direkt nach dem Tod ihrer Mutter hatten einige angerufen oder ihre Visitenkarten mit Frage nach einem Interview hier eingeworfen. Ihre Eltern hatten regelmäßig für gute Zwecke gespendet, und früher war Hans von Schweig in der Bonner Regierung ein- und ausgegangen.

Lena hatte sie alle ignoriert. Doch diesen Mann kannte sie nicht, und er wirkte zu heruntergekommen.

»Keine Angst, junge Dame«, meinte er forsch. »Sind Sie Frau von Schweig, die *Tochter* von Hans?«

Irgendetwas störte sie an der Art, wie er *Tochter* ausgesprochen hatte. Sie überlegte, ins Haus zu rennen und ihm die Tür vor der Nase zuzuknallen. Doch mit Weglaufen ließen sich Konflikte nicht lösen. Sie nickte knapp. »Wie kann ich Ihnen helfen?«

»Lena, richtig?« Der Mann trat einen Schritt näher. Zu nah für Lenas Geschmack. Der Zigarettengestank eines Kettenrauchers stieg ihr in die Nase.

Wieder nickte sie.

»Ich möchte mit Ihnen sprechen.« Er deutete auf die offene Eingangstür.

Mit einem Mal wurde es Lena mulmig, ein Pochen im Magen, das sie warnte. Sie war allein hier, und selbst wenn sie schrie, hörte sie auf dem großen Grundstück kein Mensch. Der Mann war kräftig gebaut und zehn Jahre jünger. Sie hätte keine Chance. »Können wir hier draußen machen.«

»Also gut.« Der Blick des Mannes wanderte an ihren Jeans hinunter und wieder hinauf. »Ich heiße Peter Pries. Das sagt Ihnen nichts, da bin ich mir sicher. So was wird in feinen Familien nicht erwähnt.« Er machte ein angewidertes Gesicht, als sei sie ein haariges Insekt. »Meine Mutter kannte Ihren Vater, der auch meiner ist.«

»Wie bitte?«

»Haben Sie schon richtig verstanden. Hans von Schweig hatte ein Verhältnis mit meiner Mutter, und ich bin das Ergebnis.« Peter Pries grinste und offenbarte braune Stummelzähne. »Mutter ist vor kurzem gestorben, wie Ihre.« Er hielt inne, suchte ihren Blick. »Ich bin schließlich mit Ihnen verwandt, da muss doch was drin sein.«

»Was meinen Sie?« Lena wusste genau, worauf er hinauswollte.

»Na, das Erbe natürlich.« Sein Blick schweifte über die weitläufige Villa. »Dieser Kasten gehört doch bestimmt Ihnen … und noch einiges mehr.«

Ansgar, ging es Lena durch den Kopf. Sie hatte keine Ahnung, wie sie vorzugehen hatte.

»Wieso wissen wir nichts davon? Hat sich Ihre Mutter denn nie gemeldet?«

Peter Pries grinste hässlich. »Hat sie versucht, damals vor fünfundvierzig Jahren, als sie mit mir schwanger war. Ihr Vater hat sie ignoriert, ihr Geld für eine Abtreibung gegeben.«

Lena stellte sich die junge Frau vor, die von einem reichen Mann schwanger war, der sie nicht wollte. Sicher war es nicht einfach gewesen, ein Kind ohne Mann großzuziehen, vor allem in den Fünfzigerjahren. »Tut mir leid.«

»Vom Leidtun habe ich nichts. Mutter ist gestorben, ohne je anerkannt zu werden, während Ihre Frau Mutter hochnäsig durch die Stadt stolzierte.«

Lena zog ihr Notizbuch aus der Tasche und schrieb Ansgars Telefonnummer auf. Sie wollte den Kerl auf keinen Fall verärgern, während sie hier allein standen. »Kontaktieren Sie meinen Anwalt. Der wird sich kümmern.« Sie reichte ihm den Zettel.

»Führen Sie mich nicht an der Nase rum, das kann ins Auge gehen.« Er drehte sich auf dem Absatz um und lief die Stufen hinunter. Am Tor blieb er stehen und schaute sie an. »Sie sind nicht mal seine Tochter, nur adoptiert.« Er spuckte auf die Steinstufen und verschwand hinter der Mauer, die den Garten des Hauses umgab.

»Und woher weißt du das?«, sagte sie laut. Dann eilte sie ins Haus und warf die Tür hinter sich zu. Sie sank auf den erstbesten Stuhl, während ihr Herz immer schneller schlug. Erst jetzt merkte sie, wie sehr Peter Pries sie verängstigt hatte.

Ihr Vater hatte also eine Affäre gehabt. Es wunderte sie nicht. Katarina war immer so kühl, geradezu abweisend gewesen, zu ihr und Hans. Wer wusste, ob ihre Mutter ihn je hatte im Bett haben wollen? Er hatte wahrscheinlich die Nähe einer anderen Frau gesucht, weil er einsam und sexuell frustriert gewesen war.

Und daraus war Peter Pries entstanden, der jetzt einen Teil des Erbes wollte. Wenn er die Wahrheit sagte und tatsächlich Hans' Sohn war. Ein wenig Ähnlichkeit hatte er tatsächlich, die eckige hohe Stirn, die Züge um den Mund. Sie musste unbedingt Ansgar anrufen und ihn vorwarnen, vor allem wollte sie wissen, welche Rechte Peter Pries hatte. Konnte er ihr das Erbe streitig machen? Mit einem Mal wollte sie die alte Villa beschützen. Sie gehörte einer anderen Ära an und war viel zu groß für sie, selbst für eine Familie waren die vierhundert Quadratmeter unsinnig. Und trotzdem. Sie schaute sich im Eingangsbereich um, betrachtete die antiken Möbel, die kostbaren Teppiche. Ihre Mutter hatte einen guten Geschmack gehabt – was oft eine Frage des Geldes war. Lena entschied, ihre Recherche zur Familie von Schweig später zu machen. Sie musste Ansgar anrufen, denn hier im Haus war das Telefon abgestellt.

Auf der Straße atmete sie tief durch. Der rote Polo war verschwunden. Von jetzt an würde sie darauf achten, wer hier parkte oder sie beobachtete. Sie drehte sich einmal im Kreis, doch kein roter Wagen war zu sehen.

Auf dem Weg nach Hause überlegte sie es sich anders und eilte zu Ansgars Büro. Wenn er Klienten hatte, würde sie warten. Sie wollte auf jeden Fall verhindern, dass Peter Pries ihn unvorbereitet erwischte.

»Dr. Schumann ist nicht im Haus«, meinte die Frau an der Rezeption, die Lena noch nie gesehen hatte. »Kann ich etwas ausrichten?«

Lena runzelte die Stirn. »Ist Frau Lamm zu sprechen?«

»Die ist krankgeschrieben.«

»Wann ist Dr. Schumann wieder da?«

»Darüber kann ich keine Auskunft geben.«

»Ich muss ihn dringend sprechen.« Lena wollte die Frau schütteln.

»Wie gesagt, ich kann eine Nachricht weiterleiten.«

»Also gut.« Sie nahm einen Zettel und schrieb:

Ansgar, heute hat mir ein Peter Pries aufgelauert. Er ist angeblich der uneheliche Sohn meines Vaters Hans von Schweig. Er will erben. Keine Ahnung, was zu tun ist. Ich vertraue dir.

Sie hielt inne. Wie sollte sie die Nachricht unterschreiben? Sie beäugte die Rezeptionistin hinter dem Tresen. Wer wusste, ob sie die Nachricht vielleicht selbst las? Schnell schrieb sie:

Beste Grüße, Lena

Dann faltete sie das Papier und reichte es der Frau. »Wie gesagt, es ist dringend. Ich bin daheim erreichbar.«

Ansgar rief nicht an und als Lena es nach sechzehn Uhr im Büro versuchte, antwortete die Sekretärin. »Dr. Schumann musste überraschend verreisen. Wir erwarten ihn übermorgen zurück.«

»Übermorgen? Aber ich …« Lena fiel keine passende Antwort ein. Wo steckte Ansgar? Gestern Abend hatten sie noch gemeinsam auf der Couch gesessen, sich geküsst. Sie hatte sich an ihn gelehnt und diese Wärme gespürt, die nur die Nähe eines Menschen ermöglichte. Mit einem Mal fühlte sie sich betrogen. Irgendetwas stimmte nicht.

Den ganzen Abend saß sie grübelnd auf der Couch, und erst als sie den Fernseher anschaltete, um die Tagesschau zu sehen, fiel ihr ein, dass sie den Termin im Heimathaus Ostpreußen verpasst hatte. Verdammt! Jetzt musste sie erst wieder jemanden erreichen, denn man konnte nicht einfach dort auftauchen. Sie hatte wertvolle Zeit verloren, während sie auf Ansgars Anruf gewartet hatte.

KAPITEL ZWÖLF

Ellie

Am Ufer des Frischen Haffs, einer Brackwasserlagune der Ostsee, staute sich eine Menschenmenge von Hunderten von Flüchtlingen, die schnell anwuchs. Aus allen Richtungen kamen die Menschen gelaufen, ihre Gesichter eine Mischung aus Angst und Entbehrung.

Der Mann mit dem Karren, dem Ellie und Margarete wie in einem nicht enden wollenden Albtraum gefolgt waren, unterhielt sich mit zwei Frauen, die mehrere Kinder bei sich hatten. Über das Haff rollte ein steter Strom von Fuhrwerken davon, beladen mit Frauen und Kindern. Überall standen und saßen die Menschen und schienen zu warten.

Als der Mann sich wieder seinem Karren zuwandte, sprach Ellie ihn an. »Warum geht es denn nicht weiter? Ich muss sofort los.«

Der Alte, der Ellie an Friedrich erinnerte, schüttelte den Kopf. »Wir können nur auf einem Wagen rüber. Das Haff ist vereist, aber überall steht Wasser drauf, unmöglich, da drüber zu laufen.« Sein Blick wanderte zum Himmel. »Iwan bombardiert und schießt auf die Trecks, das Eis bricht.« Er tippte sich an die Mütze. »Hoffen wir, dass es ausreichend Wagen gibt.«

Ellie kehrte zu ihrer Mutter zurück, die wortlos auf ihrem Koffer hockte. Das Tuch auf ihrem Kopf war verrutscht, ihr rechtes Ohr feuerrot vor Kälte. Ellie richtete den Schal und half ihr, aufzustehen. »Wir müssen näher zum Ufer.« Sie hakte ihre Mutter unter und drängelte sich durch die Menge, wobei sie die bösen Bemerkungen von »Vordrängeln … gefälligst anstehen … warten, bis man dran ist« ignorierte. Die Unruhe in ihr wuchs, es war, als rumorte ein wildes Tier in ihrem Körper, das nicht zur Ruhe kam. Je länger das hier dauerte, desto später würden sie in Pillau eintreffen. Sie war sich sicher, dass sie ihre Tochter dort finden würde. Es war der einzige Ort, von dem man Ostpreußen verlassen konnte.

Am Abend waren sie so weit in der Schlange vorgedrungen, dass sie das Ufer ausmachen konnten. Fackeln brannten hier und da, es hatte angefangen zu schneien, und ein scharfer Wind blies ihnen über das Eis entgegen. Ellie fror und sehnte sich nach den warmen Decken, in denen sie so komfortabel gereist waren.

»Ihr seid als Nächstes dran.« Ein Soldat in Wehrmachtsuniform, seine Nase rot gefroren, winkte ungeduldig.

Ellie zog ihre Mutter am Ellbogen mit sich. »Komm, Mama.« Sie quetschten sich auf die letzten beiden Plätze eines Gespanns, Koffer und Sack auf dem Schoß, die Beine über dem Ende der Plattform baumelnd. Am Ufer entlang stapelten sich tausende Kisten, Bettzeug, Koffer, Truhen und Kinderwagen.

Gerade argumentierte einer der Soldaten mit einem neu angekommenen Fuhrwerk, das hochbeladen schien. Die Frau auf dem Bock brüllte hysterisch, während die Soldaten bereits abluden. »Meine Sachen, das ist Diebstahl«, zeterte sie.

Hinter Ellie wieherte ein Pferd, der Wagen fuhr mit einem Ruck an. Der Wind schien mit jedem Meter zuzunehmen, Schneeflocken wirbelten um ihre Köpfe. Sie wollte sich vor der Eiseskälte verstecken, doch es gab keinen Schutz. Hinter ihr hockten dicht zusammengedrängt fünfzehn Frauen und Kinder, die Ellie bereits genau angeschaut hatte, als sie aufgestiegen waren. Es gab keinen Zentimeter Platz, sie spürte die Körper der anderen hinter sich. Seufzend schlang sie eine Decke um ihre Mutter und sich, die zweite um ihre Unterleibe, um wenigstens die gröbste Kälte abzuhalten. Am schlimmsten waren ihre Beine und Füße, die sie immer wieder bewegte und dennoch kaum spürte.

Sie hatte keine Ahnung, wie die Gespanne und Schlitten den Weg in der Dunkelheit fanden. Heute Nacht gab es keinen Mond. Der alte Mann hatte gesagt, es sei besser, nachts zu fahren, da dann die Russen nicht so oft angriffen.

Ellie schaute den Schatten an, der ihnen folgte, ein weiteres Gespann, ein endloser Strom von Menschen, die mit nichts als ein paar Habseligkeiten ihre Heimat verließen. Was machte es schon, sie musste Lenchen finden. Ihre Brust schmerzte wieder, das Bedürfnis und die gleichzeitige Hilflosigkeit, ihre Tochter in Sicherheit zu bringen. Sie schloss die Augen, döste, doch der Schlaf kam nicht. Wie lange dauerte diese Tortur der Überfahrt? Ihre Gedanken kreisten um den Moment, als sie von den Russen davongeschleppt worden war, ihr letzter Blick auf den Wagen gerichtet, wo sich Lenchen unter dem Rest Decken versteckt gehalten hatte, der Moment, als der Russe den Pferden mit der Kalaschnikow auf die Hinterteile knallte, sodass sie laut wiehernd davonzogen. Sie dachte an die stille Form auf der Ladefläche. Welche Angst musste Lenchen ausgestanden haben, als sie die Bewegung des Wagens gespürt hatte, als sie irgendwann unter der Decke hervorgelugt hatte – und niemand mehr da gewesen war. Sie musste geweint haben, vielleicht hatte sie nach ihrer Mutter gerufen. Es war alles so schnell gegangen.

Jetzt hockte Ellie hier auf einem fremden Karren unter hunderten oder tausenden von fremden Fuhrwerken und war am Ende. Ihre Mutter war nach der Scheune in sich selbst verschwunden. Ellie fragte sich, ob sie überhaupt mitbekam, dass Lenchen nicht mehr da war.

Lenchen. Ellie schluchzte auf, ihre Kehle war zugeschnürt und schmerzte, als würge sie jemand.

Am liebsten hätte sie sich vom Karren gestürzt, in eins dieser Eislöcher, vor denen die Männer am Ufer gewarnt hatten. Sie war ohnehin hilflos, man sah die Hand nicht vor Augen. Der Fahrer musste sich auf den Instinkt der Pferde verlassen, die einander folgten …

Ellie schreckte auf – über ihr dröhnten Motoren. Sie lugte unter der Decke hervor, spürte ihre Mutter neben sich zittern.

»Russische Bomber«, schrien die Frauen auf der Ladefläche.

Tatsächlich erschienen am Himmel Leuchtraketen, und dann brach die Hölle los. Schüsse explodierten entlang des Trecks, der momentan erhellt von den Leuchtraketen gespenstisch wirkte. Menschen schrien, ihre Stimmen schrill vor Panik. Der Wagen hinter ihnen scherte aus und sank nach dreißig Metern mit den Vorderrädern ein. Dann folgten laut wiehernd die Pferde, die fest im Geschirr keinen Ausweg hatten. Ellie schaute weg. Der letzte Flieger war an ihnen vorbei, sie saß noch hier, ihre Mutter auch. Sie hatten überlebt, zumindest für den Moment.

Ihr Leben war ein riesiges Glücksspiel geworden. Es war egal, ob man ein guter Mensch war, ob man die Reise geplant, sich vorbereitet hatte. Die Würfel fielen unerwartet, man lebte oder starb.

Wie konnte so viel Elend geschehen? Hatte Hitler nicht Großes für Deutschland versprochen? Passte Gott nicht auf alle auf?

Sie und ihre Mutter, ihr Lenchen, hatten Hitler und Gott längst verlassen. Sie waren auf sich gestellt und dem Schicksal ausgeliefert. Sie hatte sich noch nie so allein gefühlt. Ihr gesamtes Leben war eine Illusion gewesen. Sie hatte sich wohlgefühlt, daheim auf ihrem Hof, in Sicherheit gewiegt. Nichts war davon geblieben, nicht mal ihre geliebte Tochter. Sie blinzelte heftig. All das Weinen brachte nichts. Sie musste sich zusammenreißen, denn Lenchen war in Pillau, das spürte sie. Wenn doch dieser Treck schneller vorankommen würde.

Als sie gegen zehn Uhr morgens an Land fuhren, waren vor und hinter ihnen große Lücken. Auf dem Wagen vor ihnen waren zwei Menschen gestorben, ihre Körper wurden bedächtig an den Wegesrand gelegt. Auch ein Säugling war dabei. Sorgsam in ein Tuch gewickelt, lag er da, als schliefe er im Schnee einfach weiter. Ellie dachte an die junge Mutter am Feuer, die zu wenig Milch gehabt hatte. Es war fraglich, ob sie ihr Kind durchbringen würde.

Der Wagen hielt kurz, um die Pferde mit dem mitgebrachten Hafer und Heu zu füttern. Dann ging es weiter, denn Pillau war noch viele Kilometer entfernt, und der einzige Weg dorthin führte über die Frische Nehrung.

»Wie lange noch?«, fragte Ellie den Kutscher, während sie sich die Beine vertraten. Ihre Zehen schmerzten bei jedem Schritt.

Der blinzelte in die Ferne, eine weiße Wüste, die in die Unendlichkeit zu führen schien. Immerhin hatte es aufgehört zu schneien. »Wenn alles gut geht, morgen Abend.«

Ellie wollte ihn anschreien. Sie war ohnehin halb erfroren, ihre Mutter erst recht. Wie sollten sie noch eine ganze Nacht und einen vollen Tag durchhalten? *Für Lenchen*, kommentierte die Stimme in ihrem Kopf. Also nickte sie grimmig und stellte sich wieder neben ihre Mutter. Ihr Proviant ging zu Ende, es war fast nichts mehr dagewesen, als sie aus der Scheune gekommen waren, und ihr Magen knurrte ärgerlich.

Die Frau, die hinter ihnen auf der Ladefläche gesessen hatte, bot ihnen einen schrumpeligen Apfel an, den Ellie in zwei Hälften brach und mit ihrer Mutter teilte. Die nickte abwesend, aß aber alles, auch Stil und Kerne, mit.

Wenig später hockten sie erneut auf dem hinteren Teil des Wagens. Keiner im Inneren wollte seinen Platz aufgeben. Ellie schaute in die Ferne, versuchte, irgendwo am Horizont etwas zu entdecken, die Dächer einer Stadt – Pillau. Aber da war nichts außer aufgetürmtem Schnee, unter dem sich Dünen befinden mussten.

Als sie durch einen Kiefernwald kamen, hielt der Fahrer endlich an. Es roch angenehm nach Harz, und am Wegrand hatten einige Gruppen ein Feuer entfacht. Auch war es hier fast windstill, der Schnee dünn und der Boden weich. Ellie nahm ihre Mutter am Ellbogen. »Komm, wir wärmen uns ein bisschen am Feuer.«

Sie setzten sich auf einen umgestürzten Baumstamm und nickten den anderen Reisenden zu, die teils Brot oder Kartoffeln rösteten. Der Duft stieg Ellie in die Nase, und mit einem Mal hatte sie unbändigen Hunger. Ihr eigener Proviant war bis auf drei Kartoffeln und einen Kanten Brot verbraucht. Sie hatte damals auf dem Hof reichlich vorgesorgt, aber nie damit gerechnet, dass sie ihren Wagen verlieren würde.

»Möchtet ihr ein Stück?« Die Frau, die neben ihnen saß, schwenkte einen Stab mit einem aufgespießten Stück Brot mit Speck herüber.

Der Duft trieb Ellie den Speichel in den Mund. »Sehr nett, danke«, rief sie und verbrannte sich fast die Finger am heißen Fett. Vorsichtig zupfte sie die Stücke auseinander und gab ihrer Mutter je eins. Speck und Brot waren halb so groß wie ihre Handfläche, aber es war Essen, warm und fettig. Ellie schloss die Augen, während sie kaute. Jemand anderes gab ihnen ein kleines Glas Schnaps und lauwarmes Wasser.

Viel zu schnell rief ihr Fahrer zum Aufbruch. Ellie hätte ewig hier sitzen können, ihre Füße waren gerade ein wenig aufgetaut.

Ihre Mutter hatte Mühe, auf die Plattform zu klettern. Sie stöhnte und hielt sich den Bauch.

»Ist dir das Essen nicht bekommen?«, fragte Ellie, während sie die Decken um sie ordnete – eine über Kopf und Rücken, die andere über Schoß und Beine.

Margarete druckste herum, stöhnte erneut und presste die Lippen zusammen, ihr Blick gequält.

»Mama, was ist mit dir?« Ellie bekam es mit der Angst zu tun. Ihre Mutter war immer gesund und stark gewesen.

»Ich … weiß nicht, Kind. Ich fürchte, da unten ist was kaputtgegangen.« Ihr Blick fand Ellies, so viel Elend stand darin, dass es Ellie die Tränen in die Augen trieb.

»Du brauchst einen Arzt.«

Ihre Mutter nickte und krümmte sich erneut. In Ellies Mitte

erhob sich ein wütender Orkan. Sie wollte um sich treten, ihre Frustration und ihren Zorn auf die Russen, auf Hitler herausschreien. Sie zwang sich, tief zu atmen. *Verliere jetzt nicht die Nerven. Du musst durchhalten. Für Lenchen.*

Sie nahm Margaretes Hand und hielt sie in ihrer. »Sobald wir in Pillau sind, suchen wir einen Arzt. Ich finde einen, du wirst sehen.«

Ihre Mutter stöhnte erneut, während der Wagen wieder in den Wind rollte. Die zweite Nacht begann.

Als sie am folgenden Nachmittag in Pillau eintrafen, war Ellies Mutter kaum noch bei Bewusstsein.

»Stopp!« Ein Wehrmachtssoldat stellte sich ihrem Fuhrwerk in den Weg. Vor ihnen warteten bereits Dutzende Pferdewagen. »Alle aussteigen. Geht zu Fuß weiter.« Er wandte sich an den Fahrer. »Da rüber, alles abladen. Die Pferde ausspannen und auf die Koppel bringen. Werden geschlachtet.«

Ellie glitt von der Ladefläche, half ihrer Mutter, die sich kaum auf den Beinen halten konnte, und trat näher.

»Warum? Sind doch völlig in Ordnung«, meinte der Kutscher gerade.

»Werdet ihr gleich verstehen. Brauchen das Fleisch.« Der Soldat drehte ihnen den Rücken zu.

»Bitte, ich … wir brauchen Hilfe«, rief Ellie dem Mann hinterher, ihre Stimme im Lärm der Pferde und Pfiffe kaum zu hören.

Der Soldat drehte sich um, sein Ausdruck ungeduldig und abweisend. Er runzelte die Stirn. »Geht in die Stadt.«

»Bitte, Herr, meine Mutter ist krank. Sie ist … die Russen, Sie wissen schon.« Ellie bekam die schrecklichen Worte nicht über die Lippen.

Eine Veränderung ging in dem Soldaten vor. Der finstere Blick verschwand, etwas wie Mitleid trat in seine Augen. Er schaute sich flink um, schüttelte dann den Kopf. »Tut mir leid, im Moment kann ich nicht weg. Meldet euch beim DRK-Hilfsdienst am Stadtrand.« Er deutete die Straße hinunter, die vor Menschen überquoll. »Müsst Geduld haben.« Er tippte sich an die Mütze. »Viel Glück.«

Ellie bedankte sich und schlang einen Arm um ihre Mutter. Ihr eigener Magen knurrte, das Essen vom Wald war lange vergessen. Sie musste sich beeilen, musste nach Lenchen suchen. Automatisch studierte sie die kleinen Kinder, die überall herumliefen.

Als sie eine Stunde später am Ortseingang ein Zelt mit der Rot-Kreuz-Fahne entdeckte, atmete sie auf. Doch die Schlange, mindestens fünfzig Personen, hauptsächlich Frauen und Kinder, bewegte sich schleppend langsam. Es dämmerte bereits, und Ellie fragte sich, wo sie schlafen würden und ob es etwas zu essen gab. Sie hatte vorgehabt, ihre Mutter irgendwo unterzubringen und dann die Stadt nach Lenchen abzusuchen. Ihre Beine schmerzten von der langen Fahrt, sie fühlte sich schwach, aber sie durfte jetzt nicht aufgeben. Lenchen war hier, das spürte sie genau.

Ohne Warnung sackte Margarete lautlos auf die Knie, und hätte Ellie sie nicht aufgefangen, wäre sie mit dem Gesicht nach vorn in den grauen, schorfigen Schnee gefallen.

»Hilfe«, kam es aus Ellie. Viel zu leise, ihr ging selbst die Luft aus.

Doch zwei junge Frauen hinter ihnen riefen laut, und dann beugte sich eine Frau in einem schwarzen Wollmantel mit einer weißen, mit einem roten Kreuz versehenen Armbinde über ihre Mutter. »Hallo, können Sie mich hören?«

Margaretes Lider flatterten, doch sie rührte sich nicht.

Die Schwester winkte zwei Männern, die mit einer Bahre erschienen und Margarete zum Zelt transportierten.

»Was ist mit ihr?«, fragte die Schwester Ellie.

»Sie … die Russen haben sie überfallen. Sie hat schreckliche Schmerzen im Unterleib.«

Das Gesicht der Schwester blieb neutral, und Ellie war ihr dankbar dafür. Sie durfte jetzt nicht an die Scheune denken, musste nach vorn schauen.

»Sie muss ins Lazarett. Wenn Platz ist. Wir müssen es versuchen.« Die Schwester fasste Ellie fest am Oberarm. »Warten Sie hier. Ich besorge einen Transport.«

Ellie nickte, doch sobald sie allein war, verschwamm der Raum. Nicht nur das, die Menschen im Zelt begannen zu wackeln, der Boden unter ihren Füßen schien sie nicht mehr halten zu wollen. Sie langte nach der Bahre. Ihre Knie waren weich wie Pudding. *Mach bloß nicht schlapp.*

»Trinken Sie das!« Ein Mann mit einem Rot-Kreuz-Band am Arm reichte ihr eine dampfende Flüssigkeit. Er musste mindestens fünfzig sein, mit ergrauten Schläfen und wachsamen Augen.

Erst als sie den Becher nahm, merkte sie, dass sein linker Mantelärmel flach herunterhing. »Danke.«

Wortlos zog er eine Kiste heran und bedeutete ihr, sich zu setzen.

Der Tee war heiß und süß und belebte sie. Im Zelt arbeiteten mindestens sechs Sanitäter und Schwestern, jeder konzentriert und bestimmt. Sie fragten die Ankömmlinge nach ihren Beschwerden, nahmen Personalien auf, fühlten Puls und Stirn, schauten in Münder und Ohren. Der einarmige Mann flitzte wie eine gute Fee zwischen ihnen umher, kümmerte sich um weinende Kinder, stöhnende Mütter, alte Männer, die vor lauter Müdigkeit strauchelten.

»Die Frau?« Zwei Wehrmachtssoldaten erschienen mit der Schwester neben Ellie und beäugten Margarete, die still auf der Bahre lag.

Ellie kam zu sich, und die Sorge um ihre Mutter brach wie eine eisige Welle über sie herein.

»Gehen Sie mit«, sagte die Schwester. »Alles Gute.« Sie klopfte Ellie auf die Schulter, ernst und mitfühlend. Dann war sie weg, der nächste Hilfesuchende wartete. Einer von tausenden.

Wie im Traum folgte Ellie den Männern. Im Licht der Fackeln und Feuer wuselten Menschen, sie lagen, saßen oder standen zwischen Koffern, Säcken und Kisten auf jedem freien Platz, sodass die Soldaten sich kreuz und quer einen Weg bahnen mussten. Nach wenigen Minuten wusste Ellie nicht mehr, in welche Richtung sie gingen. Wie sollte sie hier je ihr Lenchen finden? Ihre Brust zog sich zusammen. *Jetzt nicht dran denken.*

Sie musste erst sehen, dass ihre Mutter versorgt wurde.

KAPITEL DREIZEHN

Lena

Als Lena am Mittwochmorgen aufwachte und ihr einfiel, dass Ansgar gestern den ganzen Tag nicht angerufen hatte, stieg in ihr die Wut hoch. Was fiel ihm ein? Erst machte er mit ihr auf der Couch rum, dann verschwand er spurlos? Na ja, nicht spurlos, aber zumindest hatte er nichts von einer Reise erwähnt. *Du warst auch unentschuldigt in München,* kommentierte ihr Kopf. *Ihr wart immerhin verabredet. Hast ihn einfach warten lassen.* Sie sprang aus dem Bett und öffnete das Fenster weit – sie brauchte Luft. Eine kühle Aprilsonne stand bereits am Himmel, aber auf der Westseite des Hauses war es schattig.

Das war schließlich was anderes, immerhin hatten sie sich geküsst, miteinander gekuschelt. Sie schloss die Augen, ihr Magen kribbelte beim Gedanken an ihren Besuch bei Ansgar, seine Finger sanft um ihre geschlungen, der Geruch von Zitrus, der Bartschatten auf dem kantigen Kinn. Mit einem Mal sehnte sie sich nach seiner Umarmung, dem Lächeln und dem leicht ironischen Ton. Er brachte sie zum Lachen, wie es lange niemand geschafft hatte.

Am liebsten wäre sie gleich aufs Rad gestiegen, um ihn zu besuchen. Nein, sie musste sich beherrschen. Sie räumte ihren Schreibtisch aus, wusch die Küchenschränke aus, ging einkaufen. Spontan betrat sie eine der Modeboutiquen in der Nähe des Doms, probierte fünf Kleider an und kaufte zwei. In der Bank trug sie meistens Hosenanzüge, doch sie wollte etwas anderes, etwas Hübsches mit schönem Ausschnitt und enger Taille. Als sie wieder auf der Straße auf die Uhr schaute, war es nach sechzehn Uhr. Anstatt heimzufahren, steckte sie die Taschen in den Fahrradkorb und steuerte zu Ansgars Büro.

»Dr. Schumann ist im Gespräch«, meinte die Dame an der Rezeption – Frau Lamm war offensichtlich noch krankgeschrieben.

»Dann warte ich.«

Die Rezeptionistin schaute verdrießlich, behielt aber, außer ihr einen Stuhl zuzuweisen, ihre Gedanken für sich. Nach zehn Minuten sprang Lena wieder auf. Wie sah das nur aus, hier zu warten? Es war wie Auflauern. Nein, sie musste Geduld haben. Beim Rausgehen rief sie der Rezeptionistin zu: »Er kann mich bitte bei Gelegenheit anrufen. Meine Nummer hat er ja.«

Ob die Frau etwas antwortete, wusste Lena nicht, denn die Tür schlug hinter ihr zu. Mit einem Mal fühlte sie sich leichter, schwang sich aufs Rad und fuhr zum Aasee, dann um die Innenstand herum und heim.

Bereits an der Tür wanderte ihr Blick wie Eisen zu einem Magnet zum Anrufbeantworter. Nichts. Keine Nachricht. Ihre Stimmung sank wieder, sie hängte ihre neuen Kleider auf und machte sich ein Omelett, wobei sie die ganze Zeit auf das Telefon lauschte. Was war nur mit ihr los?

Sie musste sich Ansgar aus dem Kopf schlagen. Ihm war wohl langweilig, er hatte wahrscheinlich alle möglichen Bekanntschaften. Am besten wechselte sie den Anwalt, dann konnte sie endlich Ruhe finden.

Es klingelte. Lena flog zur Tür. Zu spät dachte sie an ihre Sweathose und die vom Fahrradhelm zerdrückten Haare, denn im Eingang stand Ansgar, ein in blaues Papier gehülltes Päckchen in der Hand.

»Lena«, war das Letzte, was er herausbrachte, bevor sie sich in den Armen lagen. Sein Mund fand ihren, während Lena sich wie eine Ertrinkende an ihn drückte. So viel zu Selbstbeherrschung und aus dem Kopf schlagen.

»Wo warst du nur?«, fragte sie, als sie eine Pause einlegten und Lena ihn ins Wohnzimmer führte. Es klang vorwurfsvoll, dabei war er ihr keine Erklärung schuldig.

»Hast du was zu trinken? Dann erzähle ich es dir.« Falls Ansgar sich von ihrem Ton angegriffen fühlte, ließ er es sich nicht anmerken. Vor Gericht war er sicher ganz andere Situationen gewöhnt.

Lena schüttete ihnen einen Grauburgunder aus der Pfalz ein und setzte sich ihm gegenüber. »Möchtest du was essen?«

Er winkte ab, überhaupt sah er abgespannt aus. Und Lena tat ihre Frage leid. Warum konnte sie sich nicht zusammenreißen und Geduld üben? Wie ihre Mutter, die immer kühl und distanziert erschienen war.

»Ich wollte dich anrufen, aber es war ein schwieriger Besuch bei …« Er seufzte. »Ich sollte von vorn anfangen.« Er nahm einen Schluck Wein und lehnte sich zurück. Am liebsten wäre Lena in seine Arme gekrochen, doch das passte gerade nicht.

»Ich war verheiratet, das habe ich dir erzählt.«

Lena nickte.

»Meine Ex-Frau lebt in Wasserburg am Bodensee, und wir haben noch Kontakt. Also nicht … nur geschäftlich. Sie ist krank, und ich verwalte ihre Familiengeschäfte. Am Dienstagmorgen, also gestern, rief sie um sieben Uhr an und bat mich, vorbeizukommen. Sie kann sehr dringlich klingen. Also habe ich meine Termine abgesagt und bin hingefahren. Sie hat Streit mit ihrem Nachbarn, der sie zivilrechtlich verklagt hat. Es geht um eine Grundstücksvermessung.« Er schüttelte den Kopf. »Ist auch egal. Jedenfalls war ich den Nachmittag und Abend bei ihr und bin mit dem Nachtzug wieder zurück.« Er sah sie an, ein kleines Lächeln auf den Lippen. »Und du hattest versucht, mich zu erreichen.« Das Lächeln vertiefte sich. »Wer ist Peter Pries?«

Lena lächelte zurück. »Gute Frage.« Dann stand sie auf und setzte sich zu ihm, ganz nah, aber ohne Berührung. Sofort öffnete er die Arme. »Komm her.«

»Und ich dachte, du besuchst eine deiner vielen Klientinnen, um sie auf dem Sofa zu bezirzen.«

Schallendes Gelächter kam als Antwort. Dann nahm er sanft ihr Gesicht in seine Hände und sah sie an, ganz nah. Sie spürte seinen Atem auf ihrer Haut, roch den Wein und das Aftershave. Das Kribbeln von heute Nachmittag war zurück, sie beugte sich vor und fand seine Lippen.

Das Prickeln dehnte sich aus, ihr wurde warm, sie spürte den Stoff seines Hemdes an ihrem Hals, das Auf und Ab seines Atmens, dessen Tempo wie ihres zugenommen hatte. Wie viel Zeit verging, wusste sie nicht. Irgendwann löste sie sich und schaute ihn an, fuhr mit dem Zeigefinger über seine rechte Wange bis zum Kinn. »Was machst du nur mit mir?«, entfuhr es ihr.

»Die Frage sollte ich *dir* stellen.«

Sie lehnte sich abrupt zurück. »Im Ernst, du hast doch bestimmt laufend Angebote. Erfolgreicher, gutaussehender Anwalt.«

»Du etwa nicht?«

Lena verzog das Gesicht. »Ich habe mir kein Privatleben gegönnt.« Sie zuckte mit den Schultern. *Als verdiene ich es nicht.* Sie stand auf und schüttete Wein nach, wobei ihr Blick auf das blaue Päckchen fiel. »Was hast du mir eigentlich mitgebracht?« Mit einem Mal war sie unbändig neugierig. Wann hatte ihr zuletzt jemand etwas geschenkt? Claudia lud sie zum Geburtstag – auch wenn das Datum erfunden war – jedes Jahr zum Essen ein. Im Büro gab es Kleinigkeiten zu besonderen Anlässen. Aber ein Geschenk? Selbst ihre Mutter hatte ihr selten etwas geschenkt. »Du hast ja alles«, hatte es hin und wieder geheißen, fast vorwurfsvoll.

»Mach auf, dann weißt du es.«

Im Karton steckte eine handgetöpferte blaugrüne Tasse, die Lena auf Anhieb gefiel. Sie setzte sie vorsichtig auf den Tisch und warf sich in Ansgars Arme. »Danke, die ist wunderschön.«

»Damit du immer ein wenig Nordsee um dich hast.« Er hielt inne. »Was hältst du davon, wenn wir ein paar Tage hinfahren? Irgendwann im Sommer.«

Lena nickte. In ihrem Inneren brauste der Sturm – sie war mit einem Mal wahnsinnig glücklich. Und daran würde auch Peter Pries nichts ändern.

Sie erzählte Ansgar von ihrem Treffen an der Tür der Villa.

»Auf Anhieb fallen mir zwei Dinge ein. Zum einen muss er beweisen, dass er Hans von Schweigs Sohn ist, also einen Vaterschaftstest beibringen. Bin mir nicht sicher, ob wir noch DNA von deinem Vater haben. Zweitens ist er unehelich, und nach deutschem Recht steht ihm kein Erbe zu. Unter Umständen, wenn es einen guten Grund gäbe, spräche ein Gericht ihm eine einmalige Forderung zu.«

»Und was mache ich jetzt?«

»Gar nichts, du konzentrierst dich auf deine Recherche. Falls er sich meldet, kümmere ich mich um ihn.« Er schaute auf die Uhr. »Zeit, heimzugehen.« Er küsste Lena auf die Nase, entzog sich sanft ihrer Umarmung und stand auf. »Vor Freitagabend werde ich keine Zeit haben.«

»Melde dich, wenn du kannst.« Die Tür fiel ins Schloss, und sofort fühlte sie sich einsam, die Wohnung umschloss sie in absoluter Stille. Sie schaltete den Fernseher ein und atmete auf.

Am Freitagnachmittag hockte Lena im Heimathaus der Ostpreußen und blätterte ein weiteres Vermisstenbuch durch. Sie nahm sich Zeit, stand zwischendurch auf, doch egal, wie aufmerksam sie auf die Fotos starrte, keins der Kinder sah ihr ähnlich.

Inzwischen hatte sie sich Bücher über die Flucht und Vertreibung aus den ehemaligen deutschen Ostgebieten angeschafft. Es gab auch Zeitzeugenberichte, und Lena versuchte, sich vorzustellen, wie es damals gewesen sein musste: die eisige Kälte, unglaubliche Entbehrungen, Angst und Ungewissheit – und tiefe Trauer. Warum hatten Hans und Katarina nie über ihre Flucht gesprochen oder darüber, wie sie Lena gefunden hatten? Was war so schlimm daran, dass sie Lena die Adoption ihr ganzes Leben verheimlicht hatten?

KAPITEL VIERZEHN

Ellie

Vor dem Lazarett, einer ehemaligen Grundschule in Pillau, herrschte Chaos. Militärlastwagen, Pferdekarren und Motorräder verstopften die Einfahrt, ein Kübelwagen versuchte, sich einen Weg zu bahnen. Auf den verbleibenden Flächen hockten, lagen und standen Verletzte mit notdürftigen Verbänden an allen erdenklichen Stellen ihrer Körper. Im Schein der wenigen Lampen und Fackeln wirkten sie bleich und geschlagen, als hätten sie ihre Lebensgeister auf dem Schlachtfeld gelassen.

Die zwei Soldaten drängten durch die Menge. »Die können warten, die dringenden Fälle sind drinnen«, meinte der eine Soldat zu Ellie.

Aber das Durcheinander im Gebäude war noch schlimmer. Auf den Fluren, wo früher Erstklässler mit aufgeregten Gesichtern angetreten waren, reihte sich Bahre an Bahre. Die Luft war kaum zu atmen mit den Ausdünstungen der Verletzten.

Endlich blieben die Soldaten an einem der Zimmer stehen. »Warten Sie hier.« Beide tippten an ihre Mützen und waren auch schon verschwunden.

»Was ist mit ihr?« Die Schwester in grauer DRK-Uniform, die sich kurz über Margarete beugte, erinnerte Ellie an ihre strenge Deutschlehrerin. Dunkelbraune Haare in einem straffen Dutt, kaum zu erkennende Lippen und ein Blick, der Eisentüren durchdringen konnte.

»Meine Mutter wurde geschändet … von den Russen. Sie hat

schreckliche Bauchschmerzen und jetzt ist sie ohnmächtig.«

»Wann war das?«

»Vor drei Tagen.« War es wirklich erst drei Tage her, seit sie Lenchen hatte davonfahren sehen? Es hätte genauso gut ein Monat sein können.

Die Frau machte Notizen auf einem Dokument, das sie Ellie reichte. »Tragen Sie Namen, Geburtsdatum und Adresse ein – auch *Ihren* Namen als nächste Verwandte.« Sie drehte sich auf dem Absatz um. »Bin gleich wieder da.«

Als Ellie das nächste Mal aufschaute, eilte ein Arzt auf sie zu. »Ihre Mutter?«, fragte er knapp. Sie nickte. Er beugte sich über die Bahre und untersuchte Margarete flink, aber behutsam.

Ellie drehte sich zur Wand. Sie konnte nicht ertragen, ihre Mutter so entblößt zu sehen.

Der Arzt räusperte sich und erschien neben Ellie. »Ihre Mutter hat starke Blutungen, wahrscheinlich durch Risse, Verdacht auf Infektion.« Er runzelte die Stirn. »Genau kann ich es nicht sagen, sie muss schnellstens operiert werden.« Wieder das Räuspern. »Sie braucht einen Gynäkologen.«

Ellies Blick hing an den Lippen des Arztes, während sie versuchte, seinen Worten zu folgen. Der Rand ihres Gesichtsfeldes verschwamm. Sie blinzelte heftig. »Sie machen das *hier*?«

Der Arzt schaute sie an, sein Ausdruck schwer zu lesen. War es Mitleid? »Der einzige Chirurg, den wir *hier* haben, kümmert sich um die Männer und allgemeine Operationen, keine Frauengeschichten.«

Ellies Augen weiteten sich. »Aber sie muss doch operiert werden. Das haben Sie selbst gesagt.«

»Ich bin Allgemeinarzt. Habe nie operiert und –«

»Und wo finde ich einen Chirurg, der meiner Mutter hilft?«

Der Mund des Arztes öffnete und schloss sich. »Einen Moment.« Er eilte davon.

Ellie schaute auf die stille Form ihrer Mutter und die unansehnlichen Flecken an Bauch und Beinen, das Rinnsal, das sich darunter ansammelte.

»Dr. Ludwig macht solche Operationen.« Die strenge Schwester stand neben ihr. Ellie hatte sie nicht kommen hören.

»Und wo ist er?« Ellie wollte schreien, doch sie hatte kaum Kraft, sich auf den Beinen zu halten.

»Versuchen Sie es im Marine-Lazarett Nord. Er wird nicht mehr in seiner Praxis arbeiten.«

Erst auf der Straße bemerkte Ellie, dass es mitten in der Nacht war und dass sie nicht nach der Adresse gefragt hatte. Aber sie kannte sich ohnehin nicht aus. Da half ein Straßenname sowieso nicht.

Stattdessen sprach sie den erstbesten Soldaten an und fragte und fragte, bis sie nach einer gefühlten Ewigkeit das Gebäude vor sich sah. Wie im anderen Lazarett fuhren Lastwagen mit Verwundeten ein, leere Wagen wieder heraus. Überall humpelten Soldaten in schmutzigen, teils zerrissenen Uniformen herum, manche lagen unbeweglich auf nichts als einer Decke im Schnee. Auch wenn es heute Nacht nicht schneite, biss der eisige Wind wie mit Klingen.

Sie schnupperte, der Duft von Suppe stieg in ihre Nase. Wann hatte sie das letzte Mal gegessen? Mit einem Mal wurde ihr schwindlig, und sie blieb abrupt stehen.

»Alles in Ordnung? Kann ich Ihnen helfen?« Das Gesicht des Sanitäters, das wie ein Ballon über ihr schwebte, wirkte interessiert und freundlich.

Anstatt zu antworten, entfuhr Ellie ein Krächzen. Der Mann wackelte sonderbar hin und her, sein Gesicht verschwamm. Ihre Knie gaben nach, und sie fiel nach vorn … in die Arme des Mannes.

Sie hörte Rufe, zwei, drei Stimmen sprachen miteinander, doch sie verstand nichts. Als sie zu sich kam, lag sie auf einem Flur unter einer Decke auf einer Bahre, genau wie die hunderten Kriegsverletzte. Wie viel Zeit war vergangen?

Der Mann, der eine Rot-Kreuz-Armbinde trug, stand neben ihr, und als er merkte, dass sie die Augen offen hatte, reichte er ihr eine dampfende Tasse. »Tee mit Zucker … Kaffee gibt es nicht mehr.«

Sie versuchte, sich aufzusetzen, doch er hob beschwichtigend die Hände. »Bleiben Sie liegen. Der Doktor kommt gleich.«

»Nein, nein, ich … meine Mutter.« Warum verstand sie denn keiner?

Der Sanitätssoldat schaute sie fragend an. »Kann ich etwas für Sie tun?« Er beugte sich hinunter. »Tomas Steiner.«

Ellie schwang die Beine von der Bahre. »Ich bin nicht krank, erschöpft natürlich, habe in den letzten Tagen fast nichts gegessen.«

»Wir besorgen Ihnen was.« Tomas Steiner nickte einem Soldaten zu, der sofort loseilte.

»Hören Sie.« Ellies Hand landete auf dem Unterarm des Mannes. »Ich brauche dringend Ihre Hilfe. Nicht für mich. Meine Mutter stirbt, wenn ihr nicht geholfen wird. Ich suche Dr. Ludwig.«

»Wir haben zwei Ärzte. Viel zu wenig. Mal schauen, was ich tun kann.« Er marschierte davon, gerade als einer der Soldaten mit einer Schüssel eintraf. »Gemüse und Pferdefleisch.«

Dankbar nahm sie das Essen entgegen. Oh, welche Wonne. Ihr Mund wurde warm, ihr Hals, dann ihr Magen. Es schmeckte wie Weihnachten mit richtigem Fleisch. Sie dachte an die Wachen am Rande der Stadt, die die Pferde konfiszierten. Ihr Fleisch hielt die Menschen am Leben.

Sie kratzte den letzten Tropfen aus der Schüssel. Ihr Bauch schmerzte ein wenig, ein leichtes Ziehen, das sie an die Scheune erinnerte. Sie durfte sich jetzt nicht ablenken –

»Was ist mit Ihrer Mutter?« Ein Mann stand vor ihr, sein weißer Kittel überraschend sauber.

»Dr. Ludwig?« Ellie stand auf, wofür sie zwei Anläufe brauchte.

Der Mann nickte. »Wo ist sie? Ich habe gerade ein paar Minuten.«

»Sie ist nicht hier.« Ellie schaute den Arzt flehend an. »Bitte, sie wurde von Russen angegriffen, sie blutet immer noch, der Arzt meinte –«

»Welcher Arzt?«

»Im anderen Lazarett, wo sie liegt. Sie können sie dort nicht operieren, ich soll Sie abholen.«

Das Gesicht des Arztes, der mindestens sechzig sein musste, verzog sich zu einem ironischen Lächeln. »Das ist nicht Ihr Ernst.« Er schaute über seine Schulter. »Sie sehen, was hier los ist. Ich habe ohnehin keine Zeit.«

Ellie trat einen Schritt näher. »Wenn Sie meiner Mutter nicht helfen, stirbt sie.« Sie wusste, dass ihre Stimme schrill klang, aber es war ihr egal. Alles war ihr egal. Sie musste ihre Mutter retten und sie musste … Lenchen fiel ihr ein. Das Gesicht des Arztes verschwamm, und sie rieb sich unwirsch mit dem Unterarm über die Augen. Ihr ganzes Leben hatte sich in Luft aufgelöst. Ein Teil war mit Albert verschwunden, dann war Friedrich gefolgt, Lenchen war fort und nun starb ihre Mutter. Ein Jammerlaut entfuhr ihr, ganz leise, bevor sie auf die Bahre zurücksank.

»Was ist passiert?« Tomas Steiner, der sich nach ihrer Ankunft um sie gekümmert hatte, war zurück und schaute abwechselnd Dr. Ludwig und Ellie an.

»Ich soll ins andere Lazarett, um ihre Mutter zu operieren. Ich dachte, die Frau sei hier.« Der Arzt schüttelte den Kopf. »Wenn ich hier lange fort bin, sterben mir die Soldaten.«

Tomas Steiner zog den Arzt beiseite, doch Ellie verstand jedes Wort. »Ich besorge einen Wagen und fahre Sie rüber.«

Dr. Ludwig nickte endlich. »Also gut, ich hole meine Instrumente. Wir treffen uns in fünf Minuten am Eingang.«

Ellie sprang auf, zu abrupt, denn der Raum begann sich zu drehen, und sie hielt sich an der Wand fest. Sie wollte den Mann küssen, beide Männer.

»Ihre Mutter ist im Aufwachraum.« Die strenge DRK-Schwester, die, wie Ellie herausgefunden hatte, Sieglinde hieß, nickte freundlich. »Ich bringe Sie zu ihr.«

»Ist Dr. Ludwig noch da?«

»Ist sofort nach der OP ins andere Lazarett zurückgekehrt. Ich soll Ihnen ausrichten, dass alles behoben ist. Ihre Mutter braucht jetzt Ruhe, damit sie heilen kann.« Schwester Sieglinde schien mehr sagen zu wollen, doch in dem Moment wurde sie von einer der anderen Schwestern gerufen.

Ellie hatte die letzten Stunden auf einer Bank vor den Operationsräumen verbracht. Es war längst heller Morgen, und sie war trotz ihrer Sorgen eingenickt. Jetzt rieb sie sich die Augen und folgte der Schwester.

»Mama?« Ellie neigte sich über ihre Mutter.

Margarete öffnete die Augen, blinzelte im hellen Licht. »Ellie? Was ist passiert?«

»Du hattest eine Operation. Jetzt wird alles gut.« Ellie nahm die Hand ihrer Mutter und drückte sie.

»Lassen Sie sie schlafen«, sagte Schwester Sieglinde. »Da vorn können Sie etwas essen und trinken.« Sie zeigte den Gang hinunter.

Ellie kaute einen schrumpeligen Apfel und ein Stück Brot, dazu gab es eine Tasse Pfefferminztee. Obwohl ihr Körper sich geschunden anfühlte und sie sich nach einem Bad und Schlaf sehnte, wanderte sie zum Ausgang. Neue Verletzte trafen ein, mindestens so viele wie gestern Abend.

Ellie schleppte sich in die Stadt, ihre Beine waren mit Steinen gefüllt, und sie atmete trotz des langsamen Tempos schwer. Sie hatte sich im Lazarett so gut es ging gesäubert, aber sie fühlte sich schmutzig, besonders da unten, wo immer noch alles schmerzte. Sie hatte kurz überlegt, ob sie Dr. Ludwig fragen sollte, sie zu untersuchen. Doch dafür reichte die Zeit nicht. Ihre Mutter war wichtiger, und sie musste schleunigst den Hafen finden, denn wenn Lenchen hier war, würde sie mit dem Schiff fahren.

Die Straßen wurden immer dichter, und bald quälte sie sich durch die Menschen, die überall hockten, standen oder herumwanderten. Feuer brannten hier und da, die Menschen verrichteten ihr Leben trotz der eisigen Temperaturen im Freien. Dazwischen drängten sich Wehrmachtssoldaten. Jedes Mal, wenn Ellie ein kleines Kind sah, und es gab tausende, versuchte sie, sein Gesicht zu sehen. Oft waren die Kleinen mit Mützen und Schals vermummt, sodass Ellie stehen blieb, um genau hinzuschauen – eine unmögliche Aufgabe.

Jetzt, wo es ihrer Mutter besser ging, übermannte sie die Macht ihres Verlustes erneut. Sie zitterte und kämpfte mit den Tränen. Es war so unnütz, zu weinen, reine Zeitverschwendung, doch sie konnte nicht anders. Ihre Brust schmerzte vor Sorge und Sehnsucht, während sie sich hierhin und dorthin drehte und die Kinder beobachtete.

Als sie gegen Mittag den Hafen erreichte, lehnte sie sich erschöpft an eine Mauer. Die Kais quollen mit Menschen über, die auf das nächste Schiff warteten. Hier jemanden zu finden, war aussichtslos. Trotzdem folgte Ellies Blick jeder Familie, jedem Kind, das am Rockzipfel seiner Mutter hängend vorbeikam. Was musste in Lenchen vorgehen? Ganz allein, ohne eine ihr vertraute Person, ohne ihre Mutter? Wieder trieb es Ellie die Tränen in die Augen.

Irgendwann ging sie weiter bis zum Pier, drängelte sich an den wartenden Schlangen vorbei.

»Ich suche ein dreijähriges Kind, Lenchen, blonde Haare, braune Stoffhose und schwarze Jacke«, sprach sie eine der Mütter an, die zwei Kinder an der Hand hielt. Die schüttelte den Kopf. Wieder und wieder fragte Ellie die Menschen, selbst als die Schlange sich mit einem Mal bewegte, weil das nächste Schiff Passagiere aufnahm. Der Ausdruck in den Gesichtern der Flüchtlinge wechselte von Ungeduld und Angst zu Zuversicht. Ihre Augen glänzten mit einem Mal, die Erleichterung war spürbar. Ellie fragte sich, warum sie, als die Russen sie fortgeschleppt hatten, nicht ihre Tasche mitgenommen hatte. Ihre Wertsachen, ihren Ausweis, aber am wichtigsten, das Foto von Lenchen, das sie den Menschen hätte zeigen können.

Als es dunkelte, machte sie sich auf den Weg zurück ins Lazarett, doch an der Einfahrt zum Hafen gab es kein

Durchkommen. Zwei Lastwagen, deren Ladefläche mit Verwundeten überquoll, hielten dort. Soldaten in zerfledderten Uniformen mit Verbänden an Kopf und Körper kletterten unter Ächzen und Stöhnen von den Rampen und machten sich auf den Weg zum Pier.

»Ellie, was machen Sie denn hier?« Sanitätssoldat Steiner schaute sie erstaunt an. »Ich dachte, Sie wären bei Ihrer Mutter.«

»Ich bin auf dem Rückweg.« Was musste der Mann von ihr denken, dass sie ihre Mutter allein ließ und hier herumirrte?

Tomas Steiner sah sie prüfend an und meinte dann: »Wenn Sie einen Moment warten, können Sie mit mir zurückfahren. Ich begleite die Soldaten zum Lazarettschiff. Bin gleich wieder da.«

Ellie nickte dankbar. »Sehr freundlich.« Sie schaute dem Sanitätssoldaten hinterher, der die Männer in Richtung eines riesigen Schiffes lotste. *Wilhelm Gustloff* stand vorn in großen Lettern. Diese Männer waren auf dem Weg in den Westen, gerettet vor den Angriffen der Russen. Ellie fragte sich, was sie tun würde, hätte ihre Mutter nicht krank dagelegen. Konnte sie Pillau überhaupt verlassen, wenn sie doch nach Lenchen suchte? Oder war ihre Tochter bereits auf einem dieser Schiffe davongefahren? Sie horchte in sich hinein. Die Überzeugung, dass Lenchen hier in Pillau war, die sie noch gestern tief in sich gespürt hatte, war einer Unsicherheit gewichen. Sie hatte sich eingebildet, dass sie Lenchens Anwesenheit empfinden konnte, doch jetzt war da nichts, ein schwarzes Loch, in das sie zu fallen drohte. Sie allein traf die Schuld. Warum hatten sie nicht sofort den Weg nach Pillau eingeschlagen? Oder früher kehrtgemacht?

Sie schaute die Menschenmassen an, die hier um ihr Leben kämpften, um auf ein Schiff zu kommen, und wusste zum ersten Mal, dass sie Lenchen nie wiedersehen würde.

»Ellie?« Tomas Steiner stand vor ihr. »Ist Ihnen nicht gut?«

Sie lehnte stumpf an der Mauer. Selbst die Kälte war ihr egal, der Schmerz in ihrer Brust übertrumpfte alles. Selbst Atmen schien zu anstrengend.

Als sie nicht antwortete, nahm er sanft ihren Arm, führte sie zum ersten Lastwagen und half ihr auf den Sitz. In der Kabine war es überraschend warm. Steiner reichte ihr einen dampfenden Becher von einer Thermoskanne. »Kamille.«

Sie trank dankbar, die heiße Flüssigkeit bahnte sich einen Weg in ihren erfrorenen Körper.

Er ließ den Motor an und kroch im Schritttempo durch die

überfüllten Straßen. »Machen Sie sich Sorgen um Ihre Mutter? Ich glaube, sie ist im Lazarett gut aufgehoben. In ein paar Tagen können Sie nach Westen. So lange werden wir Pillau mit Sicherheit halten.« Hoffnung klang durch seine Stimme, ein Lichtstrahl im Dunkel.

Wenn er nur wüsste. Sie spürte seinen Blick auf ihrer Schläfe, konnte aber den Kopf nicht bewegen. Er musste sie für arrogant oder verrückt halten, vielleicht war sie das schon. Wo fing der Wahnsinn an? Vielleicht war es besser, den Verstand zu verlieren und nicht mehr nachdenken zu müssen.

Sie war erstaunt, als der Wagen anhielt und sie vor dem Lazarett standen. Steiner kletterte wortlos heraus und öffnete ihr die Tür. »Fragen Sie einfach eine der Schwestern, wo Ihre Mutter ist.« Er tippte sich an die Mütze und drehte sich zum Gehen, schien es sich aber anders zu überlegen. »Wenn Sie mal reden wollen … ich bin jeden Tag von vierzehn bis neunzehn Uhr hier, den Rest der Zeit im anderen Lazarett. Fragen Sie einfach nach Tomas.« Er lächelte milde, tippte sich erneut an die Mütze. »Alles Gute.«

Ellie schaute ihm hinterher. Sie sollte sich entschuldigen. Er war so hilfsbereit, und sie konnte nicht mal höflich sein. Doch dann war er in der Menge verschwunden, und sie stand allein im Meer der Kranken und Sterbenden, eine Verlorene unter Millionen. Es war bereits dunkel, und sie hatte Mühe, sich den Weg durch die Verletzten zu bahnen, die immer noch eintrafen. Ihre Mutter wartete.

KAPITEL FÜNFZEHN

Lena

Am Donnerstag beschloss Lena, in der Villa nach der Herkunft der von Schweigs zu forschen. Sie hatte sich zwei Äpfel, Joghurt und Wasser mitgenommen und gerade im Schreibtisch ihres Vaters einen Stammbaum gefunden, auf dem sie nicht vermerkt war, als es an der Tür klingelte.

Ärgerlich auf ihren Vater, der sie, wie es schien, mit Absicht ignoriert oder sie nie als eine echte von Schweig respektiert hatte, ging sie zur Tür.

»Hallo, Lena.« Unter der Wolke von Nikotin wirkte Peter Pries noch abgerissener als letztes Mal, einen selbstgedrehten Zigarettenstummel im Mundwinkel, Hose und Jacke fleckig. »Darf dich doch duzen, wir sind schließlich Halbgeschwister.« Er grinste und stieß eine Qualmwolke aus.

»Was wollen … willst du?«

»Na, die Villa anschauen. Sah, dass du hier bist.«

Lena fragte sich, woher er das wusste, wenn er nicht das Haus beobachtet hatte. Das warnende Bauchgefühl kehrte zurück. »Ich habe keine Zeit.«

»Ach ja?« Peter Pries trat einen Schritt näher und zertrat den Zigarettenstummel unter seinem ausgefransten Tennisschuh. Er zog einen Umschlag aus der Hosentasche und wedelte damit vor Lenas Nase herum. »Glaub ja nicht, du kannst dich hinter deinem feinen Anwalt verstecken. Der hat keine Ahnung, wer du wirklich bist.« Er grinste selbstgefällig. »*Ich* kenne die Wahrheit.«

Lena starrte den ekligen Mann an. »Keine Ahnung, wovon du sprichst.«

»Wirklich nicht?« Wieder das Grinsen. »Ist ja schon eine Weile her, aber dein Vater hat es meiner Mutter erzählt, damals, als du fünfzehn warst. Ganz schön dreist.«

Lena atmete tief durch und hoffte inständig, dass ihr Ausdruck neutral blieb. »Wie gesagt, ich habe keine Zeit.« Sie knallte die Tür zu.

»Glaub ja nicht, dass du damit durchkommst«, kam es gedämpft durch die Tür. »Ich werde meinen Anteil bekommen, so oder so. Sonst schreibe ich mal an deine feine Bank. Die wissen bestimmt nicht, dass sie es mit einer Diebin zu tun haben.«

Lena begann zu zittern und sank auf die Bank im Flur, auf der ihre Mutter immer ihre Schuhe angezogen hatte. Es war so lange her, sie hatte diese Zeit völlig verdrängt.

Damals, als sie ein unglücklicher Teenager gewesen war, hatte ihre Mutter sie wie immer entweder ignoriert oder kritisiert. Als ihr wegen ihrer Bockigkeit das Taschengeld gekürzt worden war, hatte Lena im Kaufhaus zwei Blusen entwendet, indem sie sie unter ihrem Pullover anbehalten hatte. Beim ersten Mal war alles gutgegangen. Beim zweiten Mal auch. Aber dann war sie leichtsinnig geworden und hatte sich in einen schwarzen Lederrock verliebt.

Als sie mit der Beute unter ihrem Mantel das Kaufhaus verließ, hatte sie ein Mann, der sich als Detektiv zu erkennen gab, am Arm festgehalten. Sie wurde ins Büro geführt, ihr Vater verständigt. Eine Strafanzeige folgte. Da der Rock mehr als zweihundert DM gekostet hatte, bestand der Manager des Kaufhauses darauf, die Polizei zu rufen.

Als Hans von Schweig eintraf, wollte Lena im Boden versinken. Aber es war zu spät. Der Fall ging an die Staatsanwaltschaft, sie sollte dreißig Sozialstunden in einem Seniorenheim leisten und eine Geldstrafe von fünfhundert DM bezahlen.

Doch dazu kam es nie. Hans von Schweig ließ seinen Einfluss spielen, und Lena sah nie ein Seniorenheim von innen – bis ihre Mutter viele Jahre später in eins kam.

Ihr Vater musste sehr ärgerlich gewesen sein, wenn er seiner Geliebten davon erzählt hatte. Mit Lena hatte er monatelang kein Wort gewechselt. Katarina erfuhr nie davon.

»Unser Geheimnis«, hatte ihr Vater es genannt. Sie hatte nie jemandem davon erzählt, war nie wieder in das Geschäft gegangen.

Bis heute. Offensichtlich hatte Hans es mit dem *Geheimnis* nicht so genau genommen, denn Peter Pries wusste davon, was hieß, dass seine Mutter ihm davon erzählt hatte. Was wiederum hieß, dass ihre Stellung in der Bank gefährdet war. Sie war jung gewesen, aber trotzdem. Würde ihr arroganter Chef eine Frau mit dieser Vergangenheit tolerieren? Eher nicht. Jeder Bewerber musste Fragen über seine Vergangenheit beantworten, darunter auch, ob er je eine kriminelle Tat begangen hatte.

Sie hatte bei der Einstellung nach dem Studium gelogen, weil sie angenommen hatte, dass niemand etwas davon wusste.

In ihr brodelte es. Sie sprang wütend auf und kehrte ins Büro ihres Vaters zurück. Katarina hatte nach seinem Tod nichts mehr angerührt, und Lena fühlte sich wie in einem Museum. Als Kind war sie kaum hier gewesen, der Raum nahm ihr bis heute den Atem, ganz so, als hätte ihr Vater den gesamten Sauerstoff herausgesogen. Sie ging entschlossen zum Fenster und öffnete beide Flügel. Ordnung musste her. Sie würde alles Private durchsehen und vernichten, dafür brauchte sie frische Luft. Sobald sie daheim war, würde sie Ansgar anrufen und ihn wegen Peter Pries um Hilfe bitten – schon wieder.

Sie hielt inne. Er würde von ihrer Straftat erfahren. Ihre Wangen begannen zu glühen. Wie peinlich. Ihr ganzes Leben hatte sie sich bemüht, alles perfekt zu machen – die Dame, die die Personalabteilung leitete, immer penibel angezogen, mit perfekten Manieren.

Aber wie bekam sie Peter Pries aus ihrem Leben? Alles in ihr sträubte sich gegen die Idee, ihn zu bezahlen. Ein Erpresser hörte nie auf, wenn es mehr zu holen gab. Und das gab es reichlich.

Wenn sie zur Polizei ging, stand ihr Wort gegen seins. Sie hatte keine Beweise, keine Zeugen … nur seine hässlichen Worte, die sich in ihr Gedächtnis gebrannt hatten. *Ich werde meinen Anteil bekommen, so oder so. Sonst schreibe ich mal an deine feine Bank. Die wissen bestimmt nicht, dass sie es mit einer Diebin zu tun haben.* Wer wusste, wozu ein Mann fähig war, dem es schlecht ging? Was schadete es, wenn sie ihm etwas Geld gab? »Nein!«, sagte sie laut.

Sie würde Ansgar die Wahrheit sagen, damit er vorbereitet war. Und wenn er sie verließ, war es so. Sie würde diese Beziehung nicht mit einer Lüge beginnen. Wenn es überhaupt eine Beziehung war.

Ihre Zweifel kehrten zurück. Was er wohl in ihr sah, der verlorenen Tochter?

Lena räusperte sich und nahm einen Schluck Wasser. Sie

beschloss, mehr über Peter Pries herauszufinden, würde den Spieß umdrehen und ihn beschatten.

Die Wogen in ihrer Mitte etwas geglättet, setzte sie sich wieder an den Schreibtisch.

Lena hatte Ansgar nicht angerufen, und auch als er sie am Freitagabend zum Essen einlud, verriet sie kein Wort über Peter Pries. Als Ansgar beim Dessert das Thema anschnitt, schwieg sie.

»Habe diesem Pries einen Brief geschickt, die gesetzlichen Richtlinien erklärt. Er sollte dich jetzt in Ruhe lassen.« Ansgar nippte am Espresso.

»Ich bin müde«, meinte Lena. »War den ganzen Nachmittag im Heimathaus der Ostpreußen und habe tausende von Kinderbildern angestarrt.« Sie rieb sich die Augen.

Ansgars Hand landete auf ihrem Unterarm. »Ist anstrengend, ich weiß. Aber zumindest hast du dann Gewissheit, dass du nicht in den Suchbüchern stehst.«

»Ich glaube nicht, dass ich da drin bin. Mein Bauchgefühl sagt mir, dass ich anders vorgehen muss.«

»Warte erst mal den Bericht des DRK-Suchdienstes ab.«

»Der wird noch Monate dauern, vielleicht Jahre. Ich habe ja keinen Namen, und die suchen Millionen Karteikarten per Hand ab.«

»Ist ein altes System, aber es hat gut funktioniert. Viele Menschen haben sich wiedergefunden.«

Lena schaute zum Fenster. Sie hatte schlechte Laune, nicht nur wegen Peter Pries, sondern weil sie ihre Zeit mit einer unmöglichen Suche vergeudete. Sie sollte in die Bank zurückkehren und ihr altes Leben wieder aufnehmen. *Welches alte Leben? Ist das erstrebenswert – Arbeit und einsame Abende?* Dabei hatte sie sich auf das Essen mit Ansgar gefreut. Sie produzierte ein Lächeln.

»Ist alles in Ordnung?« Ansgar sah sie aufmerksam an. Im Licht des Restaurants wirkten seine Augen dunkelblau. Wie attraktiv er war. Viel zu gutaussehend für sie.

Sie stand auf und nahm ihre Tasche. »Natürlich.« Wieder das gezwungene Lächeln.

Als sie vor Lenas Haus standen, verabschiedete sie sich mit einem Kuss. »Ich melde mich morgen.«

Der Samstagmorgen ging vorbei, am Nachmittag fuhr Lena mit dem Rad durch die Stadt. Auf Einkaufen hatte sie keine Lust, überhaupt war sie unruhig. Immer wieder schaute sie sich auf den Straßen nach einem roten Polo um. Ihr Plan, Peter Pries zu beschatten, war eine dumme Idee gewesen. Was hatte sie davon?

Als sie am frühen Abend ihre Wohnung betrat, galt ihr erster Blick dem Anrufbeantworter. Doch es gab keine Nachrichten. Ansgar hatte sich nicht gemeldet. Sie goss sich ein Glas Weißwein ein und wanderte durchs Wohnzimmer, setzte sich, sprang wieder auf.

Sie sollte Ansgar anrufen, das hatte sie ihm gestern gesagt. Unschlüssig hob sie den Hörer ab, legte ihn wieder auf. *Feigling!* Sie trank das Glas leer und füllte es erneut auf. Griff zum Telefon und wählte.

»Schumann.«

»Lena hier. Tut mir leid, dass ich so spät anrufe, ich …«

In der Leitung herrschte Stille. Dann sagte Ansgar: »Ich habe das Gefühl, dass du mir etwas verschweigst. Meinst du nicht, dass wir, wenn wir dem hier eine Chance geben wollen, ehrlich sein sollten?«

»*Dem hier*?«, rutschte es Lena heraus. Sie trank einen großen Schluck. Das Glas war schon wieder leer. Wenn sie so weitermachte, würde sie Alkoholikerin.

»Na ja, was immer wir da zwischen uns fühlen.«

Lenas Gedanken kreisten. Sie konnte jetzt nicht über Gefühle reden. Sie traute *sich* nicht, und deshalb traute sie ihm nicht. »Tut mir leid, ich kann jetzt nicht sprechen.«

»Wie du willst.« Ansgar klang kühl. »Melde dich.«

»Gute Nacht.« Lena legte auf und starrte unbeweglich ins Zimmer. Was war nur mit ihr los? Kaum fand sie jemanden, machte sie alles kaputt. Soweit sie es beurteilen konnte, war Ansgar ein wunderbarer Mann – viel zu gut für sie.

Wie lange sie da stand, wusste sie nicht. Irgendwann ging sie zum Sofa und schaltete den Fernseher ein. Irgendeine Show lief dort, sie hörte nicht hin, Hauptsache, sie musste nicht über ihr Leben nachdenken und darüber, wie sie jede Beziehung in den Sand setzte.

Der Wecker zeigte zwei Uhr zweiunddreißig, als sie aufwachte. Sie schleppte sich ins Bett, doch der Schlaf weigerte sich, sie fortzureißen.

Gegen halb sechs stand sie auf, das erste Licht filterte durch die Fenster. Sonntag. Wie sollte sie den Tag rumkriegen? Noch vorgestern hatte sie sich auf das Wochenende gefreut, hatte überlegt, ob sie Ansgar einen Ausflug vorschlagen sollte. Jetzt graute ihr vor dem langen Tag mit nichts als ihren Gedanken. Sie musste etwas wegen Peter Pries unternehmen.

Am Ende lungerte sie den ganzen Tag in der Wohnung, obwohl draußen herrlich die Sonne schien. Mittags ging sie ins Bett, am Nachmittag trank sie erneut Wein, während der Fernseher vor sich hin plärrte.

Die Woche verging, ohne dass sie eine Entscheidung getroffen hatte … wegen Peter Pries … und Ansgar. Nur ins Heimathaus ging sie zweimal, um die nächsten beiden Bände durchzusehen.

Am Samstag fuhr sie einkaufen – ihr Kühlschrank war bis auf eine halbe Packung Butter und drei Tomaten leergefegt – und parkte am Lebensmittelgeschäft, als sie Ansgar am Eingang entdeckte. Er sprach mit einer Frau mit blonden, schulterlangen Haaren, lächelte und nickte, als sie etwas sagte. Am liebsten hätte sich Lena angeschlichen, doch sie blieb wie eingefroren sitzen und starrte die beiden an. War das ihre Nachfolgerin? Die beiden schienen sich gut zu kennen, und die Frau hing an seinen Lippen. Neben Lena stieg eine Familie ins Auto, ein neuer Wagen parkte.

Immer noch saß sie. Wie lange quatschten die beiden schon? Ihr Magen drückte, als presste jemand eine Faust in ihren Bauch. Als die Frau Ansgar die Hand hinhielt, schüttelte er sie und klopfte ihr beim Wegdrehen auf die Schulter. Dabei lächelte er so, wie er *sie* immer anlächelte. Sie blinzelte, denn auf einmal verschwamm die Front des Ladens, Ansgar lief wie im Nebel zu seinem Wagen.

Sie schniefte und putzte sich die Nase, beobachtete, wie er davonfuhr, ein Teil ihres Herzens rief ihm hinterher. Warum war sie nicht ausgestiegen und hatte sich freundlich dazugestellt? Zumindest hätte sie ihn grüßen und warten können, bis er das Gespräch beendet hatte.

Mit hängendem Kopf lief sie durch die Gänge des Supermarktes, packte irgendwelche Sachen in ihren Wagen. Hunger hatte sie sowieso keinen.

Am Sonntagmorgen klingelte es gegen elf. Lena war noch im Morgenmantel, denn sie hatte schlecht geschlafen und war erst vor einer halben Stunde aufgestanden. Sie musste scheußlich aussehen, die Haare strähnig. Egal. Ansgar würde es ihr verzeihen.

Sie riss die Tür auf und hätte fast aufgeschrien. Peter Pries grinste. »Hast wohl ’ne miese Nacht gehabt. Gut! Wird langsam Zeit, dass du mir ein Angebot machst.«

»Hau ab«, entfuhr es Lena, wobei sie die Tür zuschlug.

Doch der zerfranste Tennisschuh trat in den Spalt, die Tür öffnete sich gegen Lenas Willen immer weiter. »Nicht so eilig«, kam die gepresste Stimme von Peter Pries. »Ich werde morgen Abend vorbeischauen, dann erwarte ich einen schriftlichen Vorschlag und eine Anzahlung. Ist das klar?«

Lena zog immer noch an der Tür, doch Peter Pries' Fratze erschien in der inzwischen größeren Öffnung.

»Ist das klar?«, schrie er ihr entgegen.

Lena nickte beklommen, während sie sich fragte, ob die Nachbarn über ihr etwas mitbekamen. Am liebsten hätte sie die Polizei gerufen, doch sie musste warten. Vielleicht konnte sie etwas aufschreiben und es als Beweismittel nutzen, eine Kamera installieren und Peter Pries bei seinem nächsten Besuch filmen.

»Morgen Abend, keine Tricks. Wenn du nicht da bist, geht der Brief an deine Bank raus.«

Die Tür schlug zu, und Lena schleppte sich ins Wohnzimmer. Am liebsten hätte sie sich auf die Couch gelegt und wäre nie wieder aufgestanden.

Doch sie musste etwas tun und diesem Widerling das Handwerk legen. Aber wie? *Ansgar*, ging es ihr durch den Kopf. Er würde wissen, was zu tun war. Vielleicht saß er gerade mit der Blonden auf der Couch. Sie dachte an die Szene vor dem Supermarkt, den Handschlag. Das sah eher nach Geschäftskundin aus, selbst wenn sie ihn anhimmelte. Und er lächelte auch, wenn er anderen Menschen begegnete.

Kurzentschlossen ging sie in die Dusche und schrubbte sich von Kopf bis Fuß. Sie wählte eine weiße Bluse und eine marineblaue Jeans. Dann griff sie zum Telefon, atmete tief und wählte.

»Schumann.«

»Lena hier, hallo, Ansgar.«

»Wie geht es dir?«

»Ich muss dich dringend sprechen. Aus mehreren Gründen, also … nicht am Telefon.«

»Soll ich zu dir kommen?«

»Bitte«, hauchte sie, und dann war das Gespräch auch schon beendet. Ihre Hand zitterte, als sie den Hörer auflegte. Sie eilte ins Bad und inspizierte ihr Gesicht, tupfte ein wenig Tönung auf Wangen und Kinn. Eigentlich nicht schlecht. Sie hatte schön geschwungene Lippen, auch ihre blauen Augen leuchteten wie ein Sommerhimmel. Nur die Nase war etwas zu groß geraten. Warum war ihr nie aufgefallen, dass sie weder Katarina noch Hans glich? *Man sieht, was man sehen will*, kommentierte ihr Kopf. Sie warf sich ein kleines Lächeln zu und eilte ins Wohnzimmer. Genug mit dem Selbstmitleid. Sie musste nach vorn schauen.

Es klingelte.

»Hallo.« Ansgar streckte ihr eine Schachtel Erdbeeren entgegen.

»Komm rein.« Als er an ihr vorbeiging, stieg ihr das Rasierwasser in die Nase: Zitrone und etwas Erdiges. *Reiß dich zusammen.*

»Sollen wir –«

»Willst du –«, sagte sie gleichzeitig.

Seine Hand kam nach vorn, sie griff danach. Und dann lag sie in seinen Armen, ganz eng, sodass kein Blatt Papier dazwischen gepasst hätte. Sein Mund fand ihren, und dann war da nichts mehr außer dem Gefühl der Geborgenheit, dem Summen in ihren Ohren und ihrem Stakkato-Herzschlag.

Irgendwann lehnte er sich zurück und schaute sie aufmerksam an. »Lena von Schweig, du bist immer für eine Überraschung gut.« Sein rechter Mundwinkel zuckte. Dann zog er sie erneut an sich. Lena vergaß alles, nur noch dieser Mann zählte, wie sie sich fühlte, wenn er sie festhielt, so bestimmt und doch warm.

»Vielleicht sollten wir ins Wohnzimmer gehen?«, meinte sie, während sie beide nach Luft rangen.

»Du wolltest mich sprechen?« Ansgar lachte. »Oder war da noch was anderes?«

Lena grinste ihn an, dann wurde sie ernst. »Setz dich besser. Vielleicht vergeht dir gleich die gute Laune.«

Sie erzählte Ansgar von Peter Pries' erneutem Auftauchen, von seinen Drohungen. Sie hielt inne. *Heraus damit.* »Ich habe als Teenager einigen Mist gebaut.« Sie ließ nichts aus, ihre wiederholten Diebstähle, die Szene im Büro des Kaufhauses, ihr wütender Vater.

»Du musst dich wirklich nach Aufmerksamkeit gesehnt haben.« Ansgar schaute sie nachdenklich an. »Es kann dir doch an nichts gefehlt haben.«

Lena nickte. »Ich hatte alles vom Feinsten, schöne Kleider, sogar Schmuck.«

»Deshalb sage ich ja, du fühltest dich vernachlässigt. Und selbst negative Aufmerksamkeit ist besser als keine, zumindest für einen

Teenager, der nicht über Konsequenzen nachdenkt.«

»Zu der Zeit hatte Hans die Affäre mit Peter Pries' Mutter. Er war ständig abgelenkt oder fehlte am Tisch.« Sie schüttelte den Kopf. »Dass Mutter nichts bemerkt hat.«

»Wie du sie beschreibst, hat deine Mutter davon gewusst.«

»Schweigen war Gold in den Augen meiner Eltern.« Lena dachte an die Szenen, wenn sie mit ihrer Mutter allein beim Abendbrot gesessen hatte. Oft hatten sie keine drei Wörter miteinander gewechselt. Ansgar hatte recht. Sie hatte sich als Teenager vernachlässigt gefühlt, weil ihre Eltern emotional nicht verfügbar gewesen waren. »Vielleicht haben sie unter der Flucht aus Ostpreußen und dem Verlust der Heimat mehr gelitten, als mir je klar war.«

»Vielleicht.« Ansgar winkte ihr zu. »Komm her, ich war noch nicht fertig.«

»Sollen wir nicht erst mal besprechen, was wegen Peter Pries zu tun ist?«

Ansgar grinste wieder. »Später, den Fiesling bekommen wir schon.«

Lena flog in seine Arme, und für eine Weile gab es nichts als diesen Mann. Irgendwann spürte sie seine Finger auf ihrer Brust, und ihr entfuhr ein Stöhnen. Es war gefühlt hundert Jahre her, seit sie mit einem Mann im Bett gewesen war. Zweifel stiegen in ihr hoch, die nörgelnde Stimme flüsterte … *du wirst es bereuen, du kennst ihn kaum.*

Ansgar musste ihren Zwiespalt gespürt haben, denn er schaute sie fragend an. »Ist alles in Ordnung?«

Sie schüttelte den Kopf, ihr Hals auf einmal eng. »Es ist so lange her, seit ich …«

Er küsste sie auf die Nase. »Lass uns was essen. Wir haben alle Zeit der Welt.«

Sie nahm seine Hand und drückte sie. Erstaunt stellte sie fest, dass es fast neunzehn Uhr war. Sie kochte Spaghetti, und Ansgar zauberte eine Tomatensauce, die einem Mafiosi alle Ehre gemacht hätte. Beim Essen besprachen sie, wie sie Peter Pries eine Falle stellen würden.

Als Ansgar sich vor Mitternacht verabschiedete, nicht ohne mehrere ausführliche Gute-Nacht-Küsse, sank Lena mit einem Lächeln ins Bett. Sie konnte sich nicht daran erinnern, wann sie je so glücklich gewesen war.

KAPITEL SECHZEHN

Ellie

Margarete saß im Bett und aß einen schrumpeligen Apfel, den Ellie an der Ausgabestelle ergattert hatte. Etwas Farbe war in ihre Wangen zurückgekehrt.

»Zum Glück hat Dr. Ludwig genug Antibiotikum zusammengekratzt«, meinte Ellie. »Hast du Schmerzen?«

»Etwas Druck … ist auszuhalten.« Die Finger ihrer Mutter tasteten ihren Bauch ab, während sie vor sich hinstarrte. Seit sie vor zwei Tagen aufgewacht war, hatten sie kaum drei Sätze gewechselt. Wenn Ellie sie fragte, antwortete Margarete in einzelnen Wörtern oder gar nicht. Seit der Scheune war das Licht in den Augen ihrer Mutter erloschen. Sie wirkte wie eine Marionette.

Ellie war zwischen Mitleid und Ungeduld hin- und hergerissen. War es ihrer Mutter egal, dass Lenchen verloren war? Wollte sie nicht helfen, sie zu finden? Jeden Morgen eilte Ellie zum Hafen und beobachtete die unaufhörlichen Menschenschlangen, die an den Piers auf Schiffe warteten. Unermüdlich zwängte sie sich durch die Wartenden, überflog die Gesichter der Kleinen. Zweimal war sie mit einem Schrei nach vorn gestürzt, weil sie ihre Tochter hinter den halb vermummten Gesichtern vermutet hatte. Die Mütter hatten aggressiv reagiert und sie angeschrien, sofort zu verschwinden.

Die Erwachsenen befragte Ellie mit einer Beschreibung ihrer Tochter, doch die schüttelten den Kopf. Manchmal schauten sie mitleidig, oft winkten sie ab, als wollten sie sagen, dass ihre Suche ohnehin vergeblich war. Manchmal besorgte sich Ellie bei einer

DRK-Hilfsstelle etwas zu essen, manchmal boten die Wehrmachtssoldaten Proviant. Oft war sie zu spät, das Essen bereits verteilt.

Wenn es nachmittags dunkel wurde, kehrte Ellie zum Lazarett zurück, wo sie mit anderen Angehörigen dicht zusammengedrängt in einem Raum schlief. Trotzdem musste sie dankbar sein, dass sie ein Dach über dem Kopf hatte und dort versorgt wurde. Viele Reisende warteten und schliefen im Freien. Immer wieder kamen Kinder und Ältere mit schwärzlichen Nasen, Fingern und Füßen ins Lazarett. Jeden Morgen wurden die Erfrorenen auf Karren geladen und aus der Stadt gefahren. Der Strom der verletzten Soldaten riss nicht ab, im Gegenteil, es schienen von Tag zu Tag mehr zu werden. Vor dem Gebäude kursierten Berichte von Gefechten rund um Königsberg. Die Russen hatten die Stadt umzingelt, es gab kein Entkommen.

Ellie fragte sich, wie die Menschen im täglichen Angriff überlebten. Zumindest hatten sie hier noch Ruhe. Wie lange, wusste niemand. Schiffe aller Art, vom kleinsten Fischerboot bis zum riesigen Dampfer, transportierten die Menschen unermüdlich in Richtung Danzig und weiter nach Westen.

»Wie geht es Ihnen?« Schwester Sieglinde beugte sich über Ellies Mutter, die kaum die Kraft zu haben schien, aufzuschauen.

»Besser.«

»Das wird schon.« Sie wandte sich an Ellie. »Sie können Ihrer Mutter beim Waschen helfen. Wir haben kein Personal.«

Ellie folgte der Schwester zu einer ehemaligen Küche, die als Badezimmer umfunktioniert worden war. »Haben Sie gehört?«, flüsterte Sieglinde, sobald sie allein waren. »Sie haben die *Gustloff* versenkt.« Sie legte die Hand vor den Mund, schüttelte den Kopf. Für einen Moment sah Ellie die Frau hinter der effizienten Maske der DRK-Schwester. Wahrscheinlich musste sie so streng sein und ihre Gefühle ignorieren, um jeden Tag zu überstehen.

»Das riesige Schiff?«, fragte Ellie. »Da waren viele Menschen drauf.«

»Tausende … alle tot.« Einen Moment lehnte sich Schwester Sieglinde an den Spültisch.

Ellie legte eine Hand auf den Unterarm der Frau. Sie erinnerte sich an die vielen Reisenden, die auf die *Gustloff* gebracht worden waren. Tomas Steiner, der Sanitätssoldat, hatte zwei Transporte mit verletzten Soldaten begleitet. Wie hoffnungsvoll und erleichtert die

Männer gewirkt hatten, endlich hier wegzukommen. Nur um in einem eisigen Grab zu landen. Ellie fragte sich, ob Lenchen an Bord gewesen war. Nein, sie durfte nicht tot sein, nicht so.

Ellie schwankte und lehnte sich neben der Schwester an den Tresen – bestimmt hätte sie es gespürt. Genauso wie sie glaubte, dass Lenchen inzwischen nicht mehr in Pillau war.

Schwester Sieglinde schien sich gefasst zu haben. Mit einem Räuspern sagte sie: »Wir tun, was wir können, nicht wahr?«

Ellie nickte. Schon wieder drängte es sie, an den Hafen zu laufen.

»Ich organisiere heißes Wasser, dann können Sie sich ebenfalls waschen.«

Ellies Hände zitterten, als sie ihre Kleidung auszog. Die Schwester hatte einen Vorhang zugezogen, hinter dem Ellie etwas Privatsphäre hatte.

»Was ist …« Schwester Sieglinde, einen dampfenden Eimer in der Hand, starrte auf Ellies Hals.

Zum ersten Mal, seit sie ihren Hof verlassen hatte, sah Ellie in einen Spiegel. Sie erschrak. Die Frau, die ihr entgegenstarrte, war eine Fremde mit großen Augen im hageren Gesicht. Blaue Flecken übersäten ihr Schlüsselbein, und als sie an sich herunterschaute, waren auch ihre Oberschenkel blau und grün. Der Schmerz hatte nachgelassen, doch sie fühlte sich ständig schmutzig. Sie hatte die Ereignisse in der Scheune tief in sich vergraben. Sie herauszulassen, würde sie so wie ihre Mutter in ein Loch stürzen. Und das konnte sie sich nicht leisten. Nicht, wenn die wichtigste Aufgabe, ihre Tochter wiederzufinden, noch bevorstand.

Schwester Sieglinde war an Ellies Seite getreten. »Ich dachte … Ihre Mutter …« Tränen standen in ihren Augen. »Es tut mir so leid.« Sie nahm Ellies Hand in ihre und schaute sie aufmerksam an. »Dr. Ludwig kommt gleich, er will Ihre Mutter noch einmal sehen, bevor er sie entlässt. Er sollte Sie untersuchen. Und dann können Sie dem hier endlich den Rücken kehren.«

Der Kloß in Ellies Kehle barst, und sie begann zu weinen. Lautlos liefen die Tränen, während ihr Körper bebte. Schwester Sieglinde nahm sie in den Arm. So standen sie eine Weile, eine zerschundene junge Frau und eine strenge Schwester gaben sich gegenseitig Halt.

Irgendwann trat Schwester Sieglinde zurück und lächelte wässrig. »Ich sage Dr. Ludwig, dass er Sie hier kurz anschauen soll.«

Dann war sie verschwunden. Hunderte anderer Schicksale warteten bereits auf Hilfe.

Am nächsten Tag traf Ellie auf Tomas Steiner, als sie das Lazarett in Richtung Hafen verließ. »Wie geht es Ihnen?«, fragte sie.

Steiner wirkte nervös und schaute sie kaum an. »Ellie, was macht Ihre Mutter?«

»Es geht ihr besser, sie soll entlassen werden.«

»Dann können Sie endlich los.«

»Ich weiß nicht …«

Tomas Steiners Augen weiteten sich erstaunt. »Ist gefährlich hier, das wissen Sie. Die Russen werden auch Pillau einnehmen. Ist nur eine Frage der Zeit. An Ihrer Stelle würde ich noch heute packen. Haben Sie schon Evakuierungsscheine?«

Ellie schaute ihn fragend an.

»Also nicht. Gehen Sie so schnell wie möglich zur Marinekommandantur und besorgen Sie sich zwei. Damit gehen Sie zum Hafen, man wird Ihnen ein Schiff zuweisen.«

»Aber meine Mutter –«

Steiner runzelte die Stirn. »Schwester Sieglinde hat mir erzählt, dass es Ihrer Mutter gut genug geht.«

Ellie wurde heiß und sie fühlte ihr Herz im Hals klopfen. Ihre Brust schien zu eng, ganz so, als säße jemand darauf. Sie zupfte am Kragen ihres Mantels, der auf einmal zu eng war.

»Sie zittern ja.« Steiner schlang einen Arm um ihre Schultern. »Was ist denn?«

Ellie konnte nicht antworten, denn in ihrem Kopf drehte sich alles. Sie wollte weglaufen, schreien und sich gleichzeitig verkriechen.

Steiner rief einer Schwester zu, sie solle den Arzt verständigen. Dabei hatte Dr. Ludwig sie gestern untersucht. Er hatte sie gebeten, sich hinzulegen, und war sehr feinfühlig gewesen. Trotz ihrer Tortur war sie nicht wirklich krank. Aber vielleicht verlor sie gerade den Verstand. Es war alles zu viel.

Tomas Steiner führte Ellie in eins der Zimmer, in dem Patienten behandelt wurden. Eine Sorgenfalte zerteilte seine Stirn, während er Ellie auf einen Stuhl half. »Gleich kommt jemand.«

Ellie konzentrierte sich auf ihren Atem, der Druck auf ihrer Brust schien etwas nachgelassen zu haben. »Was ist nur mit mir?«

»Ich glaube, Sie haben eine Panikattacke.« Er setzte sich ihr gegenüber. »Die meisten Menschen sind erleichtert, wenn sie hier wegkönnen. Bei Ihnen scheint es das Gegenteil zu sein. Sie fürchten sich vor der Reise. Haben Sie Angst vor dem Wasser … den Russen … wegen der Torpedos … der *Gustloff*?«

Ellie schüttelte den Kopf. Sie fühlte sich mit einem Mal so ausgelaugt, sie wollte nur noch schlafen. »Sie müssen denken, dass ich verrückt bin«, flüsterte sie. »Vielleicht bin ich das auch.«

Schon wieder drückten Tränen. »Ich habe eine kleine Tochter, drei Jahre alt, sie ist auf dem Weg hierher verloren gegangen.«

»Verloren gegangen?«

Ellie saugte hörbar die Luft ein. »Ich … meine Mutter, die Russen haben uns mitgenommen.«

Steiner wurde blass. »Sie auch.« Sein Kinn begann zu zittern, und einen Moment lang wurde es still im Raum. Auf dem Gang stöhnte jemand, eine Schwester rief nach dem Arzt.

»Unser Pferdewagen war verschwunden. Lenchen hatte sich darauf versteckt, als die Russen uns erreichten.« Sie wischte sich eine Träne von der Nase. »Seitdem suche ich nach ihr.«

Steiner schluckte. »Wie lange ist es her, seit –«

»Sechs Tage.« *Eine Ewigkeit.* Ihre Stimme war so leise, sie war sich nicht einmal sicher, ob sie gesprochen hatte.

»Ich bin mir sicher, jemand hat sie gefunden. Sie wird in ein Lager gebracht oder in ein Waisenhaus. Das DRK wird Ihnen helfen, sie zu finden.« Er zögerte. »Trotzdem sollten Sie so bald wie möglich fahren und sich retten, solange es noch geht.«

»Und Sie?«

Die Tür schwang auf, einer der Ärzte eilte herein. Steiner sprang auf. »Verdacht auf Panikattacke.« Er nickte ihr zu und rannte hinaus.

Am Nachmittag erschien Tomas Steiner im Zimmer, wo Ellie ihrer Mutter half, ihre wenigen Habseligkeiten zu packen. »Hier, die Evakuierungsscheine, habe einen Kumpel in der Kommandantur.« Er schaute sie der Reihe nach an. »Wie geht's Ihnen?«

Margarete nickte, und Ellie nahm die Scheine entgegen. »Das war sehr nett von Ihnen.« Sie räusperte sich. »Sie haben recht, Lenchen muss schon vor uns losgefahren sein. Alles andere macht keinen Sinn.« Sie betrachtete den jungen Mann, der so alt war wie Albert und sich von Anfang an um sie bemüht hatte. Erst jetzt begriff sie, dass sie einen Freund gefunden hatte. »Sie wollen doch auch fort, richtig?« Steiner nickte, doch Ellie merkte, dass er log.

»Oder suchen Sie auch nach jemandem?«

»Ich muss mich um die Verwundeten kümmern, das wird so schnell nicht besser.«

»Was ist mit Ihrer Familie … Ihrer Frau?« Sie schaute auf seine Hände, doch er trug keinen Ring.

Steiner schüttelte den Kopf. »Ich … nein, ich bin nicht verheiratet. Meine Familie ist schon längst weg.« Er schaute zum Fenster, als könne er sie von hier sehen. »Ich wurde enterbt.« Er blickte zu Ellie zurück, seine Augen schimmerten. »Sehen Sie, ich hatte einen Freund, wir verstanden uns gut. Zu gut.«

Ellie nickte. »Wo ist er jetzt?«

Ein Seufzer entfuhr Tomas Steiner, und er schaute zur Decke. »Da oben, wo die schweren Fälle versorgt werden. Hat eine Granate abbekommen. Blind auf einem Auge, ein Bein schwer geschädigt.« Er wischte sich mit dem Handrücken über die Augen. »Das Schlimme ist, er will nicht mehr. Hat sich von mir verabschiedet.« Steiner schluchzte. »Wie kann ich ihn zurücklassen?«

Ellie umarmte ihn schweigend, hielt ihn ganz fest, während er weinte – diesen Mann, den sie kaum kannte und der viel zu nett für diese Welt war. So standen sie mehrere Minuten, während ihre Mutter auf dem Bett hockte und vor sich hinstarrte. Ellie fragte sich, ob sie etwas mitbekam.

Irgendwann löste er sich aus ihren Armen und putzte sich die Nase. »Tut mir leid.«

»Ihnen sollte gar nichts leidtun.« Ellie streckte die Hand aus. »Ellie, darf ich dich Tomas nennen?« Als er nickte, fuhr sie fort. »Die Welt braucht dich, Tomas. Ich bin dankbar, dass ich dich getroffen habe. Wenn ich je irgendwo ankomme, werde ich dir schreiben.«

Tomas lächelte schwach. »Darf ich euch zum Hafen begleiten?«

Es dunkelte bereits, als sie den Hafen von Pillau erreichten. Ellie graute davor, die Nacht irgendwo am Pier verbringen zu müssen. Doch bereits nach einer Stunde kam Tomas angelaufen, seine Wangen in der Kälte gerötet.

»Folgt mir. Mein Kumpel hat euch noch auf die Liste eines Kutters gesetzt. *Esmeralda* heißt sie. Wir müssen sofort hin, die fahren in Kürze.«

Auf dem Deck der *Esmeralda* schien kein Zentimeter Platz zu sein, doch als Tomas dem Matrosen Ellies und Margaretes Namen gab, nickte der.

»Schnell jetzt«, rief Tomas.

Ellie drückte sich an den jungen Mann. »Leb wohl. Ich werde an dich denken und wünsche dir, dass du dein Glück, zumindest Frieden, findest.«

Tomas machte sich los, wobei er sagte: »Du wirst deine Tochter wiedersehen.« Er legte eine Hand auf seine Brust. »Ich weiß es.«

Eine Pfeife trillerte, der Matrose rief etwas, und auf dem Kutter ratterte der Motor ins Leben.

Dann standen sie auch schon im Gedränge des Schiffes, Ellies Blick auf Tomas gerichtet, der einen Arm zum Gruß erhoben hatte. Ihr Herz schmerzte schon wieder, für Tomas und seinen Liebhaber, der nicht mehr leben wollte, für all die Menschen hier, die froren und hungerten und sich nach einem normalen Leben sehnten. Für Lenchen.

Mit einem Seufzer legte sie einen Arm um ihre Mutter und führte sie ins Gedränge – fort von der Reling und dem eisigen Grab, das darunter wartete.

KAPITEL SIEBZEHN

Lena

Am Montagabend klingelte es um kurz nach sieben. Im Eingang lungerte Peter Pries in denselben fleckigen Kleidern, ein hinterhältiges Grinsen auf dem Gesicht.

»Lässt du mich rein oder sollen die Nachbarn zuhören?«

Wortlos trat Lena einen Schritt zurück, alles in ihr sträubte sich dagegen, den Widerling hereinzulassen.

»Hast also doch ein Einsehen«, meinte er selbstgefällig. »Wäre ja auch schade um deine Karriere, an der du so lange gearbeitet hast.«

»Hier.« Lena reichte ihm einen Umschlag, den er gierig aufriss.

»Was soll das? Ist das ein Witz?« Er hielt zwei Fünfziger in der Hand. Dann trat er einen Schritt auf sie zu, wobei die Nikotinwolke sie umnebelte.

Lena rührte sich nicht von der Stelle. »Mehr bekommst du nicht. Rechtlich hast du als uneheliches Kind keinen Anspruch.«

»Das würde dir wohl so gefallen.« Peter Pries' Augen funkelten vor Zorn. »Dann werde ich deiner Bank berichten, wer bei ihnen in der Personalabteilung sitzt. Und wundere dich nicht, wenn du demnächst einen Unfall hast.«

»Du drohst, mich umzubringen.«

Ein hässliches Grinsen verzerrte sein Gesicht. »Meinst, du kannst in Saus und Braus leben, lässt mich in der Gosse.« Er trat noch näher, seine Nase wenige Zentimeter vor ihrem Gesicht. Lena rührte sich nicht. »Warte ab, du wirst schon sehen.«

Dann drehte er sich auf dem Absatz um und schlug die Tür

hinter sich zu.

Lena sackte zitternd gegen die Garderobe, während Ansgar auf sie zueilte und sie in den Arm nahm. »Meine Güte, der stinkt wie eine Müllhalde.«

Dann sammelte er die beiden Kameras ein, die aus zwei Winkeln alles aufgenommen hatten. Er schaute sich die Filme an und nickte. »Besonders schlau ist er jedenfalls nicht.« Er nahm seinen Mantel und verschwand.

Als er kurze Zeit später zurückkehrte, saß Lena bei offenem Fenster auf der Couch und nippte am Weißwein.

Ansgar ließ sich neben ihr nieder und nahm sie wortlos in den Arm.

»Was hat er gesagt?«

»Ich habe mich vorgestellt und ihm seine Lage erklärt – Erpressung, Morddrohung. Als Vorbestrafter würde er sofort wieder ins Gefängnis wandern.« Ansgar schüttelte den Kopf. »Auf der einen Seite tut er mir leid. Aber …«

»Aber?«

»Wenn er die Frau bedroht und unglücklich macht, in die ich mich verguckt habe, dann –«

»Du hast dich verguckt?«

Ansgar lachte schallend, doch dann schaute er sie ernst an. »Lena von Schweig, du bist kompliziert, anstrengend und liebenswert.« Er küsste sie auf die Stirn. »Und ich möchte am liebsten jeden Tag mit dir verbringen.«

Lena lächelte und kuschelte sich an seine Brust. »So was Schönes hat schon lange keiner zu mir gesagt.« Sie runzelte die Stirn. »Ich glaube, noch nie.«

»Schau mal, die unnahbare Lena hat einen weichen Kern.« Ansgar zog sie noch enger an sich. »Mal sehen, ob ich den finde.«

Lena genoss seine Berührungen, seine Nähe. Irgendwann war ihre Bluse offen, und dann bestand sie nur noch aus Haut und Nerven, ihr Körper vibrierte. Hätte sie jemand nach ihrem Namen gefragt, hätte sie keine Antwort gewusst.

Als Ansgar ins Bad ging, zog Lena ihren Bademantel an und kochte Tee. Wie konnte sie so tief empfinden? Sie war zweiundfünfzig Jahre alt – und fühlte sich wie zwanzig. Sie grinste, während sie Schokoladenkekse auf einen Teller packte.

Der Mai verging, dann der Juni. Sie trafen sich an den Wochenenden, gingen essen oder machten Radtouren. Freitag- und Samstagnacht verbrachten sie gemeinsam, und Lena fühlte sich zum ersten Mal in ihrem Leben geborgen.

Inzwischen hatte sie alle Suchbücher des Heimathauses durch, doch ihr eigenes Foto hatte sie nirgends entdeckt. Jetzt war sie auf dem Weg zu einem Vertriebenentreffen der Ostpreußen.

Als sie den Raum betrat, hockten bereits zehn oder zwölf Frauen und ein älterer Herr an den Tischen. Die meisten waren in den Siebzigern und Achtzigern. Am liebsten wäre Lena wieder umgekehrt. Die anderen schienen sich alle zu kennen und schauten sie neugierig an.

»Sind Sie auch aus Ostpreußen?«, fragte eine Dame mit perfekt gestyltem weißem Haar.

»Wahrscheinlich aus Königsberg«, meinte Lena. »Ich bin ein Suchkind.«

»Seid mal still, Leute«, rief die Dame in die Runde. Dann nickte sie Lena ermunternd zu.

»Ich habe vor kurzem erfahren, dass ich adoptiert bin«, begann Lena. Sie stellte sich vor, schilderte die Fakten und schaute sich in der Runde um. Einige schüttelten den Kopf, andere schienen weit weg.

»Beim DRK läuft eine Anfrage«, sagte Lena. »Wenn Sie noch Ideen haben, wäre ich Ihnen dankbar.«

»Hat Ihre Adoptivfamilie noch Sachen aus der Zeit? Vielleicht Schmuck oder etwas, womit man Sie identifizieren könnte?«, fragte der einzige Mann.

»Nicht, dass ich wüsste.« Nachdem sie es gesagt hatte, fiel ihr ein, dass sie den Schmuck ihrer Familie nie näher untersucht hatte. Aber selbst wenn, wie hätte sie ein Teil als das ihrer wirklichen Mutter identifizieren können?

»Haben Sie noch andere Familie, die Sie befragen können?«

»Meine Tante hat mir von der Flucht erzählt, wie meine Adoptivmutter mich von einem Pferdewagen gerettet hat, weil ich da allein draufstand.«

Die Runde nickte, und die weißhaarige Dame, die sich als Anneliese Krause vorgestellt hatte, räusperte sich. Einige hatten Tränen in den Augen.

»Würden Sie mir davon erzählen, ich meine, was Sie erlebt haben?«, fragte Lena. »Es würde mir helfen, zu verstehen, warum meine Familie mich allein zurückgelassen hat.« Sie war erstaunt, dass ihre Stimme zitterte. Der Schmerz war zurück, die Zerrissenheit, nichts zu wissen.

»Das passierte damals öfter«, sagte Anneliese Krause. »Wir sind über das Frische Haff geflohen und von Pillau nach Danzig. Auf dem Schiff gab es ein halbes Dutzend Kinder, die ohne Familie unterwegs waren.« Sie runzelte die Stirn. »Ich meine, sie haben erzählt, dass ihre Eltern tot waren – die Mütter von den Russen erschossen, die Väter im Krieg gefallen.«

»Sie kamen im Westen in Kinderheime«, sagte der Mann.

»Es gab auch die Wolfskinder«, meinte eine kleine Frau neben Lena. »Die waren im Osten zu hunderten allein unterwegs.«

»Das hilft ihr doch nicht weiter«, kommentierte jemand anderes.

Lena hörte nur halb hin. Vielleicht waren ihre Eltern längst gestorben, und sie sollte die Suche aufgeben. Sie hatte noch einige Wochen, bis ihre Arbeit wieder begann, aber es war verschwendete Zeit. Vielleicht sollte sie verreisen, einfach mal etwas anderes sehen.

Trotzdem war sie erstaunt, wie gut sie sich aufgehoben fühlte. Die Vertriebenen waren alle um Jahrzehnte älter, hätten ihre Eltern sein können. War sie deshalb gekommen, weil sie gehofft hatte, hier etwas herauszufinden? Nein, sie war auch *vertrieben*, selbst wenn sie damals nichts verstanden hatte und sich nicht erinnern konnte. Es steckte in ihr, diese verlorene Heimat. Ein unsichtbarer Stachel, der nie gezogen worden war und dessen Wunde nie heilte.

Sie konnte die Heimathäuser von ganz Deutschland besuchen, und doch ständen die Chancen gleich null, ihre Eltern zu finden. *Wenn es wenigstens deine Mutter wäre*, kommentierte ihr Kopf. So viele Millionen Männer waren damals im Krieg geblieben, doch die Frauen und Kinder waren in den Westen gezogen.

Ihrer Mutter war etwas passiert. Wie die Vertriebene meinte, ja kein Einzelfall. Aber trotzdem, warum musste es ausgerechnet ihr passieren? Warum konnte sie nicht wenigstens ein Geburtsdatum und einen Familiennamen besitzen? Sie fühlte sich wie eine Nichtschwimmerin in einem Ozean der Ungewissheit.

»… gerne wieder.«

Lena schaute auf. Die anderen waren aufgestanden. »Ich sagte, kommen Sie gerne wieder.« Anneliese Krause lächelte freundlich.

»Gerne«, hörte Lena sich sagen. »Danke für Ihr Verständnis.«

Die Alte klopfte ihr auf die Schulter. »Ach, Kindchen, wir haben alle viel Leid erlebt. Das schweißt zusammen. Auch wenn Sie sich nicht erinnern können, wir spüren es alle hier.« Sie legte die Hand auf ihre Brust.

»Vielleicht erzählen Sie mir davon?« Lenas Blick wanderte durch den Raum.

»Vielleicht.« Die alte Dame schaute versonnen zu den anderen, die sich noch miteinander unterhielten. »Manche können es, andere nicht.« Ihre Augen leuchteten mit Tränen. Sie reichte Lena die Hand. »Bis zum nächsten Mal.« Sie rief einen Abschiedsgruß in den Raum und verschwand.

»Anneliese hat es damals schwer getroffen.« Der einzige Mann der Gruppe blieb vor Lena stehen, wobei er sich auf einen Stock stützte. »Ist nicht einfach für sie, hier zu sein, wo ihre Erinnerungen wieder hochkochen. Und doch zieht es sie hierher – wie uns alle.«

Lena schaute sich um, und mit einem Mal brauchte sie Luft, viel Luft.

»Ich verstehe nicht, warum du nicht fährst.« Ansgar saß Lena in der Pizzeria gegenüber, wo sie inzwischen jeden Freitagabend verbrachten.

»Warum kommst du nicht mit?«

»Hab ich dir doch erklärt. Ist zu viel zu tun, mehrere Gerichtstermine, eine neue Klientin.« Seine Hand landete auf ihrer, und sie zog sie fort. »Du warst doch bisher auch allein unterwegs.«

»Danke, dass du mich daran erinnerst.« Ansgar lachte, doch sie fand es nicht komisch. »Mein Leben ist langweilig, ich weiß.«

Ansgar gab dem Kellner ein Zeichen, dass er zahlen wollte. »Gehen wir zu mir?«

Lena schüttelte den Kopf und stand auf. »Habe Kopfweh, außerdem muss ich nachdenken.« Sie war verstimmt, dass er gar nicht erst versuchte, einen Termin für ein paar gemeinsame Tage zu finden. Wo sie doch in einigen Wochen wieder arbeiten musste. Nach der langen Abwesenheit würde sie Schwierigkeiten haben, weiteren Urlaub zu nehmen.

»Wie du willst.« Er drückte ihr einen Kuss auf den Mund. »Geh heim und ruh dich aus. Ich kümmere mich um die Rechnung.«

Ihr Apartment wirkte verlassen, die Luft abgestanden und kalt, obwohl es draußen angenehm warm war und sie den ganzen Nachmittag die Balkontür geöffnet hatte. Sie sackte auf die Couch und schaltete lustlos den Fernseher ein. Warum war sie nicht mit

Ansgar gegangen oder hatte ihn hierher eingeladen? Selbst jetzt spürte sie das Verlangen nach ihm, ein ungewohntes Gefühl nach so vielen Jahren allein. In den ersten Wochen hatte sie angenommen, dass sich ihr Leben durch Ansgar völlig verändert hatte, doch jetzt schien sie in dasselbe Loch zurückzufallen. Die Bank rückte näher, und sie stellte fest, dass sie sich davor scheute. Sie war immer gern dort gewesen, hatte sich bereits am Sonntag danach gesehnt, am Montag in ihr Büro zu gehen. *Weil dein Leben pathetisch leer war … ist. Wenn du ehrlich bist, würdest du zugeben, dass du gar nicht arbeiten gehen musst.* Es stimmte, finanziell gesehen, konnte sie auch ohne Arbeit gut leben. Aber die Arbeit gab ihr etwas zu tun, eine Aufgabe, ein Ziel.

Sie hatte Ansgar, wenn man das so nennen konnte. Und sonst?

Nichts! Nicht mal ein vernünftiges Hobby. Sie bewegte sich ohne jegliche Familie, ohne Identität in einem Vakuum. Es war, als impfe ihr dieses Nichtwissen so viel Unsicherheit ein, dass sie sich fühlte, als ob sie kein Recht auf dieses Leben hatte. Irgendwie krank.

Sie rief ihre Freundin Claudia an und verbrachte eine Stunde am Telefon. Doch schlauer war sie nach dem Gespräch nicht. Claudia hatte ihr Mut gemacht, allein loszuziehen und die Welt zu erkunden. Ihre Freundin war viel mutiger und flog nach Afrika und China, wenn sie das gerade interessierte.

Lena griff nach den Reiseprospekten, sie würde wieder an die Nordsee fahren. Wenn sie zurückkam, würde sie sich endgültig um den Verkauf der Villa kümmern. Was bedeutete, sie musste sich von den meisten Möbeln und Erinnerungen trennen, das Einzige, was sie noch mit den von Schweigs verband.

KAPITEL ACHTZEHN

Ellie

In den frühen Morgenstunden erreichten sie Gotenhafen. Ellie hatte kaum geschlafen, die Enge und die schlechte Luft machten ihr zu schaffen. Jammern, Weinen, Husten und Stöhnen füllten den Raum.

Auch hier hielt sie im funzeligen Licht Ausschau nach Lenchen. Es ging nicht anders, sie musste sich vergewissern, musste alles Erdenkliche getan haben, um ihre Tochter zu finden. Ihre Mutter hielt die Augen geschlossen, doch Ellie wusste, dass sie nicht schlief. Vielleicht konnte sie so ein wenig Frieden finden.

In Gotenhafen strömten sie vom Schiff. Kinder und Frauen jeden Alters, Alte, Dutzende verletzter Soldaten.

»Da lang, laufen Sie weiter zum Bahnhof, nicht anhalten«, kam es von mehreren Wehrmachtssoldaten, die am Pier standen.

Ellie reckte den Hals, doch umzingelt von so vielen wogenden Körpern war es unmöglich, zu erkennen, wohin der Weg führte. Sie hakte ihre Mutter unter, und zusammen ließen sie sich von der Menge treiben. Das Bahnhofsgebäude mit den großen Glasfenstern war zum Teil zerschossen. Im Inneren häufte sich Schutt, den sie mit Mühe umgingen – Glassplitter knirschten unter den Schuhen. Die Bahnsteige waren genauso vollgepfropft mit Menschen wie die Schiffe in Pillau. Irgendwo trillerte eine Pfeife, Dampf stieg von einer Lokomotive auf, Türen knallten. Einige Mutige versuchten, sich außen auf die Trittbretter zu stellen.

»Nur für Militär«, brüllte ein Schaffner böse und zog die ungewollten Passagiere grob herunter.

Ellies Magen knurrte. Sie hatte gestern nur eine Mahlzeit gegessen, im Lazarett, irgendwann am Morgen. Danach war alles zu schnell gegangen, und mit einem Mal verspürte sie unbändigen Hunger.

Sie half ihrer Mutter zu einem Wandplatz am Ende des Bahnsteigs und machte sich auf die Suche nach Proviant. Doch es gab nichts, nur eine Wasserpumpe, vor der sich eine Schlange gebildet hatte. Ellie besaß nicht mal einen Becher, und auch wenn ihr Mund vor Durst brannte, lohnte es kaum, hier anzustehen. Sie fragte sich, wie ihre Mutter alles aushielt, ohne sich je zu beschweren, vor allem nach der Operation.

Automatisch folgte Ellie jedem Kind mit ihren Blicken, schaute ihnen prüfend ins Gesicht. Jedes Mal fühlte sie einen winzigen Stich der Enttäuschung, tief im Herzen, wo sie die Erinnerungen an ihre Tochter und ihre Liebe für Lenchen trug.

Unverrichteter Dinge kehrte sie zu ihrer Mutter zurück, die noch genauso wie vorhin dasaß. »Ich habe nach einer Ausgabestelle für Essen gesucht, aber nichts gefunden.«

Ihre Mutter schwieg, nur ihre Zunge fuhr über die rissigen Lippen – Margarete war genauso durstig wie sie selbst.

Nach einigen Minuten ging Ellie noch einmal los. So überfüllt, wie der Bahnhof war, konnte es Tage dauern, bis sie hier fortkamen. Sie würde verdursten oder zumindest schwach werden, wenn sie nichts fand, denn der Zug würde wahrscheinlich auch Tage unterwegs sein.

Am Durchgang zur Halle hockte ein kleines Mädchen und weinte. Sie konnte kaum älter als Lenchen sein, und Ellie ging das Herz auf.

»Hast du deine Mama verloren?« Das Kind nickte, während Ellie ihm die Tränen von den Bäckchen wischte. »Soll ich hier mit dir warten? Sie kommt bestimmt gleich zurück.« Wieder das Nicken.

»Wie heißt du denn?«

»Biene.«

»Meinst du *Sa*bine?«

Die Kleine schüttelte den Kopf.

»Ich heiße Ellie. Ich habe auch ein kleines Mädchen«, entfuhr es ihr.

»Ist sie hier?«

In Ellies Hals wuchs ein Kloß. Sie räusperte sich. »Sie ist schon vorgefahren.«

»Bienchen, da bist du ja!« Neben Ellie tauchte eine Frau auf, an der Hand einen Jungen um die sechs. »Ich habe dich überall gesucht.« Sie beugte sich herunter und hob das Kind hoch. »Du solltest doch warten.« Die Mutter schaute Ellie misstrauisch an. »Was machen Sie mit meiner Tochter?«

Ellie richtete sich auf. »Sie weinte so schrecklich, da habe ich sie getröstet.«

»Das ist Ellie, sie hat auch ein kleines Mädchen«, kam es von Biene.

»Ach ja?« Die Frau betrachtete Ellie, als versteckte sie das Kind in der Manteltasche. »Wo ist sie denn?«

Mit einem Mal verschwamm die Frau, Ellie schluchzte laut und lief, so schnell sie es durch das Gedränge schaffte, nach draußen. Irgendwann wurde sie langsamer, und als sie wieder sehen konnte, stand sie am Hafen. Ein weiteres Schiff war angekommen, und die Passagiere quollen auf den Pier und hasteten davon. Die Soldaten riefen ihren Spruch, den Hafen so schnell wie möglich zu räumen. *Sollen sie mir doch den Buckel runterrutschen.*

Sie lehnte sich an einen der Poller und schaute den drängelnden Menschen zu. Es hörte nie auf, diese suchenden, verzweifelten Menschen. Einer von ihnen hatte ihr Lenchen mitgenommen, wohl in der Annahme, dass sie ihre Mutter verloren hatte.

Zum ersten Mal seit Tagen dachte Ellie an Albert. Sie sehnte sich nach seiner Umarmung, ein paar lieben Worten, die ihr zerrissenes Herz ein wenig beruhigen konnten. Aber falls er überlebte und sie sich fanden, würde er sie für den Verlust ihrer Tochter verantwortlich machen. Sie hatte den falschen Weg gewählt, war durch ihr Zaudern in die Hände der Russen gefallen. Vielleicht war es besser, wenn sie sich nicht fanden. Ach, sie wusste nicht mehr, was sie denken sollte. Der Krieg hatte ihr Leben zerstört und ihr Lenchen gestohlen.

»Was machen Sie hier?« Der Wehrmachtssoldat schaute sie neugierig und ein wenig mitleidig an.

Ellie schaute auf. Der Mann war groß und blond und erinnerte sie an Albert. »Ich weiß nicht, ich …« Das Gesicht des Soldaten wackelte, oder war sie es? Dann eilte der Boden auf sie zu, und es wurde schwarz.

Ellie erwachte auf einer Bahre in einem Zelt. Sie musste aufhören, in Ohnmacht zu fallen. Ihr ganzes Leben war sie kräftig gewesen, hatte anpacken können. Jetzt schlackerten ihr ständig die

Knie. Sie setzte sich auf, worauf die Zeltwände erneut zu wackeln begannen.

»Nicht so eilig.« Eine Rot-Kreuz-Schwester beugte sich über sie. »Wann haben Sie zuletzt gegessen … getrunken?«

»Gestern Morgen, ich habe keinen Becher mehr.«

»Hier.« Die Schwester reichte ihr eine Blechtasse. »Kamillentee mit Zucker.«

Ellie trank. Der Tee war lauwarm, doch sie hatte lange nicht so etwas Erfrischendes getrunken.

»Setzen Sie sich langsam auf, die Füße zu Boden, damit Ihr Kreislauf in Schwung kommt.«

Ellie zog die Decke von ihren Knien und ließ die Beine baumeln. »Wo bin ich?«

»In der Nähe des Hafens, es war so wenig Platz, wir mussten unsere Station hier aufbauen.« Die Schwester machte sich in einer Kiste zu schaffen und legte einen Apfel, Kommissbrot und eine gekochte Kartoffel auf einen Teller. »Essen Sie.«

Ellie biss in den Apfel. Oh, welche Wonne. »Danke, dass Sie mir helfen.«

»Reisen Sie ganz allein?« Die Frage der Schwester klang arglos, und da war wieder das Mitleid.

»Meine Mutter wartet am Bahnhof. Aber es sind so viele Menschen, wir werden tagelang warten müssen.« Ellie zögerte. Es tat gut, endlich mal reden zu können, vor allem, weil sie seit der Scheune nicht mal mehr ihre Mutter zur Unterstützung hatte. »Ihr geht es nicht gut, die Russen haben sie …«

Mehr brauchte man in diesen Tagen nicht zu sagen. Jeder wusste, was die Russen zu tausenden taten, in ihrer Wut und ihrem Rausch, die Deutschen zu bezwingen. Sie hatten selbst unter dem deutschen Angriff gelitten, viele Millionen waren gestorben. Jetzt waren sie an der Reihe. Wer konnte es ihnen verwehren? Sie taten, was alle angreifenden und siegreichen Streitkräfte taten: ihre Dominanz an hilflosen Frauen und Mädchen auslassen.

Die Schwester trat zu ihr an die Bahre. »Dann müssen Sie sie da rausholen.« Ihr Ton klang vorwurfsvoll.

»Ich wollte etwas zu essen finden«, erklärte Ellie, »und dann ist mir die Kraft ausgegangen.«

Die Schwester tätschelte ihre Schulter. »Es tut mir leid, ich wollte Sie nicht kritisieren. Es ist so viel Elend da draußen, so viele Menschen leiden.« Sie betrachtete Ellie nachdenklich. »Können Sie laufen?« Als Ellie nickte, fuhr sie fort. »Ich schicke den Gefreiten Schnabel mit. Der kann Ihnen und Ihrer Mutter unter die Arme greifen.«

»Wohin sollen wir denn?«, krächzte Ellie. Ihr war schon wieder zum Weinen zumute.

Die Schwester lugte aus dem Zelt. »Heute Abend fährt ein Schiff weiter nach Swinemünde. Ist fast nur Militär erlaubt, aber ein paar Plätze sind für besondere Fälle reserviert.«

Und so nahmen Ellie und ihre Mutter am selben Abend ein weiteres Schiff. Sie saßen in der hinteren Ecke unter einer Treppe. Schnabel hatte ihnen ein paar Decken besorgt, und Margarete schlief bereits, nachdem sie von der Schwester, die ebenfalls an Bord gegangen war, eine Portion Suppe mit Pferdefleisch bekommen hatten.

Ellie lag neben ihr und beobachtete das Treiben unter Deck. Der gesamte Raum der ehemaligen Fähre war mit Decken und Bahren ausgestattet, auf denen hunderte Soldaten lagen. Viele schliefen, andere stöhnten oder unterhielten sich leise mit ihren Kameraden. Die Schwester von eben lief hin und her und verabreichte Medikamente, maß Fieber und wechselte Verbände, während der Gefreite die Männer mit Wasser und Tee versorgte.

Mehrmals sprach der Gefreite mit der Schwester, bis Ellie ein Licht aufging. Ihr Umgang miteinander wirkte so vertraut, der junge Mann, der kaum achtzehn Jahre alt sein konnte, musste der Sohn oder Neffe der Schwester sein. Sie hatte es irgendwie geschafft, ihn vor dem letzten großen Angriff der russischen Armee zu retten – zumindest für den Moment. Wer wusste, was Hitler oder Stalin als Nächstes taten?

Irgendwann schlief Ellie ein, versteckt hinter der Treppe, eingewickelt in eine saubere Decke, das Brummen der Motoren unter ihr wie ein Schlaflied. Es war die erste erholsame Nacht, seit ihre Flucht begonnen hatte.

»Danke«, sagte Ellie, als sie am folgenden Tag in Swinemünde einliefen. Auch ihre Mutter nickte, ein gutes Zeichen, dass sie die Nettigkeiten der Schwester registriert hatte.

Die Schwester lächelte. »Sie sehen etwas besser aus. Ich wünsche Ihnen alles Gute, dass Sie mit Ihrer Mutter sicher irgendwo ankommen.«

»Wo wollen Sie hin?«

»Mal schauen, ich will zu meiner Tante nach Berlin.« Ihr Blick folgte dem Gefreiten, der in der Nähe Geschirr einsammelte.

»Und Ihr Sohn?«

Die Schwester lächelte. »Das haben Sie mitbekommen. Wir müssen vorsichtiger sein. Zum Glück kenne ich seinen Vorgesetzten, einen alten Schulfreund.« Sie runzelte die Stirn. »Mal schauen, was passiert, wenn wir an Land gehen. Ich traue dem Ganzen nicht. Die russische Armee wird sich nicht mehr aufhalten lassen.«

Die Worte der Schwester hallten durch Ellies Kopf, als sie vom Hafen in Richtung Bahnhof gingen.

»Wollen wir nicht hier bleiben?« Ellie erstarrte, denn es waren die ersten klaren Worte, die ihre Mutter geäußert hatte. »Dann ist es für den Rückweg nicht so weit.«

Ellie hakte Margarete unter, damit sie in dem Gedränge der Reisenden nicht weggerissen wurde. Wie sollte sie ihrer Mutter antworten … dass sie bezweifelte, je heimzukönnen? Sie horchte der Ansage, die einen Zug nach Stettin ankündigte.

»Lass uns erst mal dorthin fahren. Ist nicht mehr so weit, nur ein paar Stunden.«

Ihre Mutter nickte ergeben.

Ellie blinzelte. Sie hatte Lenchen verloren, die irgendwo in dieser Welt herumwanderte und sich fragte, wo ihre Mami geblieben war. Sie würde nach ihrer Tochter suchen, sobald sie irgendwo zur Ruhe gekommen waren. Wie, das würde sich finden. Sie stellte sich vor, dass Lenchen für die Reise nach Westen eine gute Ersatzmutter gefunden hatte, eine nette Frau, die Lenchen liebte – bis Ellie sie wiederfand.

Jetzt musste sie sich um ihr neues Kind kümmern: ihre Mutter, die nach der Scheune eine andere geworden war.

KAPITEL NEUNZEHN

Lena

Mehr als eine Woche hielt es Lena am Strand nicht aus. Es war Hauptferienzeit, und Strände, Promenaden und Restaurants wimmelten von Familien und kleinen Kindern. Sie machte lange Spaziergänge in den Dünen, ging essen, schrieb zwei Postkarten an Ansgar und zerbrach sich den Kopf, wie sie mehr über sich herausfinden konnte.

Am Ende kehrte sie unverrichteter Dinge zurück und stürzte sich auf das neue Projekt, den Inhalt der Villa einmal ganz zu sichten, zu sortieren und auszuräumen. Es würde dauern, aber sie konnte, wenn sie wieder in der Bank war, nach der Arbeit hin, und die Wochenenden waren ja auch noch da.

Am Tag, bevor sie in die Bank zurückkehrte, durchforstete sie den Schreibtisch ihres Vaters. Die Akten hatte sie bereits aussortiert, jetzt ging es um Kleinzeug. In der unteren Schublade fand sie eine Zigarrenkiste mit einem Stapel Fotos, die ihr neu waren.

Sie knipste die Schreibtischlampe an und beugte sich über die Bilder. Unter Farbaufnahmen von irgendwelchen Feiern, wo sie zum Teil auch drauf war, lagen quadratische Schwarz-Weiß-Fotos, darunter alte Pässe. Lena hob die Bilder näher ans Licht. Ihr Adoptivvater, ein junger Hans von Schweig, posierte neben seinen Eltern und einem zweiten jungen Mann, den Lena nicht kannte. Vielleicht war es ein Freund der Familie. Darunter kamen Bilder von Hans und anderen Männern in Uniform und schwarzen kniehohen Stiefeln. Und dann sah sie es: An Hans von Schweigs Kragen prangte das Emblem der SS und an seinem Arm die Armbinde mit Hakenkreuz.

Lenas Hand sank auf den Schreibtisch. Ihr Vater war bei der SS gewesen? Kein Mensch hatte je ein Wort darüber verloren. Das musste damals in Ostpreußen gewesen sein.

Er war auch nach dem Krieg überall ein- und ausgegangen, hatte die führenden Männer aus Politik und Wirtschaft persönlich gekannt – als sei nichts geschehen, als wären nicht Millionen Menschen in KZs ermordet worden, viele weitere Millionen Soldaten und Zivilisten in diesem sinnlosen Krieg umgekommen. Hans von Schweig war überzeugter Nazi gewesen.

Wie er auf dem Foto lächelte. Lena wurde mit einem Mal schlecht. Es war eine Sache, den Namen von Schweig mit der Aristokratie in Verbindung zu bringen. Es war eine ganz andere, zu wissen, dass er im Dritten Reich zu den Mördern gezählt hatte. Sie schämte sich, selbst wenn sie keine echte von Schweig war. Oh, wie sie sich wünschte, ihn und Katarina zur Rede zu stellen. Jetzt und hier, als Erwachsene, die sich nicht mehr einschüchtern ließ.

Sie sortierte durch den Rest der Fotos und legte sie dann beiseite. Sie würde sie noch mal mit der Lupe anschauen, vor allem den jungen Mann neben Hans. Von einem Bruder war nie die Rede gewesen.

Lena verpackte die Zigarrenkiste, Fotoalben und persönliche Dokumente, den Stammbaum und einige gerahmte Familienfotos sowie den Nähkorb ihrer Mutter, den sie als Kind immer bewundert hatte. Er war aus Rohr geflochten und innen mit rot-weiß gestreiftem Stoff ausgeschlagen. Auch wenn der Korb mit allen Utensilien ausgestattet war, hatte ihre Mutter nie genäht, aber hier und da etwas gestickt, und Lena hatte ihr beim Sortieren der bunten Garne zugeschaut.

Nachdem sie die Sachen im Kofferraum verstaut hatte, machte sie ein Inventar der Gemälde. Einige bekannte Namen waren dabei, sie würden versteigert. Im Schlafzimmer ihrer Mutter ging sie durch den Schrank und die Kommoden, doch es gab nichts als Designerkleidungsstücke, die sie nie anziehen würde. Sie würde die Sachen spenden, vieles war kaum oder gar nicht getragen.

Zum Ende des Tages stieg sie in den zweiten Stock, wo sich Dienstbotenzimmer aneinanderreihten. Ihr Blick blieb an der Deckentür hängen, durch die man auf den Dachstuhl gelangte. Hier war sie noch nie gewesen.

Das Licht filterte durch die Dachziegel und zwei Firstfenster. Sie schaltete die Taschenlampe ein und schaute sich um. Es war offensichtlich, dass hier oben jahrelang niemand gewesen war. Am hinteren Ende unter der Schräge, begraben unter Vogel- und Mäusedreck, standen Dutzende Kartons. Sie öffnete einen … Spielsachen, an die sie sich dunkel erinnerte, Kleidung aus ihrer Kindheit, mehr Akten. Die vorletzte Kiste ließ sie stutzen, denn sie war sorgsam mit einer Plastikhülle umgeben.

Lena hustete, denn tausende Staubpartikel schwebten im Schein der Taschenlampe. Im Inneren der Kiste lag Kleidung, und der Geruch von Mottenkugeln stieg ihr in die Nase.

Sie hob eins der Teile mit spitzen Fingern hoch, erwartete fast, dass ihr eine Maus entgegenkrabbelte. Aber da war nichts außer dem Knistern von Seidenpapier. Jemand hatte sich große Mühe gegeben, die Sachen einzupacken. Lena erwartete das Brautkleid ihrer Mutter oder einen besonderen Frack ihres Vaters. Aber im Licht der Lampe blitzten silberne Knöpfe mit Adler und Hakenkreuz auf. Sie erkannte Hans von Schweigs Uniform, die er auf dem Foto getragen hatte. Daneben lagen die Mütze mit dem silbernen Totenkopf und das Hakenkreuzarmband.

Lena fasste sich an den Hals, als ob eine unsichtbare Hand sie würgte. Jeder andere hatte seine Sachen nach der Kapitulation zerstört, um nicht mit Hitlers Regime in Verbindung gebracht zu werden. Nicht so ihr Vater, der hatte seine Uniformen offensichtlich so sehr geliebt, dass er sie wie Museumsstücke gepflegt hatte. Soweit sie wusste, war es verboten, historische Sachen mit Hakenkreuz zu besitzen. Sie würde bei einem Museum nachfragen und die Sachen spenden.

Als sie wieder nach unten stieg, fiel ihr Blick zufällig in das Esszimmer, in dem bis auf die Möbel nichts stand. Eine Glasscheibe im unteren Teil des Fensters war zerschlagen. Sie hätte es fast nicht bemerkt, denn ein Teil der Gardine hing darüber.

Sie trat näher. Glassplitter und krümelige Erde verschmutzten den Teppich. Auf der Fensterbank entdeckte sie einen lehmigen Fußabdruck. Jemand hatte sich Zugang verschafft. Ein Schauer lief über Lenas Rücken. Sie schaute nach draußen, doch außer Rhododendrensträuchern war nichts zu sehen. Der Ort war gut gewählt, wer immer hier eingedrungen war, konnte von der Straße nicht gesehen werden. Sie musste einen Glaser beauftragen, obwohl es einen Dieb offensichtlich nicht abhielt. Ihr fiel das Silberbesteck ein, das im Esszimmerschrank lagerte. In der Schublade fehlte ein Teil der vierundzwanzigteiligen Garnitur. Nicht alles, aber genug, dass die zwölf Bestecke nicht mehr vollzählig waren. Sie hätte schwören können, dass einige Silbertabletts und Kerzenleuchter ebenfalls fehlten.

Auf dem Weg nach Hause hielt sie spontan bei Ansgar. Sie hatten sich seit ihrer Rückkehr vom Meer nur an den Wochenenden gesehen, doch sie musste ihm von den Fotos erzählen – und von dem Einbruch.

»Ich dachte schon, du hättest mich vergessen«, sagte er grinsend. Er zog sie in den Flur und küsste sie hart auf den Mund. Ihr Inneres erwachte zum Leben, in ihren Ohren summte es. Sie vergaß, warum sie gekommen war, vergaß alles außer diesen Mann.

Erst als sie atemlos und ineinander verschlungen im Bett lagen, fiel ihr der Grund ihres Besuchs wieder ein.

»Lass mal sehen.« Ansgar machte sich das Kopfkissen zurecht und schaltete die Nachttischlampe an.

»Du willst nur, dass ich nackt vor dir rumlaufe.«

Wieder das Grinsen. »Ein kleiner Bonus?«

Sie gab ihm einen Klaps auf den Oberarm und eilte in den Flur, wo sie ihre Tasche achtlos fallen gelassen hatte.

»Was soll ich wegen des Einbruchs machen?« Lena reichte Ansgar das Foto.

»Der Polizei melden und die Scheibe erneuern lassen.«

»Sonst nichts?«

»Das klingt nach Peter Pries, kleiner Ganove. Hätte er Mumm oder wüsste, was er tut, hätte er mehr mitgehen lassen.«

»Was hindert ihn daran, es wieder zu versuchen?«

»Nichts. Wenn er Geld braucht, wird er es wieder versuchen. Sieh zu, dass du die Villa schnellstmöglich ausräumen lässt.« Ansgar studierte das Foto. »Dein Vater steht links, in der Mitte sind wohl seine Eltern, und der junge Mann rechts ist wer? Der Bruder?«

»Keine Ahnung, das ist es ja, Hans hat nie etwas von einem Bruder erwähnt.«

Ansgar drehte das Foto um. »Von 1928. Dein Vater war um die achtzehn. Der andere Mann wirkt jünger. Ich tippe auf den Bruder. Sie stehen als Einheit da, ist ein Familienportrait. Da lädt man keine Freunde zu ein. Jedenfalls damals nicht.«

»Warum hat ihn nie einer erwähnt?«

»Vielleicht ist er direkt am Anfang des Krieges gefallen.« Ansgar reichte ihr das Foto. »Passierte ja öfter, und die Familie war zu traurig, um darüber zu sprechen.«

»Dann hätte ich ein Foto im Haus erwartet, etwas, das an den Toten erinnert.«

»Stimmt.« Ansgar schwang die Beine aus dem Bett. »Irgendwas stimmt hier nicht.«

»Und ich kann niemanden fragen.«

»Was ist mit deiner Tante Anna? Die war doch auf der Flucht dabei. Vielleicht weiß die, wer das ist.«

»Gute Idee.« Lena stellte sich provokativ vor Ansgar. »Du willst doch wohl noch nicht aufstehen.«

Ihr Freund grinste. »Hast du Pläne?«

Lena drückte ihn rückwärts aufs Bett. »Und ob.«

Sobald sie daheim war, rief Lena ihre Tante an. Es war fast zehn Uhr abends, doch sie konnte nicht warten. Morgen musste sie in die Bank zurück und würde nach der langen Abwesenheit alle Aufmerksamkeit und Nerven benötigen.

»Lena, wie schön.«

»Ich bin beim Durchsehen der Villa auf ein paar Fotos der von Schweigs gestoßen«, erklärte Lena. »Es gibt ein Familienbild von Hans und seinen Eltern, so um 1928 aufgenommen. Darauf ist ein zweiter junger Mann zu sehen. Weißt du, wer das ist?«

Für einen Moment war es still in der Leitung, dann sagte Anna: »Keine Ahnung. Hans war immer distanziert. Er lernte Katarina 1935 kennen. Katarina hat nie etwas erwähnt. Meinst du, das ist ein Bruder?«

»Möglich.« Lena seufzte. »Aber ich habe niemanden, den ich fragen kann. Der Mann könnte theoretisch noch leben.«

»Der wäre um die achtzig.«

»Genau.«

»Du hattest doch den Stammbaum erwähnt. Ist er da drauf?«

Lena suchte das Dokument heraus, das aufgerollt in einer der Kisten steckte, die sie mitgenommen hatte. Hans' Eltern, Groß- und Urgroßeltern waren erwähnt. Neben Hans gab es eine leere Stelle. »Sieht so aus, als könnte da jemand gestanden haben. Ist aber nicht mehr zu sehen, ob oder was da stand.«

Anna seufzte. »Es tut mir leid. Mit der Seite der Familie hatte ich nie zu tun, ich mochte sie nicht wirklich.«

»Wusstest du, dass Hans bei der SS war?«

Wieder der Seufzer. »War schwer zu übersehen, wenn er mit Uniform und Knobelbechern in der Stadt unterwegs war.«

»Warum hast du mir nichts davon erzählt?«

»Es gibt Dinge, mein Kind, die versuche ich zu vergessen. Katarina, deine Mutter, hat es nichts ausgemacht. Im Gegenteil, sie hat an den Feiern der Offiziere teilgenommen, war bei Empfängen in Berlin beim Führer. Ich habe es ehrlich gesagt nie verstanden.«

»Und nach dem Krieg?«

»Als wir nach der Flucht in Münster landeten, wurde nicht mehr darüber gesprochen. Wieso Hans am Ende nicht zum Dienst musste, weiß ich nicht. Er litt Jahre an schlimmem Rheuma, vielleicht hat er das als Entschuldigung vorgeschoben.« Als Lena nicht antwortete, fuhr sie fort. »Wie klappt es mit dem Verkauf der Villa?«

»Ich sortiere noch. Ab morgen gehe ich wieder arbeiten.«

»Hast du dir schon mal überlegt, etwas anderes mit deiner Zeit anzufangen? Das Geld brauchst du doch nicht.«

»Es hat mir immer Spaß gemacht.« Hatte es das wirklich, oder war die Bank nur eine Stütze gewesen, um nicht über ihr Leben nachdenken zu müssen?

»Sag Bescheid, wenn ich helfen soll. Ich möchte dich irgendwann besuchen.«

Schon nach der ersten Woche wieder in der Bank merkte Lena, dass sie jeden Tag widerstrebend ins Büro ging. Bereits um zehn Uhr sehnte sie sich nach der Pause, ab vierzehn Uhr schaute sie alle paar Minuten auf die Uhr. Sie hörte kaum zu, wenn ihr Chef Anweisungen gab, und ertappte sich mehrmals dabei, wie sie aus dem Fenster starrte.

Als sie am Freitag nach siebzehn Uhr das Büro verließ, war sie erschöpft, als hätte sie tagelang nachts wachgelegen. Gleichzeitig fiel eine Last von ihren Schultern. Sie hatte zwei Tage frei.

Auf dem Weg zur Pizzeria stoppte sie beim Heimathaus. Sie hatte alle Suchbücher durch – ohne Erfolg –, doch sie wollte schauen, ob jemand von der Gruppe zufällig anwesend war.

»Tut mir leid, ich darf keine Informationen herausgeben«, meinte die Dame, die immer freitags aushalf. »Kommen Sie doch zum nächsten Treffen am Fünfzehnten. Dann fragen Sie einfach. Die meisten von unseren Besuchern sind interessiert, neue Kontakte zu knüpfen und sich auszutauschen.« Sie schaute Lena freundlich an. »Sie sind die Dame, die ihre Familie sucht, richtig?«

Lena nickte. »Ich komme gerne.«

Lena hatte sich extra eher von Ansgar losgemacht, denn sie wollte pünktlich zum Heimathaus. Sie hatten nach einer längeren Radtour den Nachmittag in seinem Garten verbracht.

»Kennt zufällig einer von Ihnen die Familie von Schweig?«, fragte sie in die Runde, nachdem sich alle begrüßt hatten. »Sie sind aus Heiligenbeil über Pillau hier nach Münster.«

Die Vertriebenen, dieselben, die auch letztes Mal dagewesen waren, schüttelten den Kopf. Aus dem Augenwinkel meinte Lena zu sehen, dass der alte Mann zusammenzuckte.

»Walter, ihr kamt doch aus Heiligenbeil und du warst auch oft in Königsberg.« Anneliese Krause, die weißhaarige Dame, schaute sich im Kreis um. »Dem Namen nach zu urteilen, hatten die von Schweigs bestimmt ein Gut und wahrscheinlich eine Pferdezucht.«

Walter schüttelte den Kopf. »Ich war damals meist in Insterburg, dann an der Ostfront, erst zum Ende des Krieges kam ich nach Königsberg ins Lazarett.« Er deutete auf sein rechtes Auge. »Glas. Nicht schlecht, was?« Er lächelte. »Im Februar 45 sind wir nach Kiel, in ein weiteres Lager, später dann hierher.« Das Lächeln war verschwunden. »Wie lange leben Sie denn schon hier?«, fragte er Lena.

Sie zuckte mit den Schultern. »Ich glaube, meine Adoptivfamilie ist hier 1945 oder 1946 eingetroffen. Da muss ich dabei gewesen sein. Ich erinnere mich nicht.« Sie nahm sich vor, ihre Tante zu befragen.

»Und Ihre Eltern sind beide tot? Ich meine, Ihre Adoptiveltern.«

Lena nickte. »Sie haben sich wohl nie getraut, mir zu sagen, dass ich adoptiert bin.«

Tsk-Laute erklangen rund um den Tisch, begleitet von vehementem Kopfschütteln. »In den Büchern stehen Sie nicht?«, fragte Walter.

Lena schüttelte den Kopf. »Ich warte auf die Suchanfrage des DRK-Suchdiensts. Wer weiß, wie lange das dauert.«

Wieder das Kopfschütteln. »Kann eine Weile sein«, meinte Anneliese Krause.

Als sie sich voneinander verabschiedeten, reichte ihr die alte Dame die Hand. »Wenn Sie mal Zeit haben, kommen Sie vorbei.«

Zu ihrer Überraschung spürte Lena, dass sie lächelte. »Sehr gerne. Darf ich Sie anrufen?«

Sie tauschten Telefonnummern aus, und auf dem Heimweg freute sich Lena bereits auf das nächste Treffen. Es fühlte sich ein wenig wie Familie an, die Vergangenheit, auch wenn sie sich an nichts erinnerte, schweißte sie zusammen.

KAPITEL ZWANZIG

Ellie

Als Ellie und ihre Mutter im Stettiner Bahnhof eintrafen, verteilten einige Frauen Brote und Tee an die Ankömmlinge. Ellie wäre ihnen am liebsten um den Hals gefallen. Selbst ihre Mutter hatte nach dem Essen ein wenig Farbe in den Wangen, und ihr Blick wirkte nicht ganz so müde. In der Bahnhofshalle schaufelten ein paar alte Männer Schutt und Glasscherben.

»Vielleicht ist es ein Zeichen«, meinte Ellie. Sie nahm ihre Mutter an die Hand. »Lass uns rausgehen.«

Ein eisiger Wind wehte vereinzelte Schneeflocken durch die Straßen, die wie in Pillau und Gotenhafen vor Menschen überquollen. Die Ruinen zerbombter Häuser ragten wie verbrannte Knochen in den Himmel. In Haus- und Kellereingängen hockten Kinder mit leeren Augen und ein paar in Decken eingehüllte Alte.

Ellie blieb stehen, irgendwie hatte sie erwartet, hier weniger Zerstörung zu sehen. Ein Pferd mit eingefallenem Bauch, Hüftknochen scharf unter der Haut, zog einen Wagen, auf dem ein Mann mit blutigem Bein lag. Die Glocke einer zerborstenen Kirche hing schief im Turm und schlug bei jedem Windstoß dumpf gegen die Mauer.

Am liebsten wäre Ellie direkt wieder umgedreht, doch auch dieser Bahnhof war überlaufen. Erneut hakte sie ihre Mutter unter und wandte sich an eine Passantin, die einen Schlitten mit Säcken zog. »Wir suchen einen Ort, wo wir übernachten können.«

Die Frau rümpfte die Nase, als wolle sie weder anhalten noch antworten. Erst als sie Ellies Mutter sah, blieb sie stehen. »Hier rechts entlang, einen halben Kilometer, ist das Winterhilfswerk in einer Schule untergebracht.« Sie senkte den Kopf und stemmte sich gegen den Wind.

Die Schule war kaum zu übersehen. Überall wuselten Menschen, der Duft von etwas Gekochtem stieg Ellie in die Nase. Im Eingang lehnte ein Mann mit einer roten Armbinde und rauchte.

»Können meine Mutter und ich hier übernachten?«, fragte Ellie.

Der Mann musterte sie gelangweilt. »Geht rein und fragt an der Suppenausgabe.«

Im Flur hingen noch gekrakelte Bilder von Grundschülern, ein zerfetztes Plakat der Hitlerjugend. Der Duft von Essen wurde stärker, und Ellie zog ihre Mutter mit. Am Eingang zur Turnhalle blieb sie abrupt stehen. Der Boden war mit Stroh, Decken und Pritschen bedeckt. In der Mitte standen Tische mit dampfenden Kesseln. Doch der Weg dahin war lang, eine Schlange von mindestens fünfzig Menschen mit allen möglichen Gefäßen in der Hand wartete.

Ellie fragte sich, wo sie einen Becher oder Napf herbekommen sollten. »Stell dich in die Schlange, Mutter, ich komme gleich wieder.« Sie wandte sich an die vier Frauen, die bereits hinter ihnen standen. »Ich warte hier mit meiner Mutter, muss eben was erledigen.«

Wieder im Flur rannte Ellie zum Ausgang zurück. Der Mann mit der Armbinde war verschwunden. Mehr Menschen quollen hinein. Sie musste *jetzt* jemanden finden, bevor es keine Schlafplätze mehr gab. Panik kroch in ihr hoch, ein hässlicher Druck hinten im Hals, der das Atmen erschwerte. Sie eilte zurück ins Innere der Schule. Hinter dem verlassenen Tresen befand sich das ehemalige Büro. Sie klopfte und trat ein.

Ein Mann in einer Uniformjacke ohne Embleme saß am Tisch und sortierte Bezugsscheine. Er sah erst auf, als Ellie vor ihm stand. »Entschuldigung, meine Mutter und ich sind neu in der Stadt. Sie ist krank, und wir benötigen eine Schlafstelle.«

»Sind Sie in Stettin registriert?«

»Wo kann ich das tun?«

Ein flüchtiges Grinsen erhellte das Gesicht des Mannes. Sein Kinn war dunkel mit Bartstoppeln, und ein strenger Geruch ging von ihm aus. »Wie heißen Sie denn?«

Ellie gab ihre Namen und Geburtsdaten an.

»Wie lange wollen Sie bleiben?«

»Wir wollen hier in Stettin wohnen.«

Der Mann, der ihre Daten auf einer Liste eingetragen hatte, zögerte. »Gute Frau, sind Sie sicher?« Er schaute sie eindringlich an. »Die Stadt ist schon halb zerstört. Es gibt kaum intakte Wohnungen und fast nichts mehr zu essen. Fahren Sie weiter bis in den Westen, da haben Sie bessere Chancen.«

»Meine Mutter will nicht so weit fort von daheim … Ostpreußen.«

Der Mann öffnete den Mund, schloss ihn wieder. Sein Ausdruck wirkte finster, als wolle er sie warnen. »Verstehe.« Er zählte Essensmarken ab und reichte sie Ellie. »Für die nächsten vier Tage. Danach müssen Sie neue holen.«

»Wir brauchen Becher … Geschirr. Auf dem Weg ist alles weggekommen.«

Der Mann seufzte, dann stand er auf und öffnete einen Schrank. Als er zurückkehrte, reichte er Ellie zwei Blechbecher und Löffel. »Sagen Sie nicht, dass die von mir kommen. Sonst werde ich überrannt.«

Ellie lächelte dankbar. Die Tür schwang auf, drei Frauen in DRK-Uniformen strömten herein.

Als Ellie und ihre Mutter die Marken abgaben, bekamen sie ihre Becher gefüllt, wässrige Suppe mit ein paar Steckrübenstücken. Die Dame daneben händigte ihnen Decken aus und wies ihnen eine Schlafstelle am hinteren Ende der Sporthalle zu.

Sie hockten sich auf den Boden und schlürften die Suppe, die nach nichts schmeckte, aber noch lauwarm war. Zum Glück zog es hier hinten nicht so wie am Eingang.

Während ihre Mutter ein Nickerchen machte, lag Ellie auf dem Rücken und starrte an die Decke. Das anfängliche Gefühl, irgendwo angekommen zu sein, war verflogen. Der Mann hatte recht, die Stadt war kaputt und voller Flüchtlinge. Es gab kaum noch Proviant. Wie sollten sie alle hier auf Dauer leben?

Wohin? Das war die große Frage. Ihre Mutter war nach der Operation noch schwach und durfte nicht tagelang im Kalten unterwegs sein. Ellie musste sie überzeugen, dass sie hier nicht bleiben konnten. Sie würde sich umhören, wo andere hinfuhren, wo der Schienenverkehr noch funktionierte.

Jeden Tag ging Ellie nach dem Frühstück, einer Scheibe mit

Sägemehl angereichertem Kommissbrot und einer Tasse undefinierbaren Tees, auf die Straßen und befragte die vorbeiziehenden Menschen, wo sie sich niederlassen wollten. Viele wollten bleiben, andere waren auf dem Weg zum Bahnhof, sprachen von Angehörigen in Berlin und Hamburg. »Hauptsache Westen«, sagten sie, »weit weg von hier.«

Am Stettiner Bahnhof studierte Ellie die Züge. Viele fuhren in Richtung Mecklenburg nach Westen und über Brandenburg in Richtung Berlin. Machte es Sinn, in die Hauptstadt zu fahren, wenn die Russen dorthin wollten? Immer wieder wurde geflüstert, dass der Iwan nicht zu stoppen war. Ihre Gedanken kehrten zu Lenchen zurück, ihr Herz zog sich automatisch zusammen, und der Schmerz nahm ihr den Atem. Im täglichen Kampf schaffte sie es für einige Minuten, nicht an ihre Tochter zu denken oder sich zu fragen, wo sie wohl steckte. Doch dann sah sie ein Kind oder hörte jemanden weinen. Immer noch wanderte ihr Blick von Gesicht zu Gesicht. Wie musste es Lenchen in diesem Chaos gehen? Hatte sie zu essen? Welch schreckliche Angst musste sie ausstehen, mit jemand Fremdem zu reisen.

Nachts, wenn Ellie bewegungslos neben ihrer Mutter lag, wanderten ihre Gedanken zu dem schrecklichen Tag. Sie träumte davon, wie sie Lenchen versteckte oder vor den Russen floh und ihre Tochter in Sicherheit brachte. Dann kehrte die Realität zurück, die kalte Gewissheit, dass sie Lenchen verloren hatte und es immer unwahrscheinlicher wurde, sie je wiederzusehen.

Nach vier Tagen erschien Ellie wieder im Büro und erhielt weitere Rationskarten, die ihnen kaum mehr als Brot und Wassersuppe brachten. »Immer noch hier?«, kommentierte der Mann, dessen Bart noch länger gewachsen war.

Ellie zuckte mit den Schultern. »Meiner Mutter tut die Pause gut.«

Eine Falte erschien zwischen den Brauen des Mannes. »Warten Sie nicht zu lange. Es wird vorläufig nicht besser.« Er winkte sie näher. »Iwan liegt kaum sechzig Kilometer von hier. Je nach Windrichtung hört man das Grollen der Artillerie.« Er schaute Ellie eindringlich an. »Die Wehrmacht ist geschlagen. Machen Sie, dass Sie von hier fortkommen.«

Ellie schauderte. Ihre Mutter würde einen zweiten Überfall der Russen nicht überleben.

Wieder in der Turnhalle setzte sich Ellie neben ihre Mutter. »Wir sollten weiterfahren.«

Margarete starrte geradeaus. »Ich habe gerade überlegt, dass ich im Sommer wieder Pferde züchten will.«

Ellie biss sich auf die Unterlippe. »Mal schauen, was bis zum Sommer passiert.« Sie stand auf. »Ich schaue mich noch ein wenig um.« In Wirklichkeit wollte sie zum Bahnhof. Die Wehrmacht organisierte die Züge, und sie musste für ihre Mutter und sich einen Platz ergattern. Wenn die Russen kamen, würde hier absolutes Chaos ausbrechen. Sie war schon einmal zu spät gewesen, hatte die Lage unterschätzt. Friedrich war dafür gestorben, und Lenchen …

Als sie den Bahnhof betreten wollte, wurde sie von einem Feldgendarmen gestoppt. »Nur mit Evakuierungsschein.« Er winkte einem Lastwagen zu, aus dem Wehrmachtssoldaten mit müden Gesichtern sprangen und an ihm vorbei in den Bahnhof marschierten.

»Wo bekomme ich den?«, rief Ellie über das Getöse der Trillerpfeifen und das Geschrei der Kinder.

»Fragen Sie bei der Stadt … oder der Volkswohlfahrt.«

Ellie drängte sich durch die Menschen auf die Straße. Irgendwo hatte sie ein Schild der Volkswohlfahrt gesehen.

Als sie viele Stunden später in die Turnhalle zurückkehrte, saß ihre Mutter apathisch auf ihrer Decke.

»Ich habe die Evakuierungsscheine, damit wir weiterfahren können«, platzte Ellie heraus. »Ich musste ewig Schlange stehen.«

Ihre Mutter schaute sie mit müden Augen an. »Ich will nicht weiterfahren. Wie weit sollen wir denn noch? Wir müssen doch den ganzen Weg zurück, wenn das hier vorbei ist.«

Ellie ergriff die Hände ihrer Mutter. »Bitte, Mama, weißt du, wie lange der Krieg noch dauern wird?«

Ihre Mutter schüttelte den Kopf.

»Ich auch nicht.« Ellie senkte ihre Stimme. »Ich habe gehört, dass die Russen kaum sechzig Kilometer von hier stehen. Wir *müssen* weiter …« Die restlichen Worte blieben Ellie im Hals stecken.

Ihre Mutter bebte. »Ich kann das nicht mehr lange. Ich fühle mich so schwach.« Sie schaute Ellie an, ihre Augen voller Tränen. »Ich weiß, dass ich dir zur Last falle. Ich kann nicht …«

Ellie zog ihre Mutter an sich und drückte sie fest. »Ich passe auf dich auf. Wir werden einen Weg finden.«

Wohin, fragte ihr Kopf. Sie fühlte sich wie ein ausgetrocknetes

Blatt, das vom Wind immer wieder aufgegriffen und verweht wird.

Es gab keinen festen Platz, keine Zugehörigkeit, keine Heimat mehr. Und doch durfte sie den Mut nicht verlieren. Lenchen war da draußen und brauchte sie. Mit einem Seufzer stand sie auf. »Ich hole uns was zu essen. Sieht so aus, als hätten sie neue Rationen.«

Am Morgen machten sie sich erneut auf den Weg zum Bahnhof. Ellie zeigte ihre Evakuierungsscheine, und sie wurden durchgelassen. Am frühen Nachmittag ertönte aus dem Lautsprecher eine Durchsage: *»Evakuierungszug in Richtung Schwerin, Gleis 4. Zutritt nur mit Erlaubnisschein!«*

Ellie sprang auf und zog ihre Mutter auf die Füße. »Schnell jetzt. Vielleicht schaffen wir es.« Eine HJ-Truppe und eine Handvoll Wehrmachtssoldaten standen entlang des Zuges und sorgten dafür, dass die Leute sich in einer Reihe aufstellten. Hunderte warteten bereits, als Ellie und ihre Mutter Gleis 4 erreichten.

Vor ihnen brachen Schreie aus. »Lassen Sie mich durch. Ich muss in den Zug.« Eine Frau um die vierzig, zwei halbwüchsige Kinder neben sich, fuchtelte mit den Armen. »Bitte, lassen Sie wenigstens die Kinder einsteigen.«

Ihr Flehen half nicht. Zwei Gendarmen erschienen und führten die Frau und ihre Kinder ab. Ellie und Margarete hatten die Tür eines Wagons fast erreicht, als eine Pfeife trillerte.

»Der Zug ist voll. Treten Sie zurück.« Der Schaffner pfiff erneut.

Und dann ging alles ganz schnell.

»Sie zwei, kommen Sie mit.« Der Soldat winkte Ellie und ihre Mutter zu sich. »Ganz vorn ist noch Platz.« Er bedeutete ihnen, ihm zu folgen, und so rannten Ellie und Margarete hinter ihm her bis zur vordersten Tür des ersten Wagens.

Ellie wäre fast zurückgeprallt, so schlecht war die Luft. Sie zog ihre Mutter am Ärmel in den Wagon, rief ein »Danke schön« und lehnte sich erschöpft an die Wand. Der Wagen enthielt keinerlei Sitzbänke, und die Menschen hockten auf dem Boden oder lehnten an den Wänden.

Ellie und ihre Mutter quetschten sich zwischen einen älteren Mann und eine Frau in der Schwesternkleidung eines Ordens.

KAPITEL EINUNDZWANZIG

Lena

Von Woche zu Woche quälte sich Lena durch ihre Arbeit in der Bank. Die neuen Azubis hatten begonnen, Pensionierungen, Beförderungen und Neueinstellungen hielten sie in Atem, ihr Chef wollte eine opulente Weihnachtsfeier fürs Personal. Die Wochenenden verbrachte sie mit Ansgar. Wann immer Zeit war, arbeitete sie in der Villa. Sie hatte drei Container gefüllt, Wagenladungen von Kleidung und Schuhen zur Caritas gefahren. Das obere Stockwerk war bis auf die Möbel leergeräumt. Im November wollte sie den Auktionator bestellen.

An einem Freitag Ende Oktober kam sie bis auf die Knochen durchnässt nach Hause. Sie hatte vergessen, einen Regenschirm mitzunehmen, und der herbstliche Wolkenbruch war prompt über sie gekommen, nachdem sie die Bank verlassen hatte.

Wie immer schaute sie in den Briefkasten … und stutzte. Der Brief trug das Logo des DRK-Suchdienstes mit der Adresse in München. Sie warf ihren nassen Mantel auf den Boden und riss mit zitternden Fingern den Umschlag auf.

Deutsches Rotes Kreuz – Suchdienst München
Fallstraße 36
8000 München 40
München, den 25. Oktober 1993
Aktenzeichen: 5091/1993-LVS

Betrifft: *Suchanfrage nach Ihrer Familie (Mutter, Vorname/Familienname unbekannt), zuletzt gesehen 1945 in Ostpreußen*

Sehr geehrte Frau von Schweig,

wir bestätigen den Eingang Ihrer Anfrage vom 31. März 1993.

Nach sorgfältiger Prüfung der uns zur Verfügung stehenden Unterlagen müssen wir Ihnen leider mitteilen, dass bisher ***keine Hinweise*** *auf den Verbleib der von Ihnen gesuchten Person/Familie festgestellt werden konnten.*

Unsere Nachforschungen umfassten die einschlägigen Sammlungen und Karteien des Suchdienstes, der Kindersuchbücher sowie Meldungen von Vertriebenen und Flüchtlingen. In keinem dieser Bestände findet sich ein Hinweis auf die gesuchte Person, die zu Ihrer Beschreibung passt.

Wir werden Ihre Anfrage weiterhin in unserer Kartei führen. Sollten uns zukünftig neue Informationen bekannt werden, werden wir Sie umgehend benachrichtigen.

Es tut uns leid, Ihnen derzeit keine positivere Mitteilung geben zu können, und wir bitten um Ihr Verständnis.

Mit freundlichen Grüßen

Im Auftrag

Maria Wissinger

DRK-Suchdienst München

Der Brief flatterte zu Boden, Lena sank auf einen Stuhl. Sie fror und schwitzte gleichzeitig, während die Worte *bisher* ***keine Hinweise*** *auf den Verbleib der von Ihnen gesuchten Person/Familie* in ihrem Kopf herumtanzten. Was hieß denn *bisher*? Der Krieg war seit fast fünfzig Jahren vorbei. Wenn es Informationen gab, wären sie da gewesen. Was hieß, dass ihre Mutter keine Suchanzeige gestellt hatte, was hieß, dass sie entweder verstorben war, bevor der Suchdienst im Oktober 1945 ins Leben gerufen worden war, oder sie ihre Tochter absichtlich verlassen hatte.

In der Stille der Diele schluchzte Lena auf. Sie weinte, wie sie noch nie geweint hatte … um ihre verlorene Familie und die Gewissheit, nie etwas herauszufinden. Als sie zu sich kam, schmerzte ihr Hals und sie zitterte vor Kälte. Ihr Rock klebte an der Strumpfhose, in ihren Schuhen stand das Wasser.

Mühevoll zog sie sich die Sachen vom Körper und stand in Unterhose und BH da, als das Telefon klingelte.

»Wo bist du denn?« Ansgars Stimme klang irritiert und besorgt zugleich.

Lena stöhnte. »Wie spät ist es?«

»Halb sieben. Ich sitze seit einer halben Stunde in der Pizzeria und warte.«

Allein der Gedanke, bei dem Sauwetter wieder rauszumüssen, nahm ihr die Kraft. »Kannst du zu mir kommen? Bring die Pizza mit.«

»Bist du krank?«

»Ich erzähl's dir gleich. Komm schnell.«

Als die Türglocke ging, war es Lena wieder warm. Sie hatte zwanzig Minuten unter der Dusche gestanden und versucht, ihre Fassung wiederzuerlangen.

Sie hatte ihre ganze Hoffnung auf den Suchdienst gesetzt. Immerhin hatte das DRK Millionen Menschen wiedervereint, Familien zusammengekittet. Aber bei einigen gelang es eben nicht – wie in ihrem Fall.

Weil deine Mutter längst tot ist. So war es meistens, wenn die Suche nichts ergab. Der Gesuchte war irgendwo irgendwann gestorben … ohne Spur, im Schnee, in einem Massengrab, untergegangen mit einem Schiff. Ausgelöscht.

Warum wollte sie dann nicht aufgeben? Sie war am Ende ihrer Möglichkeiten angelangt, es gab nichts mehr zu recherchieren. Wenn der Suchdienst keine Daten hatte, dann gab es keine. Was hieß, dass sie den Rest ihres Lebens in Ungewissheit verbringen würde. Schon wieder kamen ihr die Tränen, sodass Ansgar sie erst mal in den Arm nahm und an sich drückte.

»Was ist passiert?«

Lena machte sich los und reichte ihm den Brief.

Schweigend las Ansgar und legte das zerknitterte Papier auf die Garderobe.

»Ich werde mein Leben wohl namenlos verbringen müssen«, kam es aus Lena.

Ansgar schlang einen Arm um ihre Schultern und führte sie ins Wohnzimmer, schenkte ihr Rotwein ein und setzte sich ihr gegenüber. »Du hast einen Namen, Lena von Schweig. Du wurdest ordnungsgemäß adoptiert, auch –«

»Hah, von einem Nazi. Wer weiß, welche Verbrechen Hans begangen hat.«

»Das haben viele, was keine Entschuldigung ist.« Er beugte sich vor. »Aber damit hast du nichts zu tun.«

Lena schaute Ansgar über den Tisch hinweg an. »Ich werde meine Stellung kündigen.« Erst als sie ihre Worte hörte, wusste sie, dass sie das Richtige tat.

»Und *was* tun?«

»Etwas Nützliches, den Menschen helfen.« Der Raum verschwamm. »Ich will die Welt besser machen, mich engagieren, nicht in einer Bank verstauben. Wenn ich schon so viel erbe, will ich es für etwas Gutes nutzen.«

»Für die Vertriebenen?«

»Vielleicht.«

Ansgar lächelte. »Ich bin stolz auf dich.« Er sprang auf und nahm sie in den Arm. »Du wirst schon das Richtige finden.«

»Vielleicht fahre ich doch nach Ostpreußen, schaue mich um, jetzt, wo die Grenzen offen sind.«

»Frag doch mal im Heimathaus, vielleicht will einer mit.«

Anneliese Krause, die weißhaarige Dame, mit der sie die Telefonnummer ausgetauscht hatte, schaute sie neugierig an und bat sie, einzutreten. Sie wohnte in einem Bungalow am Stadtrand, umgeben von einem gepflegten Garten mit Obstbäumen. Trotz der Jahreszeit blühten noch Herbstastern, Anemonen und Fette Hennen.

»Ihr Garten ist wunderschön.« Lena folgte Frau Krause ins Wohnzimmer.

»Mein ganzer Stolz, und er hält mich fit.« Sie deutete auf die Sitzecke. »Setzen Sie sich.«

»Ich will nicht lange stören, aber ich wollte etwas fragen, was am Telefon schwierig ist.«

Frau Krause sank in einen Sessel Lena gegenüber und schaute sie erwartungsvoll an.

»Ich habe vom DRK-Suchdienst erfahren, dass es von meiner Familie keine Spur in den Akten gibt.«

Die alte Dame nickte. »Leider kommt das öfter vor.«

Lena druckste herum. »Ich glaube inzwischen, dass ich keine Chance habe, je meine Herkunft herauszufinden. Aber …«, sie atmete tief durch. »Ich möchte nach Ostpreußen, einmal die Gegend sehen, auch wenn sie jetzt von Fremden bewohnt wird. Wissen Sie, die Straßen entlanglaufen, die meine Familie vor fünfzig Jahren gelaufen ist, die Luft einatmen. Mir vorstellen, wie es damals war. Sehen, ob ich mich an irgendetwas erinnere.«

»Und Sie möchten, dass ich mitfahre.«

Lena öffnete verblüfft den Mund. »Ja, ich …«

Frau Krause schaute sie nachdenklich an. »Ich gebe zu, ich habe daran gedacht, vor allem nach der Wiedervereinigung.« Sie schüttelte den Kopf. »Ich weiß nicht, ob ein Besuch alles schlimmer macht oder einen der vielen Risse in meinem Herzen kittet.«

»Kennen Sie denn andere hier aus dem Heimathaus, die dort waren?«

»Walter ist hingefahren … letztes Jahr.«

»Was hat er erzählt?«

»Das ist es ja, fast nichts.« Frau Krause studierte Lena. »Ich verstehe gut, dass Sie jede kleinste Information erfahren wollen. Ich werde darüber nachdenken. Wann wollen Sie denn los?«

»Anfang Dezember. Ich verkaufe gerade die Villa meiner Eltern.«

»Haben Sie nicht gesagt, Sie sind aus Königsberg?«

»Das stand auf der Rückseite des Fotos.«

»Darf ich es mal sehen?«

Lena kramte in ihrer Tasche und händigte der alten Dame das Bild aus, das sie immer bei sich trug.

Ein flüchtiges Lächeln wanderte über die Züge von Frau Krause. »Ich kenne das Fotostudio. Habe dort auch Bilder entwickeln lassen, auch ein Portrait mit meinem Mann.« Ihr Blick wanderte zur Anrichte, wo ein Schwarz-Weiß-Foto in einem silbernen Rahmen ein junges lächelndes Paar zeigte.

»Sie sind auch aus Königsberg?«

»Eben nicht, die Sache ist die, wir wohnten im Norden, einige Kilometer aus dem Ort auf einem Hof. Wenn man etwas Wichtiges besorgen wollte, fuhr man nach Königsberg.« Sie zögerte. »Was ich damit sagen will, ist, dass Ihre Familie nicht unbedingt aus der Stadt kam.« Sie lächelte schwach. »Trotzdem würde ich unsere Heimatortskarteien anschauen. Alle Heimathäuser führen sie.«

»Aber ohne Familiennamen weiß ich nicht, wonach ich suchen soll.«

»Zumindest könnten Sie Ihre Adoptivfamilie finden. Die ist mit Sicherheit vermerkt. Bei einem solchen Namen.«

Lena nickte. Frau Krause wusste nicht, dass ihre Tante ihr bereits berichtet hatte, dass die von Schweigs aus Heiligenbeil stammten.

Lena wartete jeden Tag auf Antwort von Frau Krause, doch sie rief nicht an. Erst beim nächsten Vertriebenentreffen saß sie am Tisch und unterhielt sich mit Walter.

»Da sind Sie ja.« Frau Krause winkte Lena zu sich. »Setzen Sie sich zu uns. Walter hat mir gerade von seiner Reise nach Ostpreußen erzählt.«

Walter schaute nachdenklich. »Ist alles anders. Ich hatte erwartet, vieles wiederzuerkennen. Aber die Russen haben ganze Arbeit geleistet. Königsberg ist verloren, ganz Ostpreußen ist futsch.« Er schaute sie traurig an. »Anneliese hat erzählt, von dem Brief und dass Sie hinwollen.« Er schüttelte den Kopf. »Ich fürchte, Sie werden enttäuscht sein. Das, was Sie suchen, werden Sie nicht finden. Wenn Sie einen Namen hätten, dann hätte ich vorgeschlagen, die noch vorhandenen Kirchenbücher und Archive zu durchsuchen.«

Der Kloß in Lenas Kehle wuchs. Warum ging ihr das jedes Mal so nahe? Sie schluckte und sagte: »Es ist, als wanderte ich im dichten Nebel. Ich fühle mich so verloren.« Sie schüttelte den Kopf. »Dabei geht es mir unglaublich gut.« Sie dachte an Ansgar, den Mann, der ihr Herz ausfüllte. Sie musste ihm sagen, was er ihr bedeutete.

Walters Hand landete auf ihrer. »Kindchen, Sie wissen es erst seit ein paar Monaten, wir fast ein ganzes Leben. Es braucht Zeit.«

Die anderen, die ihrem Gespräch gelauscht hatten, nickten und murmelten ihre Zustimmung.

»Haben Sie Geduld«, meinte Anneliese Krause. »Ihre Anfrage liegt jetzt beim DRK. Wer weiß, ob sich nicht doch noch jemand meldet.«

Lena fuhr nicht nach Ostpreußen. Der Gedanke, dort herumzuirren und keinerlei Anhaltspunkte zu finden, schreckte sie ab. Sie hatte ihre Kündigung eingereicht und würde zum 31. Dezember aufhören. Was danach kam, wusste sie nicht, ein völlig neues Gefühl, das sie gleichzeitig begeisterte und beängstigte.

Mitte November machte der Auktionator Fotos, und innerhalb von wenigen Wochen waren die meisten Sachen verkauft. Was nicht wegging, spendete Lena an Hilfsbedürftige. Auch die Villa fand schnell einen Käufer. Offensichtlich gab es genug gut situierte Familien.

»Frau von Schweig?«, die Stimme am Telefon klang leicht irritiert.

Lena erkannte den Immobilienmakler, den Ansgar ihr empfohlen hatte. Komisch, dass er sich meldete. Immerhin hatten sie bereits den Kaufvertrag unterschrieben. Die Übergabe der Schlüssel war gestern erfolgt, und Lenas Konto war ordentlich angewachsen. »Herr Schneider, was kann ich für Sie tun?«

»Ihre Käufer riefen eben an. Sie haben das Haus gesichtet.«

In Lenas Magengegend stieg ein unangenehmer Druck. Dabei hatte sie alles mit großer Sorgfalt ausgeräumt, die gesamte Villa war geputzt und gestrichen worden.

»Es waren wohl noch persönliche Gegenstände auf dem Speicher.«

Lena erinnerte sich, die Kisten mit den Sachen ihres Vaters entsorgt zu haben. »Dann hole ich sie eben ab.«

»Nicht nötig, sie sind in meinem Kofferraum. Bringe ich gleich vorbei.«

Herr Schneider trug zwei Kartons, an die sich Lena schemenhaft erinnerte. Auf dem Dachboden waren so viele Sachen gewesen, dass sie kaum durchgekommen war.

»Vielleicht schmeißen Sie ohnehin alles weg.« Schneider stellte die Kisten in den Flur und eilte sofort davon.

Wieder allein öffnete Lena die Kisten … Spielsachen aus ihrer Kindheit, zwei Puppen, Bauklötze, Miniaturmöbel eines Puppenhauses, ein Plüschtier mit braunem Fell und aufgenähten Augen, offensichtlich selbst gemacht. Lena starrte das Tier an, das an einen Bären erinnerte. Etwas regte sich in ihr, eine Erinnerung … ein Gefühl, leicht und vergänglich wie ein Windhauch. Das Plüschtier passte so gar nicht in die perfekte Welt ihrer Eltern mit ihren Markennamen. Lena trug die Kartons in ihr Büro und verstaute sie unten im Schrank. Sie holte das alte Schwarz-Weiß-Foto heraus und studierte es unter der Schreibtischlampe. Auf dem Bild hielt sie eine Puppe im Arm, ähnlich den Puppen, die in den Kartons lagen. Von dem Plüschbären gab es keine Spur.

Sie würde die Spielsachen ihren Nachbarn schenken, die zwei kleine Mädchen hatten. Damit war das Thema der Villa von Schweig abgeschlossen.

KAPITEL ZWEIUNDZWANZIG

Ellie

Sie waren keine zwei Stunden gefahren, als der Zug abrupt hielt. »Luftangriff von Westen«, flüsterten die Menschen von Abteil zu Abteil. Durch die Fenster, deren Glas zum Teil fehlte, drang das Getöse von gedämpften Explosionen. Ellie unterdrückte das Bedürfnis, davonzulaufen. Immerhin stand der Zug in einem Waldgebiet, das sie hoffentlich vor den feindlichen Fliegern verbarg.

»Wenn sie die Schienen sprengen, müssen wir zu Fuß weiter.« Die Ordensschwester neben Ellie hielt ihr eine Tüte mit sauren Bonbons hin und warf einen Blick auf Ellies Mutter, die vor sich hinstarrte und dabei leise summte. »Was ist mit ihr?«

Die Scheune, wollte Ellie sagen. Laut meinte sie: »Meine Mutter ist krank, hat viel mitgemacht, als wir aus Ostpreußen fliehen mussten.«

Die Schwester nickte vielsagend und reichte Ellie zwei weitere Bonbons.

Irgendwann wurde es still, und der Zug fuhr an. Wie lange sie unterwegs waren, wusste Ellie nicht. Die Schwester teilte ihr Brot mit ihnen, Ellie hatte aus der Schule Äpfel mitgebracht. »Wo wollen Sie hin?«

»Nach Schwerin, da wohnt mein Bruder. Ist ziemlich weit im Norden und bisher kaum zerbombt worden. Ich hoffe, die Russen konzentrieren sich auf Berlin.« Die Schwester, die um die sechzig Jahre alt sein musste, sprach weiter. »Mein Bruder hat mir regelmäßig geschrieben, hat mich gedrängt, zu ihm zu kommen. Ich habe fast zu lange gewartet, wollte die Kinder nicht allein lassen.«

Ellie horchte auf. »Kinder?«

»Im Heim, es gab so viele Kleine, die ihre Eltern verloren hatten. Manchmal wurden die Mütter krank oder sie konnten die Kleinen nicht mehr versorgen, die Väter dienten ja längst an der Front.« Die Augen der Schwester leuchteten mit Tränen. »Nach und nach haben wir sie mit Kindertransporten nach Westen geschickt. Die Russen waren ja im Anmarsch.«

Ellie stellte sich vor, wie Lenchen im Heim mit Dutzenden Kindern in einem Raum schlief, wie sie auf einen Lastwagen gepackt wurde und in der Nacht verschwand. Ein Schluchzer entfuhr ihr.

Die Schwester schaute sie prüfend an. »Es rührt einem das Herz, nicht wahr?«

Ellie hatte kaum die Kraft, zu nicken. Wie sollte sie ihre Tochter je finden, wenn die Menschen kreuz und quer durchs Land fuhren? *Konzentrier dich*, meldete sich ihr Kopf. Ihr Blick schweifte zu Margarete, die eingeschlafen war. »Erzählen Sie mir mehr von Schwerin?«

Am nächsten Mittag erreichten Ellie und Margarete Schwerin. Ellie hatte sich mit Schwester Hildegard, die zum Orden der Klarissen gehörte, angefreundet und folgte ihr mit Margarete am Arm durch die Stadt. Immer wieder wollte sie staunend stehen bleiben, denn die Stadt wirkte fast intakt. Unter der wässrigen Märzsonne gingen die Menschen ihren Geschäften nach, als herrsche kein Krieg.

Hildegards Bruder wohnte am nördlichen Stadtrand mit Blick auf den Schweriner See. Helmut war einige Jahre älter als Hildegard, hatte aber die gleiche prägnante Nase mit dem schmalen Mund. Außer einem grauen Haarkranz war sein Kopf kahl. Ellie mochte ihn sofort, denn selbst im Halbdunkel des Flurs erkannte sie seinen gutmütigen Blick.

»Meldet euch gleich morgen bei der Stadt an, dann schicken sie mir keine Fremden.« Er lachte. »Jeden Tag strömen Hunderte in die Stadt. Außerdem braucht ihr Lebensmittelkarten.« Sein Blick wanderte zur Wand, wo ein junger Helmut neben einer lächelnden Frau zu sehen war. »Ist gut, dass Marta das nicht mehr erlebt.« Er seufzte und schaute Ellie an. »Meine Frau ist vor drei Jahren verstorben.« Er sprang auf. »Jetzt ist wieder Leben im Haus. Ich hole was zu trinken.«

Hildegard schmunzelte. »Immer noch der alte Helmut. Na ja,

fast. Marta war seine Muse.« Sie stand auf. »Ich zeige euch das Zimmer.«

»Bleiben wir jetzt hier?«, fragte Ellies Mutter, als sie sich abends hinlegten, Margarete auf einem Bett und Ellie daneben auf einer Pritsche.

»Hoffentlich. Die Stadt hat den Krieg gut überstanden.« Sie behielt den Rest ihrer Gedanken für sich, ihre Hoffnung, dass die Russen schnell nach Berlin vordrangen und den Krieg endlich beendeten. Danach würden sie so schnell wie möglich nach Ostpreußen zurückkehren.

Das Leben mit Helmut und Hildegard klappte erstaunlich gut. Da es in der Stadt keine Repräsentanz der Klarissen gab, machte sich Hildegard gleich am nächsten Tag auf den Weg zum Waisenhaus, um dort auszuhelfen. Ellie hatte überlegt, sie zu begleiten und nebenbei nach Lenchen Ausschau zu halten. Doch die Chancen standen gleich null, und sie wollte ihre Mutter nicht allein lassen. Wer wusste, wie sie reagierte, wenn sie mit einem Mann allein im Haus war?

Stattdessen putzte Ellie die Küche, kochte aus Gemüseresten, Kartoffelschalen und Bouillon Suppen und bügelte Helmuts Hemden.

Nach einer Woche hörte sie ihre Mutter zum ersten Mal seit Monaten wieder sprechen. Ellie wusch Geschirr ab, und das Murmeln von Stimmen ließ sie innehalten. Sie schlich zur Tür und spähte ins Wohnzimmer. Helmut und ihre Mutter beugten sich wie alte Freunde über ein Fotoalbum, Helmut erklärte etwas zu einem Strandbild, und Margarete hörte ihm aufmerksam zu.

»Waren Sie schon mal in Ostpreußen?«, fragte sie dann. »Wir kommen aus Neuhausen im Samland nördlich von Königsberg. Mit meinem Mann war ich damals in Rauschen am Strand, der Sand ist fein und goldgelb, ganz weich unter den Füßen.« Sie klang verträumt. »Ellie war damals noch klein, nicht älter als Lenchen.«

»Lenchen?«

»Meine Enkelin.«

Selbst durch die fast geschlossene Tür spürte Ellie Helmuts Neugier. »Sie ist nicht *hier*?«

Ellie hielt die Luft an, wollte am liebsten ins Zimmer stürzen und den beiden das Fotoalbum entreißen. Sie konnte nicht über Lenchen sprechen. Konnte es einfach nicht.

»Lenchen ist verschwunden.« Margaretes Stimme klang sachlich, als erklärte sie, wie man ein Fenster richtig putzt.

Ellie zwang sich, durchzuatmen, und stieß die Tür zum Wohnzimmer auf. »Mama, willst du mir mit dem Abendessen helfen?«, zischte sie. Ihre Mutter hatte sich seit der Scheune von der Welt abgewandt. Offensichtlich war es an der Zeit, sie ins tägliche Leben miteinzubeziehen.

Ihre Mutter schaute auf, irgendetwas in Ellies Stimme musste sie gewarnt haben, denn sie erhob sich wortlos und ging an Ellie vorbei in die Küche. Das Letzte, was Ellie von Helmut sah, war sein erstauntes Gesicht.

»Warum erzählst du von Lenchen?« Ellies Stimme bebte vor Wut. »Das geht keinen was an.«

Margarete sah ihre Tochter an. »Ich habe mich seit Wochen schlecht benommen, habe dich alles machen lassen. Das ist jetzt vorbei.« Sie trat auf Ellie zu und nahm sie in den Arm. »Du bist nicht schuld, dass Lenchen fort ist«, flüsterte sie.

Ellie zappelte und wollte sich losreißen. »Nein? Bin ich das nicht?« Ihre Stimme klang schrill und hässlich. »Ich habe gezaudert, habe dafür gesorgt, dass wir den falschen Weg eingeschlagen haben, ich –«

»Du hast weder Friedrich erschossen, noch hast du dich an zwei unschuldigen Frauen vergangen. Das waren die Russen. Und Lenchen hast du auch nicht verloren.«

Ellie starrte ihre Mutter an. Es war das erste Mal seit der Scheune, dass ihre Mutter die Vergewaltigung erwähnte. »Aber ich –«

»Unser Lenchen ist verschwunden, weil wir schreckliches Pech hatten, weil der schlimmste Krieg aller Zeiten herrscht.« Margarete nahm Ellie ein zweites Mal in den Arm. »Du armes Kind. Es tut mir so leid, dass du deine Trauer allein tragen musstest.« Sie lehnte sich zurück und strich liebevoll eine Haarsträhne aus Ellies Gesicht. »Wir werden sie finden, unsere Kleine, du wirst sehen. Lange kann dieser Krieg nicht mehr dauern, meint Helmut.«

Der Kloß in Ellies Kehle wuchs und entlud sich. Sie weinte, ihr Körper bebte mit Schluchzern, während Margarete sie festhielt. Ihre Mutter hatte alles mitbekommen, sie hatte nur keine Kraft besessen, sich aus der Spirale der Depression zu befreien.

Die Ankunft in der Wohnung, Helmuts sanfte Art, sein freundliches Gesicht, seine Gespräche hatten sie wiederbelebt.

Irgendwann klopfte es am Türrahmen, und Ellie schaute in das betroffene Gesicht von Hildegard. »Helmut hat mich geholt. Er macht sich große Sorgen, kann ich etwas tun?«

Ellie versuchte ein Lächeln und wischte sich mit dem Ärmel über das Gesicht. »Ist schon wieder gut.«

Hildegard eilte ins Zimmer und reichte Ellie ein Taschentuch. »Hier.« Dann legte sie einen Arm um Margarete. »Schön, dass es dir besser geht.«

Der März neigte sich dem Ende. Immer mehr Flüchtlinge strömten täglich in die Stadt. Die Läden waren zum größten Teil leer, auch mit Lebensmittelkarten gab es kaum mehr als Hungerportionen. Zucker und Salz waren aus, Fleisch gab es nicht. Viele der frisch Eingetroffenen wanderten sofort weiter in Richtung Lübeck und Kiel.

Trotz ihres Sehnens nach Lenchen genoss Ellie die Zeit mit Helmut und Hildegard. Sie spielten *Mensch ärgere dich nicht*, Helmut hockte mit Margarete stundenlang über dem Schachbrett. Während Hildegard im Kinderheim half, klapperte Ellie die Läden und Ausgabestellen nach Essbarem ab. Einmal hieß es, man verkaufe Fisch am Hafen, doch als Ellie dort eintraf, stellte sich heraus, dass es ein Gerücht gewesen war.

Im April besserte sich das Wetter, die scharfe Kälte war einem feuchten, oft böigen Wind gewichen, und Ellie zog sich das Kopftuch enger um den Hals. Sie war länger unterwegs gewesen, als sie geplant hatte. Überall gab es Schlangen, und oft waren die Regale leer, wenn sie vorn ankam. Manchmal löste sich die Menge spontan auf, wenn ein Kontingent erschöpft war. Auf der Straße hielt sie die Ohren offen, denn oft erfuhr man kurzfristig von Speziallieferungen … ein Klecks Butter, Kunsthonig, Schuhcreme. Egal, was es war, sie jagte jeder Nachricht hinterher. Was sollte sie auch sonst tun? Im Haus herumzusitzen, machte sie verrückt. Früher hatte sie den ganzen Tag auf dem Hof gearbeitet und war abends todmüde ins Bett gefallen. Außerdem durfte sie sich nicht zu viel müßige Zeit erlauben, denn dann dachte sie an Lenchen. Und ihr Herz begann zu pochen und zu schmerzen, als schnitte da drinnen jemand mit einem Messer herum.

Automatisch beobachtete sie jedes Kind, das ihr über den Weg lief. Manchmal, wenn sie das Gesicht nicht erkennen konnte, folgte sie der Mutter, bis sich eine Gelegenheit bot.

Natürlich war es nie Lenchen. Das wusste sie selbst, wusste, dass die Chancen besser waren, dass sie zum Mond flog. Trotzdem konnte sie nicht anders.

Sie überquerte gerade die Straße, als sie hinter sich ein Dröhnen vernahm, das rasant lauter wurde. Auch ohne sich umzudrehen, wusste sie sofort, dass es angreifende Bomber waren. Nur, dass sie diesmal von Westen heranflogen. Sie rannte zum nächsten Hauseingang und drückte sich an die Wand. Atmete erst wieder, als die Flieger vorbeiwaren.

Sekunden später beobachtete sie voller Horror, wie aus den Flugzeugen hunderte Bomben fielen. Die Luft pfiff und zischte, und dann begannen die Explosionen. Rauch stieg auf, Feuer loderten. Neben ihr auf der Straße schrien die Menschen. Eine ältere Frau stellte sich zitternd neben Ellie.

Zusammen schauten sie, wie die Flieger abdrehten – kalt und gefühllos flogen sie davon, blind und herzlos über den Schrecken, den sie unter sich entfachten.

Am Horizont stiegen Brandwolken auf, schwarze wogende Rauchschwaden, die die Sonne verdunkelten. »Das ist Feldstadt«, meinte die alte Dame. »Feldstadt brennt.«

Auf der Straße setzten sich die Menschen in Bewegung, liefen hektisch mit fahrigen Bewegungen und aufgerissenen Augen in alle Richtungen. Die entspannte Ruhe der letzten Wochen war vergessen, das Gefühl, dass hier die Welt noch halbwegs normal funktionierte. Das, was Ellie so geschätzt hatte, was ihr Halt gegeben hatte, war ausgelöscht.

»Mama«, flüsterte sie. Es schien zwar unwahrscheinlich, dass die Bomber Helmuts Haus erwischt hatten, aber wer wusste schon, was in einem Krieg passierte? Es gab die schrecklichsten Zufälle … ihr Kind versteckt auf dem Pferdewagen … war verschwunden.

Ellie nickte der älteren Frau zu, die immer noch zitternd neben ihr stand, und rannte los. Hier und da hatten sich Trauben von Menschen gebildet. Zum Glück lag Helmuts Wohnung im Norden, weg von den bombardierten Häusern und leidenden Menschen.

Sie sollte umkehren und helfen, aber sie hatte keine Kraft. Sie musste sich vergewissern, dass ihrer Mutter nichts passiert war.

»Ellie!« Margarete schloss sie in die Arme. »Wir hatten uns große Sorgen gemacht. Du warst so lange weg, wir wussten ja nicht –«

»Ich war in der Stadt, unweit der Bomben. Ich hatte gedacht, sie würden uns … die Stadt aussparen.«

Hildegard half ihr aus dem Mantel. »Das hatten wir alle. Es war trügerisch, zu erwarten, dass die Alliierten Schwerin ignorieren. Die Stadt ist groß genug, ein Ziel, das sie sich nicht entgehen lassen wollten.«

»Trotzdem sind wir bisher glimpflich davongekommen.« Helmut reichte ihnen Schnapsgläser mit kostbarem Aufgesetztem. Sie stießen an, und Ellie fragte sich, wie lange es noch so weitergehen mochte. Vor allem war sie sich nicht mehr sicher, ob sie in Schwerin bleiben sollten.

Am Abend lag sie im Bett und konnte nicht einschlafen. Allein der Gedanke daran, wieder ihre Tasche mit den wenigen Sachen zu packen und erneut ins Unbekannte aufzubrechen, ließ sie frösteln. Wer wusste schon, wie es in der nächsten Stadt und der nächsten sein würde?

Helmut hatte erzählt, dass die Alliierten alle größeren Städte im Westen bombardierten. Hamburg war schon vor zwei Jahren dran gewesen und lag angeblich in Schutt und Asche. Was brachte es, irgendwo hinzureisen und wieder von vorn anzufangen?

Sie konnten genauso gut hier auf das Ende des Krieges warten.

KAPITEL DREIUNDZWANZIG

Lena

Als Lena Mitte Dezember nach der Arbeit heimkehrte – sie zählte die Tage bis Weihnachten, nicht wegen der Feiertage, sondern weil sie danach offiziell die Stelle in der Bank verlassen konnte –, blinkte der Anrufbeantworter.

Sie war spät dran, weil sie ein Geschenk für Ansgar suchte und vergeblich einige Geschäfte abgeklappert hatte. Überall spielte Weihnachtsmusik, und der Prinzipalmarkt und die Arkaden waren mit Tannengrün und weihnachtlichen Lichtern geschmückt. Zum ersten Mal seit Jahren freute sie sich auf Weihnachten, denn zum ersten Mal seit Jahren würde sie nicht allein daheim sitzen beziehungsweise ihre Mutter im Heim besuchen. Ansgar hatte vorgeschlagen, am ersten Weihnachtsfeiertag ins Allgäu zu fahren. Es lag genug Schnee zum Rodeln – Skifahren hatte Lena nie gelernt, auch wenn ihre Eltern sie regelmäßig mit in die Berge genommen hatten –, und sie konnte es kaum erwarten, im Schnee in den Wald zu gehen.

»Hallo, Lena, Walter hier, aus dem Heimathaus«, erklang die leicht heisere Stimme des vertriebenen Ostpreußen. »Wir wollten dich zum Essen einladen, Freitag oder Samstag, ist vielleicht nicht die richtige Zeit mit all dem weihnachtlichen Trubel. Jedenfalls … melde dich einfach.« Es folgte die Telefonnummer, die Lena sofort wählte.

Am Freitagabend klingelte Lena pünktlich an einem

Zweifamilienhaus in der Nähe der Universität.

Walter öffnete, ein breites Lächeln auf dem Gesicht. »Komm rein.« Anders als im Heimathaus, wo er immer im Anzug erschien, trug er ein rotkariertes Flanellhemd und eine Wollweste.

Die Diele war geschmackvoll eingerichtet, eine Reihe von abstrakten Aquarellen hing an den Wänden. Lena hätte schwören können, dass sie von einem bekannten Künstler stammten, aber sie wollte nicht starren.

»Hier hinein.« Walter winkte sie ins Wohnzimmer, das ebenfalls mit teuren Ledermöbeln und großen Bildern ausgestattet war.

Am Esstisch erhob sich ein Mann und kam ihr entgegen. Lena schaute verwirrt von Walter zu dem Fremden. »Ich heiße Tom, schön, dich kennenzulernen. Ist doch in Ordnung, wenn wir uns duzen?« Er lächelte, was ihn jünger als seine mindestens siebzig erscheinen ließ. Im Gegensatz zu Walter, der trotz seines Alters noch einen vollen Kopf Haare hatte, war Tom kahlköpfig.

Walter reichte Lena und Tom ein Glas Sekt. »Lasst uns anstoßen.«

Lena fühlte sich direkt wohl, die beiden Männer schienen sich gut zu kennen, wobei Tom immer wieder Witze machte. Trotzdem wirkte er ernster als Walter, und sie ertappte ihn mehrmals dabei, wie er sie studierte.

»Walter hat erzählt, du bist ehemals aus Ostpreußen?«

Lena zuckte mit den Schultern. »Wie es scheint. Erinnern tue ich mich nicht, und es gibt außer meiner Tante keine lebende Familie.« Als Tom schwieg, fuhr Lena fort. »Ich bin adoptiert, aber das habe ich erst im März herausgefunden. Ich weiß nicht mal meinen Namen.«

Tom schaute sie ernst an. »Das muss schwierig sein … nicht zu wissen, woher man stammt.«

Lena beugte sich vor. »Du bist auch aus Ostpreußen?«

Tom nickte. »Aus Heiligenbeil.«

»Hast *du* denn noch Familie?«

Tom hob sein Glas. »Walter hier ist all die Familie, die ich brauche.« Er lächelte, wobei etwas Schmerzliches über seine Züge glitt.

»Wir haben alle viel mitgemacht«, meinte Walter. Er stand auf und schüttete Rotwein nach. »Deshalb müssen wir Vertriebenen zusammenhalten.«

Sie stießen an, wobei Lena den Mann ihr gegenüber

beobachtete. Sie wusste, dass sie ihn noch nie gesehen hatte, und doch kam er ihr bekannt vor. Er wirkte freundlich und gleichzeitig angespannt, ganz so, als mache sie ihn nervös. *So ein Unsinn*, meldete sich ihr Verstand. Wahrscheinlich war es die Tatsache, dass die beiden homosexuell waren und zusammenwohnten. Sie sollten tun, was sie wollten, es ging Lena gar nichts an. Sie mochte die beiden, die ihre Onkel hätten sein können.

»Wann seid ihr denn nach Münster gezogen?«, fragte sie Walter.

Der schaute seinen Partner an, Blicke wurden ausgetauscht, die sie nicht verstand. »Ist schon eine Weile her. Nach dem Krieg war es ja nirgendwo angenehm, die Leute wollten nichts mit uns Fremden zu tun haben. Dabei waren … sind wir genauso Deutsche wie sie.«

Lena fragte sich, ob Hans und Katarina auch so empfangen worden waren. Eher nicht, sie hatten es geschafft, ihre Anlagen zu retten, und waren in eine riesige Villa gezogen. Sie hatten wahrscheinlich auch Hilfe bei der Essensbeschaffung gehabt. Und Hans hatte viele einflussreiche Freunde gehabt.

Wahrscheinlich hatten Walter und Tom sich verstecken müssen. Bis 1969 war es strafbar gewesen, wenn Gleichgeschlechtliche zusammen schliefen.

»Wir haben es nie an die große Glocke gehängt«, meinte Tom, als hätte er ihre Gedanken gehört.

Sie lächelte die beiden an. »Ist es nicht am wichtigsten, dass sich zwei Menschen lieben?«

Walter hob sein Glas. »Darauf trinken wir.«

Als Lena leicht beschwipst heimging, wusste sie, dass sie zwei Freunde gefunden hatte. Sie hatten sich geeinigt, dass sie Lena bald besuchen und Ansgar kennenlernen würden.

»Warte, bis du sie triffst«, sagte sie am folgenden Abend, als sie nach einer stürmischen halben Stunde atemlos nebeneinander lagen.

»Was haben die beiden eigentlich beruflich gemacht?«

Lena stützte sich auf den Ellbogen und zeichnete mit dem Finger Kreise auf Ansgars nackte Brust. »Keine Ahnung, ist doch egal.«

»Ich finde es interessant, es erzählt eine Menge über die Person.«

»Wie über mich … langweilige Tante arbeitet drei Jahrzehnte in Bank, wo sie unschuldige Menschen feuert?«

Ansgar fing ihre Finger ein. »Im Ernst, ist doch wichtig.«

»Auf jeden Fall haben sie Geld, die Wohnung war teuer

eingerichtet, und die Gemälde, die an der Wand hingen, hätten das eine oder andere Haus gekauft.«

»Und trotzdem wohnen sie in einem Apartment?«

»Eigentumswohnung. Vielleicht wollen sie keinen Garten.«

»Oder nicht auffallen.«

Lena setzte sich auf. »Glaubst du wirklich, dass sie sich verstecken?«

Ansgar zuckte mit den Schultern. »Vielleicht nicht bewusst, aber wer weiß, was sie mitgemacht haben.«

Lena schaute Ansgar nachdenklich an. »Vielleicht hast du recht. Aus diesem Tom werde ich nicht schlau. Warum kommt der nicht ins Heimathaus wie die anderen – wie Walter, sein Freund … Mann?«

»Vielleicht hat er die Nase voll vom Erinnern. Nicht jeder möchte oder kann damit umgehen. Wer weiß, was er durchgemacht hat.«

Lena stand auf und schnappte sich den Bademantel. Inzwischen genierte sie sich nicht mehr, nackt vor Ansgar herumzulaufen. Im Gegenteil, sie fand seine Blicke aufregend. Es gab kaum etwas, das sie im Bett nicht ausprobiert hatten. »Du wirst ihn ja kennenlernen. Vielleicht erzählt er dir mehr.«

Walter und Tom kamen Heiligabend, denn keiner von ihnen hatte andere Familie. Lena hatte Hirschgulasch zubereitet, und die beiden Männer brachten Walters Schokobirnentorte als Dessert mit.

»Du bist Lenas Anwalt?« Walter nippte Rotwein und zwinkerte dabei. Seine Wangen glühten.

»Schon Jahrzehnte.« Ansgar hob sein Glas.

»So lange seid ihr zusammen?«

Lena und Ansgar schauten sich an. »Nicht wirklich«, meinte Lena. »Nachdem ich im März von der Adoption erfuhr, hat er wohl Mitleid mit mir gehabt.« Erst als sie es aussprach, wurde ihr klar, dass ein Teil von ihr tatsächlich so dachte.

»Glaubst du, dass du je herausfinden wirst, wer du bist?« Tom schaute sie eindringlich an, doch sie konnte seine Miene nicht deuten.

»Wohl kaum. Der Suchdienst hat nichts gefunden, also werde ich mich mit meiner Adoptivfamilie begnügen müssen, was mir nicht wirklich passt.«

Tom beugte sich vor. »Ach ja?«

Lena zögerte. Sie wollte Hans von Schweigs Vergangenheit am liebsten vergessen. Gleichzeitig lag ihr daran, gerade diesen Teil der Geschichte nicht zu verschweigen. »Ich habe alte Fotos gefunden. Mein Vater, also Hans von Schweig, war bei der SS. Er hat sogar seine Uniformen und Swastikas aus der Zeit aufbewahrt. Habe sie zufällig beim Ausmisten gefunden.«

Tom schwieg, doch sie hätte schwören können, dass er sein Interesse verbarg.

»Wo sind die Sachen jetzt?«, fragte Walter.

»Das Bundesarchiv hat sie akzeptiert.« Lena erwartete einen Kommentar von Ansgar, doch der schaute nachdenklich von einem zum anderen. »Die können sie meinetwegen verbrennen.«

Es war fast Mitternacht, als Walter und Tom sich verabschiedeten. Beide waren beschwipst, obwohl es Tom kaum anzumerken war. Er führte seinen Freund, der sich schwer auf seinen Stock stützte, bestimmt am Ellbogen aus der Tür.

»Und, was hältst du von den beiden?« Lena sammelte die Gläser ein und brachte sie in die Küche.

»Nett.« Ansgar folgte ihr und nahm sie in den Arm.

Lena drückte ihm einen Kuss auf die Wange. »Du warst auffällig still, Herr Anwalt.«

»Manchmal ist es weise, die anderen reden zu lassen.«

Lena lehnte sich zurück und schaute Ansgar neugierig an. »Ach ja, ist dir was aufgefallen?«

Er runzelte die Stirn. »Ja und nein. Tom verbirgt eindeutig etwas, nur kann ich sein Verhalten nicht deuten, was ich eigentlich immer schaffe.« Er hielt inne. »Und du hast recht, irgendwie kommt er mir bekannt vor. Aber auch da fällt mir nicht ein, wo ich ihn schon gesehen haben könnte.«

»Vielleicht sollte ich Walter fragen. Oder Anneliese Krause. Oder er saß irgendwann im Gerichtssaal.«

»Mir wird schon was einfallen, ist es bisher immer.« Ansgar drückte sie an sich. »Wir gehen besser schlafen. Schließlich ist morgen Weihnachten.«

Auch über die Feiertage fiel Lena nichts zu Walters Freund ein. Er wirkte sonderbar, aber eine Macke hatten nach den schrecklichen Traumata des Krieges und der Vertreibung viele.

Am Silvestermorgen steuerte Lena noch einmal der Form halber das Büro an. Viele Kollegen hatten Urlaub, und das Gespräch mit ihrem

Chef verlief kurz und schmerzlos. Sie gab eine Runde Sekt aus und dann war sie auch schon wieder draußen – diesmal für immer.

Es war ein komisches Gefühl, auf einmal ohne Stelle zu sein. Die Bank hatte ihr Leben bestimmt und ihr Halt gegeben. Jetzt musste sie sich eine neue Aufgabe suchen, eine, die sie zufriedener machen würde. Die alte Unsicherheit stieg in ihr hoch und gab ihr ein mulmiges Gefühl in der Magengegend.

»Stell dich nicht so an«, murmelte sie, zog den Wollschal enger um den Kopf und marschierte los.

KAPITEL VIERUNDZWANZIG

Ellie

Lenchen jauchzte vor Freude, während sie auf ihren kurzen Beinchen vor Ellie den Weg hinunterlief. Es war Sommer, und das weiße Kleid bauschte sich im Wind. Doch je schneller Ellie ihrer Tochter folgte, desto weiter wuchs der Abstand zwischen ihnen. »Lenchen, warte doch«, rief Ellie ihr hinterher. Doch das Kind hörte nicht und verschwand über einen Hügel. Bevor Ellie die Erhöhung erklimmen konnte, bebte die Erde, ein schrecklicher Lärm erhob sich und füllte Ellies Ohren. Sie schrie den Namen ihrer Tochter und hörte ihre eigene Stimme nicht.

»Ellie, wach auf.«

Ellie öffnete die Augen und erkannte das Gesicht ihrer Mutter im Kerzenschein. »Schnell, steh auf, in den Keller.«

Hinter den Verdunklungsrollos blitzte der Himmel. Ein dumpfes Grollen ertönte, gefolgt von Explosionen.

Als Ellie in Mantel und Schal in die Küche eilte, lugte Helmut durch eine Ritze am Fenster, während Hildegard Brot und Wasser in eine Tasche packte. »Sie bombardieren die Innenstadt. Lass uns hoffen, sie kommen nicht nach Norden.«

Zusammen kletterten sie in den inzwischen leeren Kohlenkeller, auf dessen Bänken und Matratzen bereits ein halbes Dutzend Nachbarn hockte. Das Haus bebte, Mörtel rieselte von der Decke. Zwei Frauen beteten laut.

Ellie quetschte sich zwischen ihre Mutter und Hildegard. Als sie irgendwann aufsah, bemerkte sie, dass Helmut Margaretes Hand hielt und sie sich leicht an ihn lehnte. Das Dröhnen der Flugzeuge war einer Stille gewichen.

Irgendwann stand Helmut auf und öffnete die Tür zum Flur – Ellie folgte ihm. Gemeinsam gingen sie nach draußen. Am schwarzen Himmel im Süden loderten orange Brandwolken. Schwerins Innenstadt brannte lichterloh.

Helmut schaute auf die Uhr. »Na, Mahlzeit, pünktlich zum Geburtstag des Führers«, grollte er. »Den soll er allein feiern.«

Auf der Straße erschienen weitere Menschen, ihre Mienen betroffen. Niemand hatte mit einem Angriff gerechnet. Nicht mehr … der Krieg sollte doch enden. Offensichtlich fanden die Alliierten, dass noch nicht genug Zivilisten gestorben waren, dass sie die Stadt in der Nacht angriffen, wenn Frauen und Kinder schliefen.

Wieder in der Wohnung kochte Hildegard Pfefferminztee, Helmut servierte den letzten Schnaps dazu. Das Glas, das er ihrer Mutter reichte, war ein wenig voller als die anderen. Sie nahm es lächelnd entgegen, ihre Züge weicher, als Ellie sie in Erinnerung hatte.

Gegen zwei Uhr krochen sie zurück in die Betten. Doch Ellie schlief nicht, der Traum von Lenchen war wieder da. Wo mochte ihre Tochter sein, wenn sie überhaupt noch lebte? Es schien keinen sicheren Ort in diesem Land zu geben. Ellie legte ihre rechte Hand flach auf ihr Herz. »Lenchen, wo bist du?«, flüsterte sie. »Kannst du mich hören? Ich werde alles tun, um dich zu finden, egal, wie lange es dauert.«

Als Ellie sich auf die Seite warf, rollten zwei Tränen ins Kissen. Eins war klar, egal, was in Schwerin passierte, ihre Mutter würde hier bleiben … bei Helmut. Blieb zu hoffen, dass nicht noch mehr Angriffe folgten.

Trauer legte sich wie ein schwarzes Tuch über Schwerin. Die Leichtigkeit, die Ellie bei ihrer Ankunft gespürt hatte, war verschwunden. Die Menschen eilten mit dem Blick starr nach vorn oder zu Boden gerichtet ihren Geschäften nach. In der Innenstadt stapelten sich in weiße Tücher gehüllte Tote an den Straßenrändern. Die Altstadt war zerstört. Das Feuer brannte aus, die Rauchwolken vergingen. Zurück blieben sich grotesk in den Himmel reckende Ruinen und Berge von Schutt.

Hildegard eilte wieder ins Kinderheim, wo jeden Tag neue Waisen eintrafen. Der Krieg wütete nun schon fast sechs Jahre.

Und dann war alles vorbei.

Am 2. Mai 1945 rollten amerikanische Panzer durch Schwerin. Wie alle Schweriner war Ellie auf der Jagd nach Proviant, als die Soldaten eintrafen. Der Boden bebte unter den Panzern, Menschen schrien. Zunächst hatte sich Ellie ängstlich an eine Hauswand gedrückt, doch die Amerikaner ignorierten die Passanten. Als einige Kinder neugierig stehen blieben, warfen die Soldaten ihnen Päckchen zu.

»Kaugummi«, jubelte ein Mädchen.

»Schokolade«, rief ein anderes.

Bald sammelten sich Trauben von Jungen und Mädchen am Straßenrand, ihre hellen Stimmen voller Aufregung, als spielte die Zerstörung um sie herum keine Rolle.

Erst auf dem Nachhauseweg wurde Ellie klar, was das Auftauchen der Amerikaner bedeutete: Der Krieg in Schwerin war vorbei. Sie blinzelte in den hellen Himmel und murmelte: »Es ist vorbei, Lenchen. Jetzt kann ich dich endlich suchen.«

»Hast du gehört?«, rief ihre Mutter, sobald Ellie die Wohnung betrat.

Ellie lächelte schwach. »Die Amerikaner sind in der Stadt.«

Helmut stellte sich neben ihre Mutter. »Nein, nein, der Führer ist tot.« Er zog die Augenbrauen hoch. »Angeblich ist er heldenhaft gestorben.«

»Wer's glaubt«, murmelte Margarete. Sie drehte sich zu Helmut. »Endlich.«

Helmut nahm sie an der Hand. »Wir sollten tanzen, aber wie können wir uns freuen, wenn so viele Menschen gestorben sind?«

Ellie erinnerte sich an ihre Einkäufe: ein paar Zwiebeln, vier Kartoffeln, eine Dose mysteriöses Fleisch und etwas Brot. »Lasst uns eine Suppe kochen. Heute Nachmittag gehe ich in den Wald und sammle Brennnesseln und Kräuter.«

Sechs Tage später kapitulierte Deutschland bedingungslos, und Ellie fragte sich, wie sie sich mit Albert – sofern er noch lebte – in Verbindung setzen sollte. Falls er nach Ostpreußen zurückkehrte, würde er den Hof verlassen vorfinden. Wahrscheinlicher war, dass er in Kriegsgefangenschaft saß und irgendwann schreiben würde … nach Hause, wo sie nicht mehr war.

Durch das geöffnete Fenster hallten Ansagen der Amerikaner: »Die deutsche Wehrmacht hat kapituliert. Alle Männer über fünfzehn Jahren haben sich morgen, am 9. Mai, um acht Uhr am Schweriner Schloss einzufinden. Waffen, Radios und Fotoapparate sind dort abzugeben.«

Ellie dachte an die vielen Wehrmachtssoldaten, die sie in der Stadt gesehen hatte. Keiner trug eine Waffe, und sie wirkten abgespannt und des Kämpfens müde.

Ihre Mutter, die neben Helmut auf dem Sofa saß, fuchtelte mit den Armen. »Hörst du das? Was wollen sie mit dir? Du bist doch viel zu alt, hast nicht mal eine Waffe getragen.«

Helmut lächelte sein beruhigendes Lächeln. »Mach dir keine Gedanken, das ist nur eine Formalie. Sie wollen sehen, wer in der Stadt ist. Wahrscheinlich haben sie Bedenken, dass sich die Wehrmacht noch mal erhebt. Du hast doch die Fanatiker gesehen, die noch vor einer Woche mit dem Standgericht drohten.«

Tatsächlich kehrte Helmut am nächsten Nachmittag zurück, und Margarete warf sich in seine Arme. Doch sein gewohntes Lächeln fehlte. »Sie sammeln die Wehrmacht in riesigen Kriegsgefangenenlagern. Und sie wollen die Flüchtlinge aus der Stadt haben«, meinte er beim Abendessen, einer wässrigen Suppe mit ein paar Rübenschnitzeln. »Es heißt, die Versorgung kann nicht aufrechterhalten werden. Angeblich haben wir so viele Flüchtlinge wie Einwohner.«

»Wo sollen wir denn hin? Der Bahnhof ist zerbombt.« Margarete klang gleichzeitig wütend und ängstlich.

Ihr Blick wanderte zu Helmut, dessen Augen feucht leuchteten. »Ich weiß es nicht.«

Ellie schaute von einem zum anderen und versuchte, sich ihre Panik nicht anmerken zu lassen. Sie hatte sich geschworen, hier zu bleiben. Helmut und Hildegard hatten sie wie Familie aufgenommen. Und ihre Mutter hatte sich in Helmut verliebt. Anscheinend ging das mit fünfundfünfzig.

Auch wenn der Krieg vorbei war, war ihre Lage prekär. Sie hatten kein echtes Ziel, hatten nie etwas vereinbart, einen Ort, wo Albert sie finden konnte. Am besten gingen sie zurück, das hatte ihre Mutter immer gewollt. »Wir könnten in Richtung Königsberg aufbrechen.«

Der Satz klang so lapidar und war doch monumental. Sie hatten eine Odyssee hinter sich, allein der Gedanke, sich noch einmal bis daheim durchzukämpfen, schien verrückt.

»Bist du sicher?« In Helmuts Stimme schwang Abwehr. »Die Russen sind doch überall im Osten.«

»Ich weiß nicht«, meinte Ellies Mutter mit erstickter Stimme.

In der Erinnerung sah Ellie die Scheune vor sich, das rohe gesplitterte Holz, die Löcher im Dach, spürte die Finger, die sich in ihren Oberarm pressten, ihre schleppenden Schritte … die leeren Augen ihrer Mutter danach. Die Angst kroch in ihr hoch, nahm ihr den Atem. Sie durften den Russen nie wieder begegnen.

Sie sprang auf. »Dann verstecken wir uns hier.«

Helmut wirkte skeptisch. »Sie werden Essensmarken an die Einheimischen ausgeben. Wie soll das gehen? Es reicht ja ohnehin nicht.« Er tätschelte Margaretes Hand. »Lass uns abwarten, was Hildegard sagt.«

Doch Hildegard, die erst spät aus dem Heim wiederkam und von den vielen neuen Waisen erzählte, hatte keine Lösung. Und so blieben sie vorerst – unruhig und nervös. Ellie schaute ständig über ihre Schulter und erwartete, angehalten zu werden. Sie konnte nicht einmal die Abwesenheit der Bomber genießen, das Ende des Krieges.

Die Ruhe, die sich über Schwerin legte, war trügerisch. Kaum hatten die Amerikaner ihre Zelte und Wagen stationiert, hunderte Wohnungen evakuieren lassen, damit sie selbst dort einziehen konnten, hieß es, dass im Juni die Briten übernehmen würden.

Tatsächlich räumten die GIs die beschlagnahmten Wohnungen und fuhren hochbeladen mit Beute in Richtung Westen – die Engländer ließen die Einheimischen wieder einziehen und richteten ein neues Militärkommando ein.

Ellie und ihre Mutter versuchten, nicht aufzufallen, obwohl Ellie darauf brannte, nachzufragen, wie sie Lenchen finden konnte.

Anfang Juli eilte Helmut mit gerötetem Gesicht in die Wohnung. Er war auf dem Schwarzmarkt gewesen, der zwar verboten war, aber trotzdem florierte. »Die Russen sind im Anmarsch«, rief er, bevor er den Hut ablegte. »Die Panzer rollen bereits über den Paulsdamm.«

Ellie kam aus der Küche, ihre Mutter im Schlepptau.

»Was machen wir denn jetzt?« Margarete war bleich wie die Wand hinter ihr. »Du musst sofort Hildegard holen. Die nehmen sich auch die älteren Frauen.«

Helmuts Augen weiteten sich. »Du … ihr.«

Ellie nickte. »Sie sind unberechenbar. Wer weiß, was sie planen.« Sie schaute ihre Mutter an, die Helmut offensichtlich nichts vom Angriff der Russen erzählt hatte.

Während Helmut den Hut wieder aufsetzte und loseilte, sank Ellie neben ihrer Mutter aufs Sofa. »Ich werde nicht mehr rausgehen«, meinte Margarete. »Bis sie abhauen.«

Und wenn sie bleiben, wollte Ellie fragen. Laut sagte sie: »Helmut muss das Einkaufen übernehmen.«

Doch so weit kam es nicht. Innerhalb von ein paar Tagen verteilte die Rote Armee Plakate, laut derer alle reichsdeutschen Flüchtlinge bis zum 15. Juli, elf Uhr, Schwerin verlassen mussten. Weiter wurde befohlen, dass die Menschen aufs Land ziehen sollten, um bei der Ernte zu helfen.

»Wohin sollen wir denn?« Ellies Mutter hockte auf der Couch und hielt ihren Kopf in den Händen.

Helmut saß neben ihr und streichelte ihren Rücken. »Wir finden einen Ort, nicht zu weit, damit ich dich besuchen kann.«

Ellie räusperte sich. »Ich gehe morgen früh los und suche einen Bauern, der uns aufnimmt. Je eher wir losziehen, desto größer die Chance, dass wir jemanden in der Nähe finden.«

»Ich komme mit.« Hildegard nickte Ellie ermunternd zu. »Und Helmut und Margarete bleiben, bis wir was finden.«

Die Idee, sofort loszuziehen, hatten andere offensichtlich auch, denn am nächsten Morgen waren hunderte Menschen, hauptsächlich Frauen und Kinder, unterwegs. Es war schwer, zu sagen, ob sie aus Schwerin kamen und einen Bauern suchten oder grundsätzlich vor den Russen flohen. Denn bereits nach wenigen Tagen flogen die Gerüchte, dass die Rote Armee sich wahllos an Frauen verging.

Ellie hatte sich trotz der Hitze, heute Morgen waren es bereits weit über fünfundzwanzig Grad, ein Tuch um den Kopf geschlungen, damit ihre blonden Haare nicht auffielen. Inzwischen war es fast Mittag, und bisher hatten sie noch keine Fortschritte gemacht. Die wenigen Höfe, die sie fanden, waren bereits überlaufen, und die Bauern schüttelten vehement den Kopf, wenn Ellie ihre Hilfe anbot.

An einigen Zuwegen standen bereits Schilder. *Keine Flüchtlinge … Kein Platz mehr …*

Kurz vor der Dämmerung blieb Hildegard stehen. Die Haare klebten ihr am Kopf, und sie massierte sich den Rücken. »Wir müssen zurück, sonst finden wir im Dunkeln den Weg nicht mehr. Wir haben bestimmt die halbe Stadt umrundet.«

Ellie schüttelte stur den Kopf. Ihre Kehle schmerzte vor Trockenheit, und sie fühlte sich schwach, weil sie seit heute Mittag nichts mehr gegessen hatte. »Ich kann nicht zurück. Morgen wird es schlimmer sein, jeder Tag ist einer zu viel.« Sie versuchte ein Lächeln. »Geh ruhig heim, sonst macht sich Helmut Sorgen. Ich komme, sobald ich was finde.« Sie drückte die ältere Frau kurz und drehte sich zum Gehen. »Sei vorsichtig.«

Bereits nach wenigen Minuten kamen Ellie Zweifel. Sie machte sich Sorgen um Hildegard. Was war, wenn sie sich verlief oder den Russen in die Quere kam?

Doch ihre Beine liefen stur weiter. Die Straße führte in Richtung Südwesten, Felder wechselten sich mit Wäldern und Mooren ab. Grillen zirpten, und Ellie sehnte sich nach einem kühlen Glas Wasser.

Das Rumpeln hörte sie fast zu spät. Sie sprang über einen Wassergraben und kroch in das Gebüsch eines Haselnussstrauches. Keinen Moment zu früh, denn aus Schweriner Richtung näherten sich ein halbes Dutzend russische Lastwagen mit dem roten Stern. Sie fuhren im Schritttempo, daneben liefen Soldaten mit Gewehren im Arm.

Trotz ihrer versteckten Position zitterte Ellie. Eben noch hatte sie vor sich andere Wanderer gesehen, die jetzt verschwunden waren. Sie musste auf der Hut sein, vor allem jetzt, wo sie todmüde war.

Die Motorengeräusche wurden leiser, verstummten. Am liebsten wäre Ellie einfach liegen geblieben, doch sie konnte es sich nicht leisten, zu warten. Sie kroch aus dem Gebüsch, sprang über den Graben und setzte ihren Weg fort. Irgendwann ging rechts ein Weg ab, kaum mehr als einen Karren breit und mit Gras überwachsen.

Vor ihr färbte sich der Himmel leuchtend orange. Die Zeit drängte, sie musste einen Unterstand finden. Unschlüssig fuhr sie sich mit der Zunge über die trockenen Lippen und blinzelte gegen das scharfe Licht. Der schmale Weg schien ins Nichts zu gehen. Sie folgte ihm trotzdem.

Irgendwann drang durch die Bäume schwaches Licht. Wie weit war sie gelaufen? Es war jetzt vollkommen dunkel, und sie hoffte, dass sie nicht hinfiel. Warum hatte sie keine Kerze mitgenommen?

Es war schwer, zu sagen, wie das Gebäude aussah, denn nur ein Fenster war erleuchtet.

Ellie pirschte sich heran und wollte gerade an das Fenster klopfen, als von innen ein Hund anschlug: heftig und laut und bedrohlich.

Sie war drauf und dran, davonzulaufen, doch wohin? Sie konnte nicht einmal mehr sehen, woher sie gekommen war. Sie würde in einen der hundert Gräben fallen, die das flache Land entwässerten.

Eine Tür knirschte zu ihrer Linken, der Schein einer Laterne wurde sichtbar. Gleichzeitig raste eine bellende Gestalt auf Ellie zu.

Sie schrie auf.

KAPITEL FÜNFUNDZWANZIG

Lena

Am Neujahrstag saß Lena auf der Couch im Wohnzimmer mit einem Notizbuch in der Hand. 1994 hatte begonnen, und sie würde ab sofort ihre Vorsätze und Pläne schriftlich festhalten. Sie würde Neues probieren, im Heimathaus anfragen, ob sie aushelfen konnte, ein oder zwei Stiftungen wählen, an die sie spenden konnte, eine neue Sportart versuchen …

»Sollen wir ein paar Tage in den Schnee fahren?«, meinte sie nach einer Weile. Ansgar hockte am Schreibtisch und arbeitete an einer Akte. Sie hatten länger geschlafen, ausführlich gefrühstückt, und es war bereits Mittag.

Ansgar hielt den Blick gesenkt. »Ich muss morgen noch mal zum Bodensee.«

»Zu deiner Ex?«

Er nickte.

»Warum hilfst du ihr eigentlich? Ich meine, ihr seid seit fünf Jahren geschieden.«

Ansgar schaute auf und nahm die Lesebrille ab. »Weil sie krank ist und mir leidtut.«

»Sie kann sich doch da unten einen Anwalt nehmen.« Lena klappte ihr Notizbuch zu. »Warum sollst du stundenlang fahren und deine Zeit verschwenden?«

»Ich arbeite auf dem Weg im Zug.«

»Na und? Du hast hier genug um die Ohren.«

Ansgar stand auf und schaute sie an. »Stimmt. Aber ich helfe

Elisabeth, wenn sie etwas braucht.« Er schaute aus dem Fenster. »Wie wär's mit einem Spaziergang? Ist zwar eisig, aber ich brauche frische Luft.«

»Du könntest doch jemanden vermitteln.« Lena schüttelte den Kopf. »Ich würde einen Schlussstrich ziehen.«

»Dafür kennen wir uns zu lange.« Eine Prise Frust hatte sich in Ansgars Stimme geschlichen. Er marschierte in den Flur.

Lena hockte immer noch auf der Couch und sah ihm hinterher. In ihr rumorte die Eifersucht wie ein zähnefletschendes Tier.

Bereits im Mantel steckte Ansgar den Kopf durch die Zimmertür. »Kommst du?«

Lena erhob sich, mit einem Mal schlecht gelaunt. »Geh allein.«

Ansgar verschwand und erschien erneut mit der Mütze auf dem Kopf. »Weißt du was, ich nehme meine Ordner mit. Dann arbeite ich daheim weiter.« Er steuerte auf den Schreibtisch zu und packte seine Aktentasche.

Lena setzte sich wieder. Sollte er doch abhauen und zu seiner Ziege fahren. Die Tür fiel ins Schloss. Sie sprang auf und schaute aus dem Fenster. Auf der Straße eilte Ansgar mit gesenktem Kopf davon.

Du dumme Kuh, ging es ihr durch den Kopf. *Jetzt kannst du den Rest des Tages allein verbringen.* Sie hatte Fondue geplant, alles stand für heute Abend bereit. Vielleicht sollte sie ihn später anrufen und sich entschuldigen. Die Frau, wie hieß sie noch gleich … Elisabeth, konnte ihr doch nichts anhaben. Oder doch? Kam es nicht immer wieder vor, dass Männer nach einer verfehlten Beziehung zu ihren Ex-Frauen zurückkehrten? Vielleicht manipulierte diese Elisabeth ihren Ex-Mann, spielte die Hilflose. Er hatte seiner Ex bestimmt von Lena erzählt.

»Hör auf damit«, sagte sie laut.

Sie zog sich einen warmen Mantel an, schlang ein Tuch um den Kopf und trat nach draußen. Die Innenstadt war verlassen, die Weihnachtsbeleuchtung schwang vergessen im eisigen Wind, aus einem Fenster im ersten Stock klang Weihnachtsmusik. Sie hatte Ansgar einen Kaschmirpullover und einen passenden Schal geschenkt, in dem er umwerfend aussah, weil das Blau der Wolle genau den Ton seiner Augen traf. Er hatte sie mit einer goldenen Kette mit einem Goldanhänger in Form einer Träne überrascht. Diamanten in verschiedenen Größen formten ein Herz. Sie hatte sich sofort in den Schmuck verliebt und trug ihn jeden Tag.

Mit einem Mal fühlte sie sich einsam, sehnte sich nach Ansgars Umarmung. Sie ging schneller, den Kopf gesenkt, ihr Blick auf das Pflaster gerichtet. Sie sollte sich entschuldigen, weil sie so empfindlich war. Doch ihre Beine weigerten sich und führten sie wieder heim.

Draußen dämmerte es bereits. Sie ging zum Telefon und hob den Hörer ab, zögerte und legte auf. Nachdem sie drei Lampen angeschaltet hatte, verkroch sie sich unter die Wolldecke auf der Couch.

Als sie am nächsten Abend in die Wohnung kam, blinkte der Anrufbeantworter.

»Ansgar hier, Lena, wir müssen reden. Mir ist da was eingefallen, dieser Tom ging mir nicht aus dem Kopf.« Ansgar verstummte, und Lena dachte schon, dass er aufgelegt hatte, als er erneut sprach. »Ich … weiß nicht, ob das so mit uns klappt.« Er seufzte hörbar. »Wie gesagt, wir müssen reden.«

Lena wählte Ansgars Nummer. So viel sie wusste, hatte er geplant, am Abend wieder daheim zu sein. Nach viermaligem Klingeln schaltete sich der Anrufbeantworter ein. Lena legte auf. Sie würde es in einer halben Stunde wieder probieren. Doch gegen neunzehn Uhr ging immer noch keiner dran. Vielleicht sollte sie hinfahren, doch warum hob er nicht ab, wenn er mit ihr sprechen wollte? Sie war neugierig, was er über Tom zu berichten hatte, aber vor allem schlug ihr das Herz bis zum Hals, wenn sie an ihre nörgelnden Kommentare dachte. Kein Wunder, dass er keine Lust auf diese Behandlung hatte.

Und wenn er dich verlassen will, fragte die Stimme in ihrem Kopf. *So wie du dich aufführst, wäre das kein Wunder.* Warum hielt sie nicht die Klappe und vertraute ihm? Lag es daran, dass sie sich nie geliebt gefühlt, Katarinas kalte Art nicht verstanden hatte? Oder lag es an ihrem mangelnden Selbstvertrauen? Klar, in der Bank hatte sie die Chefin gespielt, immer perfekt gekleidet mit einer Prise Arroganz – ganz wie sie es von ihrer Mutter gelernt hatte –, ein gutes Mittel, um das Personal einzuschüchtern. Dabei versteckte sich unter ihrem Panzer ein Häufchen Elend.

Entschlossen ging sie zum Tisch und trug *finde Psychotherapeut* in ihr Notizbuch ein. Gegen zwanzig Uhr versuchte sie es erneut. Ansgars Telefon klingelte, der Anrufbeantworter schaltete sich ein. Vielleicht war der ICE ausgefallen, oder sie hatte etwas missverstanden. Oder die Tucke am Bodensee hatte ihre Krallen in Ansgar geschlagen und er war noch dort.

Am nächsten Morgen aß Lena gerade ein Brötchen, als das Telefon klingelte.

»Von Schweig?« Lena erwartete Ansgars tiefe Stimme, doch die Frau in der Leitung klang weinerlich.

»Frau von Schweig, Lamm hier, Dr. Schumanns Sekretärin. Sie sind doch … ich meine … Dr. Schumann und Sie –«

»Wir sind gut befreundet«, meinte Lena. »Wo steckt er denn überhaupt? Er wollte doch gestern zurück sein.«

»Das ist es ja.« Frau Lamm begann zu weinen. »Es ist so schrecklich, ich weiß gar nicht …«

Ein schmerzhafter Druck legte sich auf Lenas Magen, eine Vorahnung. Sie presste mit aller Macht den Hörer ans Ohr. »Sagen Sie schon«, hauchte sie, erstaunt, dass die Worte verständlich waren.

»Dr. Schumann ist gestern Abend mit dem Fahrrad schwer verunglückt. Ein Unbekannter hat ihn angefahren und –«

»Wo ist er?«, schrie Lena.

»Im St. Franziskus-Hospital«, weinte Frau Lamm. »Ich wollte nachher hin, aber ich muss erst mal hier Ordnung schaffen.«

»Ich fahre sofort los. Melde mich dann.«

Lena wusste nicht, wie sie ins Krankenhaus gekommen war. Ihre Bewegungen waren mechanisch, ihr Blick leer, nur die Worte der Sekretärin *mit dem Fahrrad schwer verunglückt* hallten durch ihren Kopf.

Sie fragte sich zur Intensivstation durch und blieb am Empfangsschalter stehen. Der Flur wirkte verlassen, einige Türen, hinter denen Patienten um ihr Leben kämpften, standen offen. Der Raum drehte sich, und sie schaffte es gerade noch, den Schalter zu fassen.

»Ja bitte?«

Lena öffnete die Augen. Vor ihr stand eine Schwester mit ernster Miene. »Ich suche …«, sie räusperte sich, kämpfte mit den Tränen, »Dr. Schumann, Ansgar.«

Die Schwester, deren Namensschild *Anna* verkündete, nickte. »Sind Sie verwandt?«

Lena schluckte. »Zusammen … ich meine, er ist mein Freund.«

»Kommen Sie.« Schwester Anna zeigte den Gang hinunter.

Das Zimmer war hell erleuchtet, Maschinen blinkten und piepten um die Wette. Lena wäre am liebsten stehen geblieben oder, besser noch, davongelaufen. Doch sie tat einen Schritt nach dem anderen, bis sie am Bett stand. Der Mann, dessen Schädel unter einer dicken Schicht Gaze versteckt war, sah nicht wie Ansgar aus, und zuerst wollte sie der Schwester zurufen, dass sie ihn verwechselt hatten. Dass alles ein Fehler war. *Ihr* Ansgar war zu Hause oder im Büro und arbeitete an komplizierten Rechtsfällen. Die Schwellungen an Wangen und Kinn leuchteten lila-blau und verzerrten seine Züge. Das linke Auge war dick wie ein Ei. Ein Schlauch verstopfte seinen Mund, den Mund, der so gut küssen konnte, und Luft zischte von einem Atemgerät in seinen Körper.

Das rechte Bein, vom Fuß bis zum Oberschenkel eingegipst, hing in einer Schlinge. Sein rechter Unterarm war ebenfalls verbunden.

Lena legte eine zittrige Hand auf die einzig unversehrte Stelle an seinem linken Handgelenk. »Ich bin's«, flüsterte sie. »Ich passe jetzt auf dich auf.«

Sie holte sich einen Stuhl ans Bett und saß unbeweglich, ihr Blick starr auf seinem Gesicht, das keinerlei Ähnlichkeit mit ihrem Ansgar hatte.

Irgendwann kam Schwester Anna ins Zimmer, kontrollierte die Infusionsbeutel, deren Schläuche in Ansgars Arm führten.

»Was geben Sie ihm?«, fragte Lena, erstaunt, dass ihre Stimme funktionierte.

»Schmerzmittel und Narkose.«

»Kann ich mit dem Arzt sprechen?«

Schwester Anna schaute sie prüfend an. »Ich glaube nicht, dass er Auskunft geben darf. Sie sind weder verwandt noch liiert, richtig?«

Wir sind ein Liebespaar, wollte Lena schreien. Doch sie hatte kaum die Kraft, und hier zu schreien, passte nun wirklich nicht. »Er hat keine Familie, ich muss doch wissen, was mit ihm ist.« Ihre Stimme versagte.

»Tut mir leid, Sie müssen jetzt gehen. Der Arzt macht Visite.«

»Kann ich nicht warten?« Sie wusste, wie verzweifelt sie klang, ihr Körper vibrierte vor Angst. Er sah so zerbrechlich aus. Wie konnte man diese Verletzungen überleben?

Lena schleppte sich hinaus, ihr Gang mühsam wie der einer alten Frau. Vorgestern war sie noch ärgerlich auf Ansgar gewesen, hatte ihm Vorwürfe gemacht. Jetzt lag er halbtot ans Bett gefesselt. Vielleicht würde er nie wieder aufstehen oder permanente Verletzungen davontragen.

Sie musste Ansgars Sekretärin Frau Lamm anrufen. Ihre Gedanken hüpften zu ihrem letzten Gespräch, als Ansgar seine Tasche gepackt und davonmarschiert war, zum Weihnachtsabend, als er ihr die Kette umgehängt hatte. Ihre Finger tasteten nach dem Anhänger, umklammerten ihn. Dann sank sie auf eine Bank im Gang vor der Intensivstation, stützte den Kopf in ihre Hände und begann zu weinen.

Wie lange sie da saß, wusste sie nicht. Menschen kamen und gingen, redeten miteinander. Sie verstand kein Wort, ihre Welt war geschrumpft, nein, wie ein Kartenhaus zusammengefallen. Sie war allein auf dieser Welt, ein Niemand, der aus Luft bestand, durchsichtig … unsichtbar.

Irgendwann am Nachmittag erhob sie sich und wankte zum Ausgang, stieg in den Wagen und fuhr heim. Den Strafzettel an der Windschutzscheibe schleuderte sie in den nächsten Gulli.

Wie betrunken wanderte sie ins Schlafzimmer, fiel aufs Bett und wusste nichts mehr.

Mitten in der Nacht stand sie auf, weil ihre Kehle vor Durst schmerzte. Sie trank zwei Gläser Wasser und würgte einen Joghurt hinunter. Wieder im Bett wälzte sie sich hin und her, ihre Gedanken bei dem Mann, den sie, wie sie jetzt wusste, von ganzem Herzen liebte und der vielleicht sterben würde. Der Drang, sofort aufzustehen und wieder ins Krankenhaus zu fahren, war fast nicht zum Aushalten. Sie zwang sich, liegen zu bleiben. Sie würde weder etwas über seinen Unfall noch über seine Verletzungen erfahren, die nächste Schwester würde sie vielleicht nicht ins Zimmer lassen. Außerdem musste sie sich ausruhen.

Doch der Schlaf kam nicht. Ihre Gedanken kreisten um die entstellte Figur im Krankenhausbett. Ihr fiel die Nachricht wieder ein, die Ansgar hinterlassen hatte, etwas über Tom, das er ihr persönlich hatte sagen wollen.

Gegen sieben Uhr hörte sie den Anrufbeantworter ab, der schon wieder wild blinkte.

»Frau Lamm hier«, kam es durch die Leitung. »Melden Sie sich bitte? Man gibt mir keine Auskunft. Ich habe Dr. Schumanns Frau angerufen. Sie wird morgen anreisen.«

Lena drückte die Wiederholungstaste. »… ich habe Dr. Schumanns Frau angerufen …«

Ansgars Sekretärin war offenbar nicht auf dem Laufenden,

wahrscheinlich hatte ihr Ansgar irgendetwas erzählt, wenn er zum Bodensee fuhr. Wieso kam die Ex überhaupt angereist, wenn sie selbst krank war?

Die Wut stieg in Lena auf. Sie griff sich an die Kehle, als würgte sie jemand. Irgendetwas stimmte nicht. Sie begann im Wohnzimmer hin- und herzulaufen – acht Schritte zum Sofa und zurück zur Tür. Alle paar Minuten schielte sie zum Radio, doch die Zeit schlich in Zeitlupe.

Pünktlich um acht Uhr wählte Lena die Nummer der Anwaltskanzlei. Frau Lamm klang außer Atem, als sei sie zum Telefon gesprintet. »Endlich, wie geht es ihm? Man sagt mir kein Wort, auch nicht, als ich gestern dort vorgesprochen habe. Was soll ich denn den Klienten erzählen? Jeder will wissen, wie es ihm geht, wann er wieder ins Büro kommt –«

»Er liegt im Koma, hat Arm- und Beinbrüche und eine Kopfverletzung«, sagte Lena. Ihre Stimme zitterte schon wieder, und sie atmete tief durch.

»Der Arme, das ist ja schrecklich. Was ist denn nur passiert?«

»Man gibt mir auch keine Auskunft, weder zu seinem Zustand noch zum Unfall, da ich nicht verwandt oder liiert bin.«

»Das darf doch nicht wahr sein«, rief Frau Lamm in die Leitung. »Dann ist es ja gut, dass seine Frau kommt.«

»Glauben Sie, der Arzt wird mit Ansgars geschiedener Frau sprechen?«

»Geschieden? Davon weiß ich nichts.« Frau Lamm klang verwirrt.

Lena schwieg. Das Eifersuchtsmonster erhob sich erneut. Hatte Ansgar sie belogen, fuhr er deshalb so gerne zum Bodensee, hielt sich bequemerweise eine Freundin in Münster?

»Frau von Schweig, sind Sie noch da?«

Lena räusperte sich. »Wann kommt sie denn? Vielleicht kann ich mit ihr sprechen.«

»Sie will gegen dreizehn Uhr hier sein und sofort ins Krankenhaus.«

»Dann werde ich sie dort treffen.« Lena war erstaunt, wie ruhig sie klang.

»Machen Sie das. Ich werde sehen, ob ich eine Patientenverfügung in seinen Unterlagen finde. Melden Sie sich jederzeit.«

Lena legte auf. Die Wut war zurück, gepaart mit dem Gefühl

der Hilflosigkeit. Womöglich musste sie Ansgars Frau anbetteln, etwas zu erfahren.

Egal, sie würde, falls notwendig, auf dem Boden kriechen und um Hilfe flehen.

KAPITEL SECHSUNDZWANZIG

Ellie

»Wer ist da?«, rief die Stimme, die zu der Laterne gehörte. Sie klang alt und rostig, wie ein ausrangiertes Wagenrad.

Ellie stand wie gelähmt mit dem Rücken zur Wand und schaute auf das dunkle Wesen an ihren Knien hinab, das sie neugierig beschnüffelte. »Ellie Johansen … ich habe mich verlaufen.«

Die Laterne schwenkte auf sie zu, hob sich zu ihrem Gesicht. »Ellie, eh? Törichtes Mädchen. Läuft herum, wenn es überall von Russen wimmelt.« Im funzeligen Licht machte Ellie das Gesicht eines alten Mannes aus, von dem ein strenger Geruch ausging.

»Tut mir leid, ich … wir müssen Schwerin verlassen, die Russen kommen, und ich …«

Der Alte räusperte sich. »Eben waren schon drei Familien mit Kindern hier, wollen bei der Ernte helfen. Hah, welche Ernte? Ist alles kaputt. Brauche keine Hilfe, die Zeiten sind vorbei.«

Ellies Herz sank. Einen Moment lang hatte sie sich Hoffnung gemacht, dass sie hier unterkommen konnte.

Der Alte drehte sich zum Gehen und schlurfte zum Hauseingang. »Fritz, bei Fuß.«

Ellie atmete ein wenig leichter, denn der Hund folgte seinem Herrn. Sie entschied sich, hier zu warten und im ersten Morgengrauen aufzubrechen.

»Worauf wartest du? Komm schon«, kam es von der Tür. Ellie traute ihren Ohren nicht, aber der Alte winkte mit der Laterne. So schnell sie ihre Füße trugen, folgte sie ihm ins Haus.

Innen war die Sicht kaum besser als draußen, denn es brannte nur eine funzelige Kerze am Herd, von dem ein köstlicher Duft ausging, der mit dem Geruch von ungewaschenen Kleidern konkurrierte. *Brot*, registrierte Ellies Kopf.

Der Alte musterte sie und winkte sie näher. »Komm schon, setz dich.« Er deutete auf einen abgenutzten Stuhl am Tisch. »Hast Hunger.«

Es war keine Frage, aber Ellie nickte trotzdem und sank ergeben auf den Stuhl. »Danke.«

Wortlos stellte der alte Mann eine Karaffe Wasser und einen Becher auf den Tisch, daneben einen Kanten Brot, Butter und Marmelade. »Iss, neues Brot ist gleich fertig.«

Ellies Hände zitterten, während sie eine Scheibe abschnitt und schmierte. Brombeerduft stieg ihr in die Nase, sie schloss die Augen, während sie kaute. Das Brot aus Roggen war alt und zäh, und doch köstlich.

Irgendwann schaute sie auf. Der Alte saß ihr gegenüber und nippte an einem Glas mit klarer Flüssigkeit, von dem ein starker alkoholischer Geruch ausging, sein Hund Fritz zu seinen Füßen. »Wohin willst du denn, ganz allein da draußen?«

Ellie schluckte und wischte sich mit dem Ärmel über den Mund. Sollte sie die Wahrheit sagen und riskieren, dass er sie wie die anderen Familien auf der Stelle fortschickte? Aber was blieb ihr übrig? Sie musste sich beeilen, ihre Mutter durfte kein zweites Mal in die Hände der Russen geraten. »Darf ich Ihnen eine Geschichte erzählen?«

»Nur raus damit. Ich habe Zeit.«

»Ich heiße Ellie, und vor einem halben Jahr hatte ich auch einen Hof … in Ostpreußen«, begann sie. Sie erzählte von ihrer Flucht, erwähnte am Rande die Scheune, selbst den Verlust von Lenchen, die endlose Odyssee bis hierher.

»Moment mal«, meinte der Alte. »Du hast deine Tochter verloren, während die Russenschweine euch …?«

Der Alte verschwamm vor Ellies Augen. »Schwerin ist seit kurzem von Russen besetzt. Alle Flüchtlinge müssen raus.«

»Und du suchst für dich und deine Mutter eine Bleibe.« Der Alte beobachtete sie genau.

Ellie nickte. Der Mann wirkte zwar wie Methusalem, im Halbdunkel leuchteten seine Augen zwischen Falten und Bart, aber sein Kopf schien perfekt zu funktionieren. Der Raum versank in

Stille. Ellie wartete auf das Unvermeidliche. Es war offensichtlich, dass der Mann seit Jahren allein hauste und bestimmt keine Untermieter wünschte.

»Ich gehe gleich morgen früh weiter«, sagte sie irgendwann.

Der Alte räusperte sich, hustete und kippte den Rest der klaren Flüssigkeit hinunter. Dann stand er mühsam auf, schlurfte auf sie zu und reichte ihr die Hand. »Johannes.« Die Falten in seinem Gesicht verschoben sich, ein paar gelbliche Zähne kamen zum Vorschein. »Weiß nicht, warum ich das mache, aber du und deine Mutter könnt erst mal zu mir kommen.«

Ellie schrie etwas Unverständliches und sprang auf. »Danke, das werde ich Ihnen nie vergessen.«

»Johannes«, meinte er trocken. Dann schlurfte er zum Regal und holte die Flasche Alkohol. »Darauf trinken wir.«

Der Schnaps brannte wie Feuer in Ellies Kehle, bahnte sich einen Weg in ihren Magen. Sie fühlte sich augenblicklich beschwipst, doch was machte das schon? Sie hatte eine Bleibe gefunden.

Bei Tageslicht wirkte Johannes' Hof noch heruntergekommener als im Dunkeln. Es war offensichtlich, dass der Alte seit Jahren nicht mehr ordentlich arbeiten konnte. Ellie hatte ihre Mutter abgeholt, und sie hatten sich unter dem Dach, das über eine steile Stiege erreichbar war, zwei Betten aus Stroh und Decken gemacht.

Margarete verbiss sich einen Kommentar, obwohl Ellie ihre Abneigung in ihrem Gesicht lesen konnte. »Konntest du wirklich nichts Besseres finden?«, fragte sie am zweiten Abend, als sie sich einen Weg über den Hof bahnten. Überall lagen verrostete Geräte, Werkzeuge, alte Kübel, zerbrochene Möbel. Nur den Hühnerstall hielt Johannes in Schuss, auch wenn es nur noch vier Hennen gab.

»Glaub mir, ich bin heilfroh, dass wir überhaupt eine Unterkunft haben. Oder willst du weiter nach Westen?«

Ellies Mutter schüttelte vehement den Kopf. »Helmut kommt am Samstag, dann machen wir einen Ausflug.«

Als sie zum Essen reingingen, es gab Brot und eine Suppe, die der Alte aus Rüben und Zwiebeln gekocht hatte, erhob Ellie das Wort. »Wir möchten helfen, Johannes. Den Hof aufräumen, das Dach in der Scheune hat ein Loch. Wir könnten hier drinnen –«

Johannes hob abwehrend den Arm. »Nicht so hastig. Ist alles, wie es sein soll.«

»Aber –«

»Meine Auguste hat alles in Ordnung gehalten.« Der Blick des Alten wanderte zum Fenster. »Es war eine gute Zeit. Vor dem Krieg.«

Margarete legte ihre auf Johannes' Hand. »Ist schwer, mein Mann hat mich auf dem Hof allein gelassen.« Sie schaute zu Ellie. »Und meine Tochter musste den Hof allein führen, als ihr Albert an die Front musste.«

Johannes schaute Ellie an. »Ist er gefallen?«

»Ich weiß es nicht. Und *er* weiß nicht, wo ich bin. Der ganze Osten ist auf Wanderschaft … viele Millionen Menschen.«

Ein tiefer Seufzer entfuhr Johannes' Brust. »Und ihr beide landet ausgerechnet in meiner Bruchbude.« Die Falten um seinen Mund zitterten. »Also gut, fangen wir hier drin an. Auguste würde sich im Grab umdrehen, wenn sie mich sehen könnte.« Die Augen des Alten waren feucht. Er schaute Fritz an, als suche er das Einverständnis seines Hundes. »Dass wir noch mal Frauenzimmer im Haus haben.«

Innerhalb weniger Tage sortierten, putzten und reparierten Ellie und Margarete das Haus. Ellie stand im Morgengrauen auf, so wie sie es früher auf ihrem Hof getan hatte, arbeitete im verwilderten Gemüsegarten, machte Frühstück und half ihrer Mutter den Rest des Tages. Als das Innere so weit wiederhergestellt war, dass man ordentlich und sauber darin sitzen konnte, zogen die beiden auf den Hof.

Der Juli kam und ging. An den Wochenenden erschien Helmut, manchmal mit Hildegard im Schlepptau, und sie wanderten ein wenig im Wald umher. Ellie und Hildegard gingen ihre eigenen Wege, damit das Paar ein wenig Privatsphäre hatte.

Inzwischen nahm auch Johannes an ihren Treffen teil, er freute sich auf die regelmäßigen Besuche, für die Ellie aus Resten irgendetwas backte. Es half, dass die Hühner Eier legten, auch wenn sie sehr auf sie achten mussten. Trotz der abgelegenen Lage schlichen regelmäßig Gestalten auf den Hof und fragten nach Essen und Unterkunft. In der Regel schickte Johannes sie weiter, nachdem er ihnen Wasser angeboten hatte. Manchmal sprachen Ellie und Margarete über ihre Rückkehr und wie sie die vielen Kilometer hinter sich bringen konnten. Ellie graute es vor dem langen Marsch, vor allem, weil die russische Armee überall auftauchen konnte. In ihrem Kopf dachte sie, dass der Herbst die beste Zeit sein würde, sodass sie vor dem Winter zurück sein würden.

Sie sammelte Brombeeren, bestellte einen Teil des Feldes direkt neben dem Haus, das sie im Auge behalten konnten. Trotz der vielen Arbeit dachte Ellie von morgens bis abends an Lenchen und inzwischen auch an Albert und daran, wie sie etwas über die beiden herausfinden konnte.

Helmut hatte ihr erzählt, dass die Menschen an den Bahnhofswänden von Schwerin, an Kirchen und Fassaden Suchzettel anbrachten, mit denen sie nach Familienmitgliedern fahndeten.

Doch wie standen die Chancen, wenn man nicht aus Schwerin oder einem Dorf in der Nähe stammte? Selbst wenn Albert lebte, warum würde er ausgerechnet nach Schwerin kommen? Es gab hunderte andere Städte in inzwischen vier Sektoren.

Sie hatte auch überlegt, ob sie an die Nachbarn im Samland schreiben sollte. Doch auch das erledigte sich.

Anfang August erzählte Helmut von einem Treffen der Staatschefs der vier alliierten Mächte, die in Potsdam getagt hatten. »Stalin hat entschieden, dass Ostpreußen an die Polen und Russen geht.« Er schüttelte traurig den Kopf. »Ich fürchte, ihr könnt nicht mehr zurück. Die restlichen Deutschen werden sie auch noch vertreiben.«

Margarete bedeckte ihr Gesicht mit den Händen und begann zu weinen. »Meine Pferde«, flüsterte sie.

Ellie dachte an ihren Hof, der Generationen in Alberts Familie gewesen war. Nicht groß oder prachtvoll, aber ihr Heim, in dem sie glücklich gelebt hatten. Ihr wurde klar, dass sie insgeheim immer auf eine Rückkehr gehofft hatte. In manchen Tagträumen hatte sie Albert dort ankommen sehen, manchmal auch Lenchen. Das war jetzt vorbei. »Was machen wir jetzt?«, schniefte sie.

Helmut tätschelte ihre Hand. »Ihr bleibt hier. Wenn die Russen abziehen, kommt ihr zu uns zurück. Die Wohnung ist groß genug.«

Als Helmut am frühen Abend davonging, standen Ellie und ihre Mutter auf Johannes' Hof und winkten. Zum ersten Mal seit ihrer Ankunft wurde Ellie klar, dass sie länger hier bleiben würde, viel länger. Zumindest bis die Russen aus der Kriegslaune heraus waren und aufhörten, scheinbar wahllos Frauen aufzugreifen.

Hand in Hand gingen Ellie und Margarete ins Haus. Das Gerümpel war inzwischen fortgeräumt, das Dach der Scheune geflickt, im Garten wuchsen Zwiebeln und Kartoffeln. Jeden Tag machten sie Fortschritte, und Johannes war regelrecht aufgeblüht.

Doch Ellie fühlte sich verloren, ein vertrocknetes Blatt auf einem See, das vom Wind hierhin und dorthin verweht wurde, ohne je irgendwo anzukommen.

KAPITEL SIEBENUNDZWANZIG

Lena

Wie eine Löwin im Käfig ging Lena vor dem Eingang der Intensivstation auf und ab. Sie hatte keine Ahnung, wie Ansgars Ex-Frau aussah, aber so viele Menschen kamen ohnehin nicht zu Besuch. Sie fragte sich, ob Ansgar überhaupt noch lebte. Niemand würde ihr Bescheid geben, weil sie für das deutsche Rechtssystem nicht existierte. Sie holte tief Luft, ihr Atem laut und mühsam.

Fast hätte sie die in einen teuren knöchellangen Wollmantel gekleidete Frau ignoriert. Sie war kaum eins sechzig groß, mit fein geschwungenen Lippen. Alles an ihr, selbst die Wildlederstiefel, wirkte perfekt, als sei sie gerade vom Laufsteg eines Modehauses gekommen und nicht stundenlang Zug gefahren. Lena kam sich heruntergekommen vor in ihrem Parka und den klobigen Boots, aber es war ihr egal. Wenn sie etwas über Ansgar herausfinden konnte, hätte sie auch im Nachthemd hier gewartet.

»Frau Schumann?«, rief Lena.

Die Dame blieb stehen, ihr Blick bereits auf der Tür zur Station. »Ja bitte?«

»Ich bin Lena von Schweig, Ansgars Freundin.« Lena versuchte ein Lächeln, das auf der abweisenden Miene der Dame abprallte. »Ich muss unbedingt wissen, wie es Ansgar geht. Wären Sie so lieb –«

»Warum fragen Sie nicht selbst?« Frau Schumanns abschätzender Blick wanderte von Lenas ramponierter Frisur bis zu ihren Schuhen und wieder zurück. »Ach, ich verstehe. Sie gehören nicht zur Familie.«

Ich bin seine Freundin, ich liebe ihn, wollte Lena schreien, *du arrogante Kuh*. Hatte Ansgar seiner Ex überhaupt von ihr erzählt, und wenn ja, wusste die Frau, dass Lena ein Suchkind ohne Identität war? Sie dachte an Weihnachten, als er ihr die Kette umgehängt hatte, ihre Gespräche, die Zeiten im Bett, in denen sie sich neu entdeckt hatte.

»Bitte, ich kann hier warten.«

Die Dame drehte ihr den Rücken zu. »Es wird dauern.«

Die automatische Schiebetür zur Intensivstation öffnete und schloss sich, und Lena blieb allein zurück. Jetzt, wo die Ziege fort war, kamen ihr die Tränen. War es nicht schlimm genug, dass Ansgar halbtot auf der anderen Seite der Mauer lag und um sein Leben kämpfte?

Ihr ganzer Körper schmerzte vor Sehnsucht, und ihre Gedanken kreisten planlos. Sie sank auf eine Bank und starrte an die gegenüberliegende Wand. Ab und zu kam oder ging jemand – die Zeit hatte jede Bedeutung verloren.

Als die zierliche Frau heraustrat, sprang Lena wie elektrisiert auf. »Können Sie mir etwas sagen? Bitte, ich muss es wissen.«

Frau Schumann hob abwehrend einen behandschuhten Arm. »Bitte, beruhigen Sie sich.« Der arrogante, leicht angewiderte Ausdruck von vorhin war zurück. »Er liegt im Koma, man will ihm Zeit geben, damit sich Gehirn und Körper erholen können.«

»Was fehlt ihm denn, was ist passiert?« Lena hatte hundert Fragen. »Wie lange –«

»Mehr weiß ich nicht.« Sie hielt inne. »Ich werde einige Tage im *Mauritzhof* absteigen.« Sie wandte sich zum Gehen. »Sie können ja anrufen.«

Lena stand da und schaute der kleinen Frau nach, die einst Ansgars gewesen war. Sie wirkte sonderbar, ein wenig weltfremd, fragil und was? Lena konnte sich keinen Reim darauf machen, was mit ihr nicht stimmte.

Erschöpft machte sie sich auf den Heimweg.

Viermal versuchte Lena, Ansgars Ex-Frau anzurufen. Sie hinterließ jeweils eine Nachricht mit ihrer Telefonnummer und wartete danach vergebens auf einen Rückruf. Claudia kam nach der Arbeit vorbei und brachte Lena Pizza und Salat. Allein der Anblick der Pizza brachte sie zum Weinen, weil sie Lena an ihre Freitagabende erinnerte.

Sie lief kilometerweit in ihrer Wohnung auf und ab, setzte sich, sprang wieder auf und schlief irgendwann auf dem Sofa ein.

Am Nachmittag des nächsten Tages klingelte das Telefon.

»Lamm hier, Frau von Schweig, gut, dass ich Sie erreiche.« Ansgars Sekretärin klang atemlos. »Können Sie ins Büro kommen, jetzt gleich?«

»Ist was mit Ansgar … Dr. Schumann? Hat seine Ex-Frau sich bei Ihnen gemeldet?«

»Nein, nein, aber ich denke, Sie werden sich freuen.«

Lena traute ihren Ohren nicht. Wovon sprach die Frau?

Frau Lamm ließ Lena herein und schloss die Tür hinter ihr. Ein Schild am Eingang verkündete Ansgars Abwesenheit auf unbestimmte Zeit. »Kommen Sie, setzen Sie sich.«

Sie erschien mit einer Dokumentenmappe. »Es hat ein wenig gedauert, Dr. Schumann ist ja sehr genau, aber da es um seine eigenen Angelegenheiten ging, musste ich erst einmal herausfinden –«

»Ist er immer noch mit dieser Frau verheiratet?«, brach es aus Lena heraus.

Frau Lamms Mundwinkel bewegten sich abwärts, wobei sie den Kopf schüttelte. »Sie ist kompliziert. Dr. Schumann hat einmal erwähnt, dass sie in psychiatrischer Behandlung ist, in einem Sanatorium am Bodensee. Es geht mich ja nichts an …«

Den Rest hörte Lena nicht. Warum hatte Ansgar sie angelogen? Sie fühlte sich zerrissen, auf der einen Seite wütend, während sie gleichzeitig um ihn bangte. Sie wollte ihn zur Rede stellen, ihn fragen, was er sich dabei gedacht hatte.

»… gefunden.« Frau Lamm schaute sie abwartend an.

»Wie bitte?«

»Ich sagte, ich habe Dr. Schumanns Patientenverfügung gefunden. Sie war bei seinem Anwaltskollegen hinterlegt.« Sie schob Lena ein Dokument hin. »Sehen Sie, ist kurz vor Weihnachten datiert. Sie sind als Entscheidungsperson genannt, falls ihm etwas passiert.«

Lenas Blick flog über die Zeilen. Da stand ihr Name. Ansgar hatte ihr vertraut, hatte sie in sein Leben aufgenommen, ohne dass sie es wusste.

Das Papier verschwamm, und Lena schluchzte auf. Ein Taschentuch erschien vor ihrer Nase.

»Jetzt können Sie endlich mit dem Arzt sprechen. Ich werde

alles rüberfaxen.« Frau Lamm stand auf. »Gehen Sie schnell hin.«

Lena sprang auf und umarmte die rundliche Sekretärin. »Ich weiß gar nicht, wie ich Ihnen danken soll.«

Lena saß an Ansgars Bett, ihre Stirn auf seiner unverletzten Hand. Sie hatte den ganzen Morgen hier verbracht und war nur rausgegangen, wenn Schwestern und Ärzte an ihm gearbeitet hatten. Seitdem ihr Name als Kontakt hinterlegt war, bekam sie Antworten. Sie hatte mit einem Neurologen, mit Orthopäden und Schwestern gesprochen. Ansgars linkes Bein war dreifach gebrochen, Oberarm und Schulter hatten je eine Fraktur, das Becken ebenfalls. Laut dem Orthopäden waren die Brüche gut versorgt, nur die Aussage des Neurologen machte ihr Sorgen. Keiner wusste, wie schwer die Kopfwunde wirklich war und in welchem Grad ein Trauma vorlag. Mit anderen Worten, es war schwer abzuschätzen, ob Ansgar langfristige Schäden davontragen würde.

Lena versuchte, nur im Moment zu leben. Sie erzählte Ansgar von seiner Sekretärin, vom Finden der Dokumente, dem täglichen Kleinkram ihrer Welt, damit er ihre Stimme hörte. Angeblich schlief er tief und fest und hörte nichts, aber Lena war sich nicht so sicher. Wer wusste, ob das Unterbewusstsein nicht doch etwas wahrnahm?

»Nachher muss ich noch einkaufen«, murmelte sie gerade, als die Tür aufging. Lena schaute halb benommen auf und erkannte Ansgars Ex.

»Was machen Sie hier? Sie haben doch gar keinen Zutritt.« Frau Schumann eilte ans Bett und baute sich in Hut und Mantel vor Lena auf.

Lena wollte sich nicht im Beisein von Ansgar streiten und stand auf. »Gehen wir in den Flur.«

»Wieso?« Frau Schumann beäugte Lenas Tasche. »Nehmen Sie die gleich mit.«

»Keine Sorge, ich komme wieder rein.« Lena steuerte wortlos in den Korridor und starrte die Frau, die ihr gefolgt war, zornig an. »Ich bin ganz offiziell hier, Ansgar hat mich als Kontaktperson aufgeführt. Im Übrigen finde ich es sehr unhöflich, nein kalt, dass Sie mir nicht einmal etwas über ihn sagen wollten. Sie wissen genau, dass wir ein Paar sind.«

Frau Schumann schaute sie missbilligend an. »Da hat er sich aber wirklich eine ausgesucht.« Sie hob die Nase so hoch sie konnte, was ihr nicht half, denn sie war immer noch einen halben Kopf kleiner als Lena. »Ich fahre heute ab. Meine Nerven schaffen das nicht. Dieses Hin und Her, das Bett ist eine Katastrophe. Ich wollte nur noch mal … ach, das ist jetzt auch egal.«

»Guten Tag.« Lena drehte sich auf dem Absatz um und verschwand in Ansgars Zimmer. Sie wollte der Frau nie wieder begegnen.

Allein mit Ansgar machte sie die Augen zu. Alles war besser, als allein in ihrer Wohnung zu hocken.

Als sie eine Woche später ins Krankenhaus kam, lag Ansgar auf der Pflegestation, die künstliche Beatmung und die meisten Geräte waren verschwunden. Eine Kanüle lenkte Flüssigkeit in eine Armvene, der dicke Kopfverband war einer Gaze gewichen. Auch die Schwellungen waren zurückgegangen, sein Gesicht hatte wieder Proportionen.

»Ich bin's«, hauchte sie und streichelte seine gute Hand. Sie erzählte ihm von den Briefen, die inzwischen eingetroffen waren, den Dutzenden Karten mit Genesungswünschen, der Versicherung und der Suche nach dem Unbekannten, der Ansgar umgemäht hatte. Irgendwann verstummte sie. Ansgar hatte sich nicht gerührt.

Lena kämpfte mit den Tränen. Sie wollte nicht, dass er sie weinen hörte, wollte nicht, dass er ihre Verzweiflung mitbekam. Fast zwei Wochen waren vergangen. Bis auf die Krankenhausbesuche machte sie nichts, zwang sich, den ein oder anderen Bissen zu sich zu nehmen. Ihre Hosen schlotterten an ihr, sie schlief schlecht, wachte ständig auf und stellte sich ein Leben mit Ansgar im Rollstuhl vor.

Der Arzt hatte angedeutet, dass je nach Art der Verletzung im Kopf die motorischen Fähigkeiten in Mitleidenschaft gezogen waren. Keiner wusste, ob Ansgar je wieder laufen konnte. Was war, wenn er eine geistige Behinderung davongetragen hatte, seine Praxis aufgeben und gepflegt werden musste? Alles war möglich.

»Haben Sie Geduld«, hieß es jedes Mal, wenn sie nachfragte. Es war nicht nur die Geduld, es war die Ungewissheit.

Als sie am frühen Abend heimkehrte, warteten Walter und Anneliese Krause von den Heimatvertriebenen vor der Tür. Lena wäre am liebsten umgekehrt, ihre Wohnung glich einem Schweinestall, sie schaffte es kaum, jeden Tag in die Kleider zu kommen.

Am Ende bat sie die beiden hinein. »Es tut mir leid, ich kann im

Moment nicht …«

Anneliese nahm sie in den Arm. »Alles gut, wir haben uns Sorgen gemacht, weil du nicht beim letzten Treffen warst.«

Lena schniefte.

»Wir bleiben nicht lange«, meinte Walter. »Was können wir für dich tun? Einkaufen, was kochen?«

»Sehr lieb, ich weiß nicht.« Lena versuchte ein Lächeln, was misslang.

Sie einigten sich darauf, dass Walter ein paar Gerichte vorbeibringen würde. An der Tür klopfte er ihr auf die Schulter. »Es wird alles gut, du wirst sehen.« Er öffnete den Mund, schloss ihn wieder.

Lena hatte den Eindruck, dass er mehr sagen wollte und es wegen Anneliese, die schon rausgegangen war, nicht tat.

Am nächsten Abend stand nicht Walter, sondern Tom beladen mit zwei schweren Taschen vor der Tür. Er wirkte fahrig und eilte, ohne sie groß anzusehen, an ihr vorbei in die Küche.

Lena wunderte sich nicht. Die Menschen gingen unterschiedlich mit dem Leid anderer um. Manche wendeten sich komplett ab. Ihre Mutter hatte immer Distanz gehalten. Dann musste sie keine Gefühle zeigen, dann tat nichts weh.

Nachdem Tom die Sachen auf den Tisch gepackt hatte, starrte er sie an, als sei er unentschlossen, was zu tun sei. Sie erwartete, dass er sich verabschieden würde, doch er meinte: »Ich muss mit dir sprechen. Hast du einen Moment?«

Lena führte ihn ins Wohnzimmer, wo er sich auf die Kante des Sessels setzte, so gar nicht der entspannte und leicht distanzierte Tom, den Lena kannte.

»Heraus damit«, spaßte sie. »Was gibt es denn?«

Tom runzelte die Stirn. »Ich möchte dir eine Geschichte erzählen, hoffe, dass du mir verzeihst, dass ich nicht schon früher, also …« Er schüttelte den Kopf und schaute Lena über den Tisch hinweg an. »Ich hätte es dir schon längst erzählen müssen.« Er wirkte schuldbewusst, und Lena bekam es mit der Angst zu tun. Sie seufzte.

»Nein, nein, es ist nichts Schlimmes, aber du musst es wissen. Ich bin mir ziemlich sicher, dass ich damals in Pillau deiner Mutter begegnet bin.«

Die Worte schlugen ein wie eine Bombe.

Lena lehnte sich zurück und starrte Tom an. Wie hatte er ihr das verheimlichen können, wenn er doch wusste, wie sie litt? Wie oft hatte sie im Heimathaus mit den anderen gesprochen? Sie hätte ihm am liebsten eine Ohrfeige gegeben, aber zuerst musste sie wissen, was er zu sagen hatte.

»Sie war im Lazarett mit ihrer Mutter … deiner Großmutter. Sie waren … in die Hände der Russen gefallen. Damals hat die Rote Armee die Frauen zu hunderttausenden geschändet, ich glaube, deine Mutter auch, obwohl sie nie darüber gesprochen hat. Deine Großmutter benötigte eine Operation, na ja, es war alles schrecklich. Ich habe ihnen ein wenig geholfen.«

»Wie heißen sie?« Lena war erstaunt, dass ihre Stimme funktionierte.

»Deine Mutter heißt Ellie, deine Großmutter Margarete.« Er seufzte. »Das Schlimme ist, ich weiß ihre Nachnamen nicht. Ellie hat mir ihren genannt, ganz am Ende, es klang irgendwie skandinavisch, aber ich kann mich nicht erinnern.«

»Wieso meinst du, dass sie meine Mutter ist?«

»Ellie hatte dich nach der Attacke der Russen verloren … irgendwo in der Nähe von Heiligenbeil. Sie war außer sich, hat mir ihre Not erst nach Tagen gestanden, weil sie nicht aus Pillau wegwollte, weil sie ja dachte, dich dort zu finden. ›Lenchen ist doch erst drei‹, sagte sie immer wieder. Du musst wissen, es war das absolute Chaos, es kamen Millionen Menschen nach Pillau, die alle vor den Russen flohen. Ganz Deutschland lag in diesen letzten Kriegsmonaten in Trümmern. Ich habe damals gedacht, dass Walter nie wieder aufsteht. Mir war alles egal.« Er hielt inne und schaute sie an, seine Augen feucht. »Ich weiß, was du mit Ansgar durchmachst.«

»Und mein Vater?«

»Ellie wusste nicht, wo er war … Die Wehrmacht war auf dem Rückzug oder in Auflösung.«

Lena schluckte. Dann stand sie auf und schüttete zwei Schnäpse ein. Sie war ärgerlich, aber gleichzeitig dankbar. Endlich konnte ihr jemand etwas über ihre Familie berichten.

Sie reichte Tom das Glas. »Erzähl mir alles, wie sah sie aus, was hat sie gesagt? Wie klang ihre Stimme?«

Tom nickte.

KAPITEL ACHTUNDZWANZIG

Ellie, Schwerin 1949

Entgegen Ellies Erwartungen waren die Russen in Schwerin geblieben. Allerdings lief inzwischen alles in geordneten Bahnen, die Stadt erholte sich langsam. Margarete verbrachte viel Zeit mit Helmut, während Ellie auf dem Hof blieb. Johannes war letztes Jahr gestorben und hatte sie als Alleinerbin eingesetzt – auch Fritz war im Frühjahr seinem Herrchen gefolgt. Ellie war unsäglich dankbar, sie hatte ein Dach über dem Kopf und es gab wieder zu essen. Zumindest mehr als in der Stadt.

Kurz nach Johannes' Tod hatte die Regierung die DDR ins Leben gerufen. Nicht, dass es Ellie interessierte. Der Krieg hatte ihr bis auf ihre Mutter alles abgefordert. Falls Lenchen und Albert noch lebten, dann taten sie es irgendwo anders, vielleicht sogar im Westen.

In den ersten zwei Jahren nach Kriegsende hatte Ellie an allen Kirchen, am Bahnhof und im Rathaus Suchanzeigen aufgehängt. Wo immer sich eine Suchwand bildete, egal, wie unwahrscheinlich es war, Ellie hatte jede einzelne Meldung gelesen und ihre hinzugefügt. Doch es war nie etwas zurückgekommen, und mit jedem Jahr schwand ihre Hoffnung ein wenig mehr. Sie hatte bei allen Behörden vorgesprochen, doch meistens hatte sie Kopfschütteln geerntet. Helmut hatte erzählt, dass es im Westen einen landesweiten Suchdienst gab. Doch hier, auf der russisch kontrollierten Seite, gab es nichts Vergleichbares.

Am schlimmsten war, dass man weder im Radio und in der Zeitung noch in der Stadt von den Geflüchteten sprach. Es war, als existierte diese Zeit nicht. Außerdem strömten immer noch vertriebene Deutsche nach Schwerin, und die Stadt blieb hoffnungslos überfüllt. Ellie war klar, dass die Russen dahintersteckten. Sie hatten dafür gesorgt, dass viele Millionen Menschen ihre Heimat permanent verloren, hatten sich wie Tiere auf die Frauen gestürzt. Das wollte keiner hören, schon gar nicht in einer Diktatur. Denn das war es, die neue ostdeutsche angeblich demokratische Republik war nichts anderes als das Sprachrohr der Soviets. Nachrichten und Informationen wurden ständig kontrolliert.

Am liebsten hätte Ellie ihre Mutter geschnappt und wäre nach Westen gezogen. Dort hatten sie eine neue Republik gegründet, die demokratisch zu agieren schien. Doch wo sollte sie hin? Inzwischen fühlte sich der Hof ein wenig heimatlich an. Nichts war wie früher, und doch hatte sie riesiges Glück gehabt, Johannes zu begegnen. Sie hatten sich gegenseitig geholfen, und er hatte noch ein paar gute Jahre gehabt. Außerdem war ihre Mutter mit Helmut zusammen. Nicht offiziell, Margarete wollte nicht wieder heiraten, aber sie verbrachten die Wochenenden zusammen, und manchmal besuchte Helmut Margarete auf dem Hof.

Seit zwei Jahren hatten sie mehrere Helfer eingestellt, einfache Knechte aus Ostpreußen, die die Felder wieder bestellten und in Ordnung hielten und nicht viel verlangten. Jeder schien froh zu sein, irgendwo hinzugehören, und war zufrieden, mit wenig auszukommen. An Markttagen fuhr Ellie mit Obst und Gemüse in die Stadt. Sie hatte von einem Nachbarn einen störrischen Esel erstanden, der dreimal so lange brauchte, zum Markt zu laufen, wie Ellie zu Fuß. Aber er zog einen Karren, auf dem ihre Waren Platz hatten, was sie allein nicht geschafft hätte.

Auch Schwerin hatte ein Büro eingerichtet, wo Ellie vor Monaten formelle Anfragen nach Lenchen und Albert gestellt hatte. Sie hatte die Suchmeldungen ausgefüllt und darin beide beschrieben, wie sie sie in Erinnerung hatte, denn Fotos gab es keine und die Bilder in ihrem Kopf wurden von Jahr zu Jahr unschärfer. Selbst Albert, den sie seit Kindestagen kannte, konnte sie sich kaum noch ins Gedächtnis rufen. Angeblich wurden die Anfragen nach Berlin geschickt und mit Meldungen der Kriegsheimkehrer- und Internierten-Listen verglichen – viele Männer saßen immer noch in russischen Gulags.

Danach war sie die Aushänge abgelaufen, mehr aus

Gewohnheit, als dass sie sich etwas davon versprach. Doch es nicht zu tun, ging nicht, es war wie ein Zwang.

Sie versuchte, sich vorzustellen, wie Lenchen jetzt aussah. Sie würde im September acht Jahre alt werden, ginge ins zweite Schuljahr. Ob sie immer noch Zöpfe trug, ob ihre Ziehmutter sich lieb um sie kümmerte? Ob sie immer noch so gerne eingemachte Pflaumen aß?

Aber Ellie musste aufpassen und sich beizeiten ablenken. Denn wenn sie zu sehr an Lenchen dachte, dann kehrte der Schmerz zurück, der ihren Brustkorb zusammenquetschte und ihr den Atem nahm. Manchmal geschah es nachts, wenn Ellie wach lag, manchmal mitten am Tag, wenn sie die Hühner versorgte, eine Tätigkeit, bei der Lenchen geholfen hatte. Dann konnte es sein, dass Ellie mitten in der Bewegung gefror und sie die Erinnerung wie eine eisige Welle überrannte.

Ihrer Mutter erzählte sie nie davon, und wenn Margarete Lenchen erwähnte, dann wechselte Ellie schnell das Thema. Sie wusste, dass ihre Mutter dafür kein Verständnis hatte, aber Ellie fehlte die Kraft und sie wollte, nein, durfte sich nicht erlauben, in das tiefe Loch zu fallen, das immer und überall auf sie wartete.

Wenn sie nachts wach lag, stellte sie sich vor, wie Albert auf ihren Hof kam, durch die Räume lief, Stall und Scheune absuchte und dabei ihren Namen rief. Falls er sie suchte, musste er verzweifelt sein.

Als sie am Samstagabend nach einem Besuch bei Helmut und Hildegard heimkehrte – Margarete war dageblieben –, lag ein Schreiben im Briefkasten.

Bezirksbehörde der Volkspolizei

Zentraler Suchdienst

Berlin, den 3. März 1950

Betr.: Suchanfrage nach Johansen, Albert und Johansen, Helene »Lenchen«

Sehr geehrte Frau Johansen,

auf Ihre Eingabe vom 9. Oktober 1949 teilen wir Ihnen nach Abschluss der Überprüfung Folgendes mit:

Die von Ihnen gesuchten Personen, Johansen, Albert, geboren am 13.7.1919, und Johansen, Helene, geboren am 1.9.1941, konnten in den uns vorliegenden Unterlagen nicht festgestellt werden. Unsere Nachforschungen erstreckten sich auf die vorhandenen Rückkehrerlisten,

Personenstandsregister sowie Meldungen aus den zuständigen Ämtern. Ein Hinweis auf den Verbleib der gesuchten Personen liegt derzeit nicht vor.

Wir bitten Sie, in angemessenen Abständen erneut mit uns Verbindung aufzunehmen, da weitere Mitteilungen von Heimkehrern und Behörden fortlaufend eingehen und bearbeitet werden.

Mit freundlichen Grüßen

Ellie ließ den Brief sinken. Nichts. Ganz so, als hätte sich ihre Familie in Luft aufgelöst. *Vielleicht hat sie das auch*, kommentierte ihr Kopf. Gefahren hatten überall gelauert, allein das Wetter hatte viele Kinder und alte Menschen auf dem Gewissen. Ganz zu schweigen von Albert, der jahrelang gegen einen übermächtigen Feind gekämpft hatte.

Ellie steckte den Zettel zurück in den Umschlag und packte ihn in die Schublade. Sie würde wieder schreiben, denn sie musste weiter hoffen.

KAPITEL NEUNUNDZWANZIG

Lena

Am Tag, nachdem Ansgar auf die Pflegestation verlegt worden war, war Lena spät dran, weil sie ausnahmsweise länger geschlafen hatte. Die Nächte lag sie oft bis morgens wach und fragte sich, wie ihre Zukunft aussehen würde.

Sie hatte sich gerade an Ansgars Bett gesetzt und ihre Hand auf seine gelegt, als sie eine Bewegung spürte. Ganz leicht nur, ein Zittern. Sie schaute hin, um sich zu vergewissern, und tatsächlich, Ansgars Finger unter ihrem Handrücken bewegten sich.

»Kannst du mich hören? Ich bin's, Lena.« Sie streichelte sanft über seine Hand. Und dann fühlte sie, wie er nach ihr griff, Daumen und Zeigefinger packten ihren kleinen Finger. Seine Augenlider flatterten, und dann öffnete er die Augen, ein erstes Blinzeln.

Lena sprang auf, wobei ihre freie Hand ganz leicht seine Wange berührte. »Willkommen zurück«, hauchte sie.

Sein Blick wanderte in ihre Richtung, wurde scharf, während er krächzte: »Lena.«

»Hey.« Mehr schaffte sie nicht, am liebsten wäre sie auf sein Bett gesprungen und hätte ihn umarmt.

Er räusperte sich. »Durst.«

Lena reichte ihm die Flasche mit dem eingebauten Strohhalm. »Langsam, du warst lange ohnmächtig.«

»Wie lange bin ich schon hier?«

»Zwei Wochen.«

Er bewegte den gebrochenen Arm und stöhnte. »Was ist

passiert?«

»Du hattest einen Fahrradunfall, hast einige Brüche.«

Ansgar runzelte die Stirn. »So schlimm?«

Lena richtete sich auf. »Ich werde auf der Station Bescheid geben, lauf nicht weg.«

Ansgar lächelte schief. »Nur wenn du dich beeilst.«

Nachdem der Arzt Ansgar angeschaut hatte, setzte sich Lena wieder an sein Bett. »Kannst du dich noch daran erinnern, dass du am Bodensee warst und mir eine Nachricht hinterlassen hast? Irgendetwas über Tom?«

Ansgar nickte. »Dunkel – ist alles wie im Nebel.«

»Das liegt bestimmt an den Medikamenten.«

»Was wollte ich dir denn sagen?«

Lena grinste. »Tom war inzwischen bei mir. Er hat erzählt, dass er meine Mutter im Frühjahr 1945 getroffen hat. Sie heißt Ellie und meine Großmutter Margarete.« Sie erzählte Ansgar von Toms Zeit im Lazarett in Pillau.

»Warum hat er dir das nicht gleich gesagt?«

»Er wirkte ziemlich zerknirscht, hat sich entschuldigt.«

Ansgar schaute Lena nachdenklich an. »Ich weiß jetzt wieder, was ich dir sagen wollte.«

»Über Tom?«

»Mir war unterwegs was eingefallen. Hast du noch das Foto von deinem Vater Hans mit seinen Eltern?«

Lena nickte. »Ja sicher, hängt in meinem Büro.«

»Bringst du es morgen mit?«

Lena reichte Ansgar das gerahmte Bild. Mit Erleichterung bemerkte sie, dass er viel besser aussah als gestern. Ein wenig Farbe war in seine Haut zurückgekehrt.

Ansgar griff nach der Lesebrille auf dem Nachttisch, wo eine zusammengefaltete *FAZ* lag.

»Hast du etwa Zeitung gelesen?«

Aber Ansgar studierte das Foto. »Könnte hinkommen«, murmelte er und reichte Lena das Bild.

»Was?«

»Schau dir mal den zweiten jungen Mann an, der rechts neben den Eltern steht. Links ist Hans, und der rechts ist …«

Lena hielt das Bild hoch, von dem sie vier ernste Personen anstarrten. Hans von Schweig, mit vollem, dunklem Haar, der Vater im schwarzen Anzug, die Mutter im langen, hochgeschlossenen Kleid und der andere junge Mann. Sie blinzelte. Etwas an seinen Zügen kam ihr bekannt vor, die geschwungenen Lippen, die hohe Stirn. Und dann hatte sie es. »Das ist Tom!«

Ansgar lächelte. »Finde ich auch.«

»Das gibt's doch nicht. Da saß er vor Tagen bei mir und hat mir von meiner Mutter erzählt und sagt kein Wort über seine Familie?«

»*Deine* Familie. Du bist zwar adoptiert, aber du trägst den Namen wie der Rest der Familie.«

Lena sprang vom Stuhl. »Na warte, Freundchen.« Sie hielt inne. »Oder meinst du, das ist Zufall?«

»Was meinst *du*? Tom wohnt genau in der Stadt, wo auch sein Bruder gelebt hat.«

»Würde mich interessieren, warum. Vielleicht wollte er einfach in der Nähe sein.«

Auf dem Weg nach Hause klingelte Lena bei Walter und Tom.

»Lena, was machst *du* denn hier?« Walter schaute sie erstaunt an. »Ist alles in Ordnung, ist was mit Ansgar?«

»Es geht ihm langsam besser. Er ist wach und spricht normal.« Jetzt, wo sie es aussprach, wurde ihr bewusst, wie sehr sie sich um seine geistige Gesundheit gesorgt hatte.

Walter nahm sie spontan in den Arm. »Das freut mich sehr.«

Lena schaute über Walters Schulter. »Ich muss Tom sprechen.«

Als sie ins Wohnzimmer traten, hockte Tom mit Kopfhörern vor dem Laptop und wirkte ebenso erstaunt wie Walter.

»Ich muss dich dringend sprechen«, meinte Lena ohne den Hauch eines Lächelns.

Tom wirkte betroffen. »So wie du aussiehst, habe ich was verbrochen. Setz dich besser.«

»Ansgar hat mich eben auf etwas aufmerksam gemacht. Kannst du raten, um was es geht?«

Tom schüttelte langsam den Kopf, schwieg aber.

»Lass mich dir auf die Sprünge helfen.« Sie zog das gerahmte Foto aus der Tasche. »Das kennst du bestimmt.«

»Oh«, Toms Stimme klang erstickt. »Ist ewig her, seit ich das gesehen habe.« Er schaute sie direkt an. »Ich hatte es ehrlich gesagt vergessen.«

»Was? Das Foto oder dass du mein Onkel bist?«

Tom schwieg. In der Küche summte Walter einen Schlager, der

Duft von Gebratenem wehte ins Zimmer. »Mein richtiger Name ist Alexander von Schweig«, begann er, »dein Adoptivvater Hans ist mein Bruder.«

Lena starrte den Mann an, den sie zu kennen geglaubt hatte.

Tom schaute zum Fenster und wieder zu Lena, sein Blick verhangen. »Es begann vor dem Krieg. Ich wusste schon früh, dass ich nicht wie andere Jungs bin. Und als ich Walter mit fünfzehn kennenlernte, haben wir uns verliebt. Es war eine unschuldige Freundschaft, zunächst, er wohnte auf einem benachbarten Gut in Heiligenbeil. Irgendwann wurde mehr daraus.« Er räusperte sich. »Meine Eltern haben davon erfahren, weil Walter oft bei uns war oder ich ihn besucht habe. Einmal hat der Pferdetrainer uns im Stroh in der Scheune erwischt. Mir wurde der Umgang mit Walter verboten. Ich bin mit achtzehn ausgezogen, mein Vater hat mir das Erbe aberkannt. Hans kannte Katarina da schon, aber es interessierte ihn nicht. Er hat ja alles geerbt. Ich bin von daheim weg, nach Insterburg, wo Walter stationiert war. Ich habe mein Medizinstudium abgebrochen und mich freiwillig beim Militär gemeldet, meinen Namen geändert.«

»Wieso seid ihr denn ausgerechnet hierhergezogen, in die Nähe deines Bruders?«

»Weil ich zumindest aus der Entfernung meine Familie vermisst habe.«

»Wussten sie von dir?«

»Vielleicht. Aber Hans hätte nie zugegeben, dass sein Bruder ein Homosexueller ist. Im Dritten Reich war es strafbar, Jahrzehnte danach auch noch. Walter und ich haben uns ein halbes Leben versteckt.« Er seufzte. »Walter wurde schwer verletzt, damals zum Ende des Krieges in Ostpreußen. Ich war Sanitäter und habe mich um ihn gekümmert.«

Lena lächelte. »Wo du meine Mutter kennengelernt hast.«

Tom wirkte geknickt. »Ich hätte es dir sagen sollen, aber ehrlich, es schmerzt immer noch nach all den Jahren. Ich hatte keine Lust, die alten Wunden wieder aufzureißen.«

»Danke, dass du ehrlich warst.« Sie stand auf. »Trotzdem freue ich mich, meinen Onkel gefunden zu haben.« Sie trat auf ihn zu und umarmte ihn.

»Ansgar hat es gewusst?«

»Ich habe ihm irgendwann das Foto von eurer Familie gezeigt.« Sie reichte ihm die Hand. »Bis bald, ich hoffe, wir sehen mehr voneinander, *Onkel Tom*.«

Als Lena zum Abschied in die Küche rief, kam ihr Walter mit einem Kochlöffel in der Hand entgegen. »Bitte bleib zum Essen, es gibt meine Rouladen.« Auch er lächelte geknickt. »Ich musste Toms Geheimnis bewahren. Dabei gehörst du doch zur Familie.«

»Eine feine Familie«, sagte Lena. »Mein Vater, der SS-Offizier, mein Onkel mit falschem Namen.« Sie dachte an Peter Pries, der versucht hatte, sie zu erpressen. Auch er war mit den von Schweigs verwandt.

»*Wir* sind deine Familie«, meinte Walter. »Zumindest bis du deine echte wiederfindest.«

Lena fiel der Suchdienst ein. Sie würde beim DRK einen neuen Antrag mit den Vornamen und Beschreibungen von Ellie und Margarete stellen, auch wenn die Chancen, sie zu finden, gleich null waren. Und sie würde Tante Anna anrufen und ihr von Tom erzählen.

Ansgar saß im Rollstuhl am Fenster, als Lena gegen Mittag des nächsten Tages hereinkam. Sie hatte beim DRK-Suchdienst vorgesprochen und die Beschreibungen ihrer Mutter und Großmutter an Frau Diedrich weitergegeben.

»Ich schicke die Anträge gleich raus«, hatte sie gesagt. »Woher haben Sie denn die Informationen? Sind sie verlässlich?« Sie wirkte besorgt. »Was ich von der damaligen Zeit weiß: Es ging drunter und drüber. Vor allem, da Sie nur die Vornamen kennen.«

Lena lächelte. »So sicher, wie ich sein kann.«

»Sie wissen, dass es eine Weile dauern wird. Aber alles ist besser als nur Ihr Vorname.«

»Ich werde nicht aufgeben, egal, wie lange es dauert.«

In Frau Diedrichs Ausdruck las Lena Zweifel, eine Art inneres Kopfschütteln mit einer Prise Mitleid. »Man weiß nie …«

Lena erzwang ein Lächeln. »Genau.«

Danach war sie zu Ansgar geeilt und drückte jetzt einen Kuss auf seine Wange. »Wie geht's dir?« Und nach einem Blick zum Tisch, wo das Mittagessen unangerührt stand, sagte sie: »Du isst ja gar nicht.«

»Hab keinen Hunger. Liege ja ohnehin nur rum.«

»Immerhin sitzt du schon.«

Ansgar schwieg, seine Augen feucht.

»Hast du mit dem Arzt gesprochen?«

Ansgar schaute zu ihr rüber. »Sie wissen nicht, ob ich wieder laufen werde. Zumindest nicht ordentlich.«

»Ist es nicht etwas früh für solche Aussagen?«

»Sie wollen mich wohl vorwarnen.«

Lena zog sich einen Stuhl heran und nahm Ansgars gute Hand. Der Kopfverband war einem einzelnen Pflaster gewichen, sein Gesicht sah wieder normal aus. Nur die beiden Gipsverbände blieben. »Was hältst du von einer Massage?« Sie öffnete ihre Tasche und holte mehrere Fläschchen mit Lavendel-, Rosmarin- und Zitronenöl heraus.

Als er wieder im Bett lag, nahm sich Lena alle freien Stellen vor, Schultern, das gute Bein, den unverletzten Arm, die Brust. Hier und da waren noch Ansätze von Blutergüssen zu sehen, aber sie war zuversichtlich. Auch Ansgar schien es besser zu gehen, die feinen Aromen vertrieben den Krankenhausgeruch.

Lena brannte noch etwas auf der Seele. »Als du im Koma lagst, war deine Ex hier.«

»Ach ja?«

»Man hatte sie informiert, vor allem weil deine Sekretärin ja nicht wusste, dass ich auch als Vertraute in deinen Papieren stand.« Lena holte tief Luft. »Sie hat sich geweigert, mir Informationen zu geben.« Der alte Schmerz kehrte zurück, als sie bangend vor der Intensivstation gewartet hatte. »Ist hier rumstolziert wie eine arrogante Prinzessin.« Lena konnte sich die Bemerkung nicht verkneifen. »Und als sie mich hier vorfand, nachdem Frau Lamm deine Patientenverfügung gefunden hatte, ist sie auf mich losgegangen.«

Ansgar seufzte. »Es tut mir leid. Sie ist geistig angegriffen.«

»Du bist also noch mit ihr verheiratet.«

Noch ein Seufzer. Lauter. Er griff nach ihrer Hand, die sie ihm nur widerwillig überließ. »Ich wollte sie damals loswerden, mich scheiden lassen. Aber dann wurde sie krank, musste ständig ins Sanatorium. Ich hatte Mitleid mit ihr.«

»Warum hast du mir nichts gesagt?«

»Es ändert nichts an uns.«

»Tut es das?« Lena stand auf und machte sich los. »Findest du es nicht sonderbar, dass du nach fünf Jahren immer noch liiert bist? Du, als Anwalt, müsstest doch wissen, wie schräg das ist. Oder hast du Angst, dass dir jemand einen Antrag macht?«

Ansgar grinste. »Du kannst es ja versuchen.«

Lena blieb stur am Fenster stehen und schaute den Mann an, der ihrem Leben Sinn gab. »Das hättest du wohl gerne.«

»Nun komm schon her.« Er winkte.

Lena setzte sich zu ihm auf die Bettkante. »Du bist unmöglich.«

»Ich weiß.« Er tätschelte ihre Hand. »Ich verspreche dir, dass ich, sobald ich die Energie habe, die Scheidung einreiche.« Als sie lächelte, zog er sie an sich. »Jetzt küss den alten Krüppel.«

KAPITEL DREISSIG

Ellie

Ellie hatte sich mit einigen Frauen aus den benachbarten Dörfern Zülow und Stralendorf angefreundet. Sie besuchten sich gegenseitig. Vor allem mit Alma Weber, einer Frau um die vierzig, die wie Ellie aus Ostpreußen geflüchtet war und auf einem Hof arbeitete, verband sie viel. Auch Alma hatte ihren Mann davongehen sehen und wartete weiterhin auf Nachricht. Anders als Ellie hatte Alma zwei Kinder von zwölf und vierzehn Jahren, die sehr an der Mutter hingen. Alle paar Wochen besuchte Alma Ellie auf ihrem Hof, und sie schwelgten in Erinnerungen.

»Wie schaffst du das nur?«, fragte Alma, während sie sich in der Küche umsah. »Immer ist alles so ordentlich. Unsere Bäuerin hat dreimal so viel Hilfe, und es sieht aus wie bei Hempels.«

Ellie stellte ihr eine Tasse Ersatzkaffee und ein Stück Pflaumenkuchen hin. »Was soll ich sonst tun?« Sie schaute ihre abgearbeiteten Hände an. »Arbeit lenkt ab.«

Alma nickte traurig. »Ich habe im Dorf gehört, dass noch viele Männer in russischen Gulags gefangen sitzen.«

Ellie stellte sich vor, wie Albert in irgendeiner Baracke hauste und den ganzen Tag Bäume fällte. Geschichten über Kriegsgefangene tauchten immer wieder auf, doch Genaueres erfuhr niemand. Angeblich hatten die westlichen Alliierten ihre Gefangenen längst entlassen. Wenn Albert also in Westdeutschland lebte, hatte er ein neues Leben begonnen – vielleicht eine neue Frau gefunden.

»Wir dürfen einfach die Hoffnung nicht aufgeben.« Sie schüttete Alma ein Gläschen Pflaumenschnaps ein, den sie so gerne mochte.

»Ich wünschte nur, dass meine Kinder ihren Vater wiedersehen. Sie erinnern sich kaum.« Alma trank den Schnaps und leckte sich die Lippen. Sie war groß gewachsen und trotz ihrer schlanken Figur zäh. Ihre Haare, die sie in einem Knoten trug, waren bereits zur Hälfte ergraut. »Von meinen Eltern«, pflegte sie zu scherzen.

»Ach, was sag ich denn?« Sie ergriff Ellies Hand auf dem Küchentisch. »Du tust mir so leid, weißt nicht mal, wo dein Lenchen steckt.«

Ellie nickte. Inzwischen blieben ihre Augen meistens trocken, wenn sie von ihrer verschollenen Tochter sprachen. Als Alma Ellie das erste Mal nach ihrer Familie befragt hatte, und Ellie Almas Töchter in der Küche hatte spielen sehen, war sie in lautes Schluchzen ausgebrochen.

»Von diesem Stalin hört man nichts Gutes«, sagte sie mit gesenkter Stimme. »Ob er die Männer je gehen lässt?«

Ellie schaute aus dem Fenster. Alma klang, als wüsste sie genau, dass ihr Mann irgendwo in Sibirien saß. Dabei konnte er genauso gut längst in einem unmarkierten Grab liegen wie ihr Albert. Doch was nützte es, das Schlimmste anzunehmen? Ellies Brustkorb zog sich schmerzhaft zusammen. »Verdammter Krieg«, schimpfte sie.

Drei Tage später, als Ellie und zwei ihrer Knechte Kartoffeln säten, hörte sie lautes Schreien, und als sie aufblickte, lief Alma mit rudernden Armen auf sie zu. »Karl ist da«, rief sie, als Ellie auf sie zueilte.

Dann lag Alma ihr in den Armen und weinte. »Er ist da, Ellie, ich glaube es selbst nicht.« Alma lehnte sich zurück und wischte sich mit dem Ärmel die Tränen aus dem Gesicht. »Es klopfte, und er stand in der Tür. Hatte wohl meine Adresse vom Amt erhalten.« Alma schniefte. »Oh, Ellie, ich bin so erleichtert. Endlich ist unsere Familie wieder vereint.« Sie hielt inne, und ihre Augen weiteten sich. »Ich bin so eine Kuh, wo du doch so allein bist.« Sie küsste Ellie auf die Wange. »Es tut mir leid.«

Ellie lächelte, denn sie freute sich für Alma. Gleichzeitig schmerzte es, wenn sie an die Ungerechtigkeit der Welt dachte. Manche Menschen verendeten in Eis und Schnee, Soldaten starben, Kinder auch, viele waren einsam wie sie selbst und warteten. Vergebens. Und andere wie Alma hatten Glück und eine intakte

Familie.

Doch als sie Alma wenige Wochen später besuchte, war sie erstaunt, wie abgespannt diese wirkte. »Ist alles in Ordnung?«

Alma seufzte. Sie saßen allein im Garten, die letzte Septemberwoche war angebrochen, und sie nutzten das gute Wetter. »Die Kinder sind bei Nachbarn, und Karl ist in der Stadt. Will angeblich nach Arbeit suchen.«

»Wieso angeblich?«

»Er meint, er müsste die Familie ernähren, aber er ist viel zu erschöpft. Zuckt bei jedem Geräusch zusammen, redet im Schlaf und wacht auf, weil er Albträume hat. Er ist so dünn, dabei isst er für drei.«

»Es wird Zeit brauchen.«

Alma seufzte erneut. »Vielleicht. Ich habe Ähnliches von anderen Frauen gehört. Stalins Gulags sind kaum besser als Hitlers Konzentrationslager.« Sie legte einen Arm um Ellie. »Ich hoffe, es geht Albert besser, wenn er heimkommt.«

Ellie wollte widersprechen. Es gab kein Heimkommen, nicht wenn ihr Heim eintausend Kilometer entfernt lag. Wie sollte Albert sie jemals finden?

Als hätte Alma sie gehört, meinte sie: »Er wird dich finden, du wirst sehen. Karl hat gesagt, es werden immer wieder Männer entlassen. Jeden Tag fahren Busse und Züge nach Westen. Dein Albert wird auch kommen.«

»Wie kannst du nur so hoffen?« Ellie drückte Almas Hand. Wenn sie ehrlich war, bewunderte sie Almas positive Einstellung, vielleicht hatte *die* Karls Rückkehr bewirkt? Wer wusste, wie die Welt funktionierte? Sie jedenfalls nicht. Glück oder Pech hingen von Zufällen ab.

»Weil es der einzige Weg ist, jeden Tag zu überstehen«, flüsterte Alma. »Die Mädchen haben es schwer. Als Karl in den Krieg zog, waren sie vier und fünf Jahre alt. Sie können sich kaum an ihren Vater erinnern. Und der Mann, der jetzt hier wohnt, ist selbst mir fremd.«

Ellie stand auf. »Gib ihnen Zeit, und dir. Ich gehe besser. Sag Bescheid, wenn ich dir helfen kann.«

Von Almas Hof war es kaum eine halbe Stunde Fußweg bis nach Hause, und Ellie nahm sich Zeit. Ausnahmsweise hatte sie heute Abend keine Arbeit, sie freute sich darauf, ein Buch zu lesen und früh zu Bett zu gehen.

Etwa hundert Meter vor ihr lief ein Mann in einem grauen Anzug. Genau konnte sie ihn nicht erkennen, denn es dämmerte bereits. Seit der Scheune war sie gegenüber allen Männern misstrauisch, selbst ihre Knechte behandelte sie mit Distanz, damit sie ja nur keine Ideen bekamen.

Irgendwann blieb der Mann stehen, und Ellie duckte sich erschrocken. Hier draußen liefen wenige Menschen herum, und die meisten kannte sie inzwischen. Der Kerl da vorn trug einen Hut und sah nicht wie ein Bauer aus.

Als Ellie wieder aufschaute, war der Mann verschwunden. Schnell eilte sie den Weg entlang und bog zum Hof ab. Sie würde sich besser fühlen, wenn sie im Haus war.

Im Unterholz vor ihr knackte es, und dann erschien der Mann von eben keine zwanzig Meter vor ihr auf dem Weg. Sie blieb abrupt stehen, ihr Herz schlug ihr bis zum Hals, und sie war drauf und dran, davonzulaufen.

»Was machen Sie hier?«, rief sie. Der Hof war keine hundert Meter entfernt, und sie hoffte, dass die Knechte, die oft abends draußen saßen, sie hörten. »Das ist ein privater Weg.«

Der Mann tippte sich an den Hut. Im Halbdunkel konnte sie sein Gesicht nicht erkennen. »Tut mir leid, ich habe mich verlaufen. Ich suche den Hof von Ellie Johansen.« Er zog einen Zettel aus der Hosentasche. »Sie soll hier irgendwo wohnen.«

Sie trat einen Schritt näher und noch einen. Es konnte nicht sein. Der Mann, der da stand, wirkte alt und schwach und doch … Ihr Blick fiel auf den Anzug, der an den Beinen ausgefranst war. »Was wollen Sie von ihr?«, brachte sie heraus, während sie versuchte, die Stimme, an die sie sich erinnerte, mit dieser rauen, fast heiseren zu vereinbaren. Sie musste sich irren, ihr Wunschdenken spielte ihr einen Streich.

Der Mann lüftete den Hut, das letzte Licht traf seinen Kopf, kantig und mit grauen Stoppeln bewachsen, seine Nase ein wenig krumm gegen den sich verdunkelnden Himmel. »Ich bin –«

»Albert«, rief Ellie. Dann flog sie nach vorn, schneller und leichter als ein Vogel, und in seine Arme.

»Ellie? Ellie …« Albert drückte sie an sich wie ein Ertrinkender. Sie spürte, wie er zitterte. Oder war sie es?

Irgendwann lehnte sie sich zurück. Das letzte Licht verschwand, doch sie fühlte nach seiner Hand. »Lass uns ins Haus gehen. Hier draußen wird es stockfinster.«

Sie sprachen kaum ein Wort, bis sie im Flur standen. Er nahm den Hut ab, schaute sich um. »Das ist dein Hof?«

Ellie nickte, während sie versuchte, sich ihren Schock nicht anmerken zu lassen. Der Mann, den sie seit mehr als sieben Jahren nicht gesehen hatte, wirkte wie fünfzig, sein Haar an den Ohren zurückgewichen, die Wangen hohl und runzlig, die Augen groß. Der Hunger stand ihm ins Gesicht geschrieben. Wieder nahm sie seine Hand, die sich kalt und knöchrig anfühlte. »Ich bin so froh, dass du mich gefunden hast. Lass uns in die Küche gehen, da ist es wärmer.«

Albert lächelte. »Viel habe ich den Behörden nicht zugetraut. Aber anscheinend wissen sie, wenn die Russen Gefangene entlassen. Sie haben uns mit Zügen über Frankfurt/Oder in die DDR gebracht. Im Landratsamt hat man mir deine Adresse gegeben, sie meinten, du lebtest seit zehn Jahren in Schwerin. Hier habe ich dann noch mal gefragt und mir den Weg beschreiben lassen. Ich hatte schon gedacht, ich würde die Nacht im Freien verbringen.« Er räusperte sich. »Wäre auch egal gewesen, denn selbst ein nasses Erdloch ist besser als die Lager.«

»Wirst du mir davon erzählen?« Sie deutete auf einen Stuhl in der Nähe des Herdes und schüttete Wasser in ein Glas. »Hier, trink erst mal.«

Seine Hände zitterten, während er das Glas in einem Zug leerte. Sie füllte es erneut auf, und er trank auch das zweite. »Ich kann mich nicht erinnern, wann ich das letzte Mal aus einem sauberen Glas getrunken habe.« Sein Blick fiel auf eine Schüssel mit Äpfeln, die sie heute Morgen gepflückt hatte. »Darf ich?«

Ellies Hals wurde eng. »Du brauchst nie wieder zu fragen, ob du etwas nehmen darfst.« Er war so abgemergelt, selbst die Handgelenke erinnerten an trockene Äste. Sie schob ihm die Schüssel hin und beobachtete, wie er in einen Apfel biss und dabei die Augen schloss, als sei dieser Apfel die größte Delikatesse. Sie hatte selbst gehungert … auf der Flucht, aber das war wenige Monate gewesen. So wie Albert aussah, hatte er jahrelang nicht ordentlich gegessen.

Sie eilte zum Brotschrank und bereitete zwei Scheiben mit Butter und eingemachter Leberwurst zu. Einer der Nachbarn hielt Schweine, und sie hatte zwei Säcke Frühkartoffeln gegen etwas Fleisch eingetauscht. »Ich glaube, wir sollten vorsichtig mit dem Essen sein, dein Magen muss sich erst einmal gewöhnen.« Sie stellte die Brote vor ihn und setzte sich wieder.

Die Küche versank in Stille, draußen auf dem Hof lockte einer der Knechte die Katze, die sie in der Scheune hielten. Im Herd verrutschte ein Holzscheit. Albert aß, wobei sein Blick wie angeklebt auf dem Essen vor ihm hing. Erst als die letzte Krume verschwunden war, schaute er auf, ein schwaches Lächeln auf den Lippen. »Das war das beste Essen in Jahren. Entschuldige. Meine Tischmanieren haben gelitten.«

Sie eilte an seine Seite und legte einen Arm um ihn. »Wie schön, dass du da bist.«

Er zog sie näher an sich und verbarg seinen Kopf an ihrer Brust. Sie spürte, wie er bebte, und wusste, dass er weinte. Da kamen auch ihr die Tränen, gleichzeitig fiel ein Gewicht von ihr ab. Zehn lange Jahre hatten sie getrennt verbracht.

Mit einem Mal schaute er auf. Sie hatte vergessen, wie braun und warm seine Augen waren. »Wo ist Lenchen?«

Sie gefror, eisig und still stand sie in der warmen Küche, nicht in der Lage, ein einziges Wort zu sagen.

Albert lehnte sich zurück, sein Blick prüfend jetzt, alarmiert. »Was ist passiert?«

Ellie machte sich los und ging ans Fenster. Am liebsten wäre sie davongelaufen, nur um nicht diese Worte aussprechen zu müssen, erklären zu müssen, dass ihre einzige Tochter seit mehr als fünf Jahren verschwunden war.

»Ellie?« Alberts Stimme klang erstickt. »Ist sie … tot?«

»Nein, nein.« Ellie ging zu ihrem Mann zurück und setzte sich neben ihn. Er verdiente es, die Wahrheit zu wissen, auch wenn es ihr die Luft nahm und sie fast erstickte. Sie wollte erst einmal für ihn sorgen, Zeit mit ihm verbringen, doch sie wusste, dass das nicht ging.

Sie stützte den Kopf in die Hände und begann zu erzählen … von ihrer Flucht, dem Hin und Her ihrer Fahrt, den Russen, ihrem Schock, als der Pferdewagen mit Lenchen darauf davongefahren war. Nur die Details der Scheune ließ sie aus.

»Du meinst, die Russen haben dich verhaftet und als sie dich freiließen, war Lenchen fort?«

Ellie nickte. Ihre Kehle schmerzte, weil sie versucht hatte, die Tränen zurückzuhalten.

»Du hast doch gesagt, ihr seid zu dritt gefahren. Friedrich und deine Mutter waren doch auch dabei.«

»Sie haben Friedrich erschossen, und meine Mutter … wurde auch verhaftet.«

»Wieso haben sie euch …« Alberts Augen wurden groß. »Sie haben euch beide …« Seine Stimme versagte. Wieder wurde es still im Raum.

Ellie schluckte, doch der Kloß saß fest. Und dann brach es aus ihr heraus, während sie weinte und schrie. »Ich habe sie überall gesucht, jede Stunde, jeden Tag. Auf der Flucht habe ich jedes Kind angeschaut, bin manchmal hinterhergelaufen, in Pillau, im Lazarett, am Hafen. Es war absolutes Chaos. Jeder wollte weg, weil die Rote Armee immer näher kam.«

Albert sprang auf und nahm sie in den Arm. Jetzt stand er vor ihr, während sie ihren Kopf an seiner Brust verbarg. Irgendwann schaute sie auf. »Ich habe sie auf den Schiffen gesucht, in den Zügen, auf den Bahnhöfen. Seit Jahren hänge ich ständig neue Zettel auf, frage bei der Stadt nach.«

Albert antwortete nicht. Sein Atem rasselte ein wenig, und er roch streng, doch es war egal. Ellie wollte, dass er verstand, dass sie alles Menschenmögliche getan hatte. Und doch blieb das Gefühl der Schuld, das schwarze Loch wartete. Sie musste nur hineinspringen.

Albert ließ sie los und ging zum Fenster. Im Licht der Deckenlampe glitzerten seine Augen mit Tränen. Er räusperte sich. »Sie ist also irgendwo da draußen und wir haben keine Möglichkeit, sie zu finden?«

»Sie ist beim Suchdienst registriert.«

Er kam auf sie zu, die Arme ausgestreckt. »Es muss doch eine Möglichkeit geben, mehr zu tun.«

Ellie schaute ihn traurig an. »Seit über fünf Jahren lebe ich mit der Erinnerung. Jeden Tag denke ich an sie, wenn ich aufwache, jeden Tag denke ich beim Einschlafen an sie – und hundertmal zwischendurch.« Sie wusste, ihre Worte klangen vorwurfsvoll. Er war seit einer halben Stunde hier. Er hatte keine Ahnung von der Tiefe ihrer Traurigkeit, ihrer Hilflosigkeit.

Albert nahm sie in den Arm, und einen Moment lang standen sie, vereint in ihrem Kummer und ihrer Sehnsucht. Ellie wusste nur einen Weg, um ihren Verstand zu behalten, und das war, zu arbeiten, bis sie abends todmüde ins Bett fiel. Der Hof hatte sie gerettet, hatte ihr eine Aufgabe gegeben.

»Möchtest du baden?«, fragte sie irgendwann. »Ich schmeiße den Holzofen an.«

Er ließ sie abrupt los und zog sich die Anzugjacke aus. »Hast du was anderes zum Anziehen?«

Ellie schaute ihren Mann an, der immer muskulös gewesen war, mit breiten Schultern und starken Armen. Der Mann vor ihr hatte Ärmchen, das Hemd schlotterte um seine Brust. »Ich hole dir was. Erwarte nicht zu viel.«

Als sie fünfzehn Minuten später in die Küche trat, hockte Albert auf der Bank und schlief. Ihre Wut von eben war verraucht. Ihr Mann hatte Schlimmes mitgemacht – jahrelang. Sie fragte sich, was sie für ihn empfand. All die Jahre hatte sie ihn sich an ihre Seite gewünscht. Sie freute sich, dass er hier war. Und doch. War es das, wovon Alma gesprochen hatte? Dieser Zwiespalt zwischen gleichzeitig vertraut und doch fremd? Diese Kluft, die sie spürte, selbst während er schlief. Würde sie jemals zu ihm zurückfinden, er zu ihr? Als sie ihm von Lenchen erzählt hatte, hatte sie sein Unverständnis gespürt: Wie konnte eine Mutter ihr Kind verlieren?

Wie oft hatte sie in Gedanken ihre Entscheidung damals anders gefällt und war mit Friedrich, Lenchen und ihrer Mutter direkt nach Pillau gefahren? Sie hatte die Verantwortung getragen.

Ihre Mutter hatte nie wieder von der Scheune gesprochen oder von den Tagen im Lazarett, als sie fast verblutet wäre. In der DDR sprach niemand über die Schandtaten der Roten Armee. Die Frauen mussten vergessen, was ihnen passiert war. Es gab keine Aufarbeitung.

Und untereinander?

Alma war ebenfalls geflüchtet, doch sie hatte nie viel über die Zeit erzählt. Wie viele Frauen lebten da draußen mit diesem schrecklichen Ereignis wie ein Brandmal auf ihrer Seele, ein unsichtbarer Schandfleck, über den nie gesprochen werden durfte – als sei es ihre Schuld gewesen?

Ellie nahm sich vor, mit Alma zu sprechen. Sie hatte versucht, zu vergessen, aber sie wusste inzwischen, dass sie es nicht konnte. Nur der Schmerz über Lenchen war schlimmer.

Albert schlief viel und aß noch mehr. Es war ungewohnt, ihm zu begegnen … wenn er in der Küche saß, über den Hof wanderte oder auf einmal im Gemüsegarten neben ihr auftauchte, ihre Unterhaltung zögerlich und stockend. Sie war so lange allein gewesen, dass sie Zeit brauchte. Vor allem war es ungewohnt, ihn im Bett neben sich zu haben. Nach Johannes' Tod hatte sie sein Schlafzimmer bezogen, komplett mit Ehebett.

Sie war sich nicht sicher, was sie wollte … dass er nach ihr verlangte oder sie in Ruhe ließ? Ein Teil von ihr fürchtete sich, fürchtete die Erinnerung an die Scheune. Sie hatte damals abgeschaltet und das Bewusstsein verloren. Doch die Taten der russischen Soldaten trug sie in sich.

Sie hatte sich gerade hingelegt, als sie seine Hand auf ihrer Bettdecke spürte. Er räusperte sich. »Sollen wir … willst du?«

Ellie überlegte, ihn zu ignorieren, so zu tun, als sei sie bereits eingeschlafen. Doch ein Problem aufzuschieben, war nie eine gute Idee, denn mit der Zeit wuchs es, bis es irgendwann unüberwindbar schien. Sie knipste die Nachttischlampe an und drehte sich zu ihm. »Wenn wir wieder zusammenfinden sollen, dann musst du mir etwas versprechen.«

Er nickte.

»Lass es uns langsam angehen, ich habe Angst … Seit der Scheune ist mein Körper anders. Bitte versteh –«

Er legte einen Zeigefinger auf ihre Lippen. »Ich werde alles tun, damit wir wieder ein Paar werden.« Er seufzte. »Im Lager habe ich an dich gedacht, den ganzen Tag, die halbe Nacht. Manchmal habe ich gemeint, dass es nicht mehr weitergeht. Aber du warst immer bei mir, wie ein Schutzengel hast du mir beigestanden.« Er blinzelte gegen die Tränen. »Wir haben so viel Schlimmes erlitten, du und ich. Ich werde versuchen, dir, solange ich lebe, jeden Schmerz zu ersparen.«

Albert verschwamm vor Ellies Augen. Sie wischte sich das Gesicht am Betttuch trocken und krabbelte in seine Arme. So lagen sie, bis der Schlaf sie einholte.

KAPITEL EINUNDDREISSIG

Lena

Anfang Mai betrat Ansgar zum ersten Mal sein Büro. Lena hatte ihn gefahren, denn er ging am Stock, und längere Strecken waren ausgeschlossen.

Frau Lamm klatschte vor Freude in die Hände. »Wir fangen langsam an«, sagte sie immer wieder, während sie um Ansgar herumlief, ihm Wasser und Kissen brachte, damit er nur ja bequem saß.

Lena grinste. »Ich hole dich heute Mittag ab. Das reicht für den ersten Tag.«

Es blieb ihr gerade genug Zeit, um ein paar Erledigungen zu machen. Ansgar würde noch Monate brauchen, bis er wieder einigermaßen normal laufen konnte. Die Ärzte wirkten erstaunt, dass er es so weit gebracht hatte. Aber sie kannten Ansgar nicht, der sich mit zugebissenen Zähnen durch jede Reha kämpfte, egal, wie müde er war oder wie sehr es schmerzte.

Hinter Lenas Wagen parkte ein roter Polo, aber sie war abgelenkt und schreckte erst auf, als Peter Pries neben ihr stand und die Wolke Nikotin sie umhüllte. »Ich sehe, dein werter Anwalt läuft wieder rum. Na ja, laufen kann man das nicht nennen.« Er lachte hässlich. »Wer hätte gedacht, dass er noch mal aufsteht?«

Lena fuhr zu ihm herum. »Hast du was damit zu tun?«

Peter Pries kicherte. »Das würdest du gerne wissen, was?« Er schlappte zu seinem Wagen und verschwand im Inneren.

Lena beobachtete ihn durch die Scheibe. Jetzt, wo er nicht mehr neben ihr stand, zitterte sie am ganzen Körper. Die alte Wut, gegen einen unsichtbaren Feind zu kämpfen, kam wieder hoch. Soweit sie wusste, hatte die Polizei den Schuldigen nicht gefasst. Bisher war sie davon ausgegangen, dass es ein angetrunkener Student gewesen war, der sich aus Angst davongemacht hatte.

Sie schaute sich den Polo an, der zwar mehrere Beulen aufwies, aber dessen Front unversehrt schien. Hatte Peter Pries ein anderes Fahrzeug benutzt oder jemanden beauftragt? Steckte er hinter der Attacke oder wollte er sie verrückt machen? Ein Motiv hatte er jedenfalls. Sie mussten unbedingt zur Polizei, jetzt, wo Ansgar wieder einigermaßen fit war.

Fast wäre sie wieder in Ansgars Büro gegangen. Doch er sollte den ersten Tag genießen, und sie musste unbedingt heim, den Briefkasten leeren und die Blumen gießen. Seit Ansgars Verletzung waren sie die meiste Zeit in seinem Haus, da es kaum Stufen hatte.

Das rote Kreuz des DRK-Suchdienstes leuchtete. Noch im Flur riss sie den Umschlag auf und überflog die Zeilen …

Deutsches Rotes Kreuz – Suchdienst München

Fallstraße 36

8000 München 40

München, den 1. Mai 1994

Aktenzeichen: 5091/1994-LVS

Betrifft: Ihre Suchanfrage nach Ihrer Familie (Mutter Ellie/Familienname/Geburtsdatum unbekannt und Großmutter Margarete/Familienname/Geburtsdatum unbekannt), zuletzt gesehen Februar 1945 in Pillau

Sehr geehrte Frau von Schweig,

nach sorgfältiger Prüfung der uns zur Verfügung stehenden Unterlagen müssen wir Ihnen leider mitteilen, dass die Vornamen ***keine Hinweise*** *auf den Verbleib der von Ihnen gesuchten Personen/Familie ergeben haben.*

Unsere Nachforschungen umfassten die einschlägigen Sammlungen und Karteien des Suchdienstes, der Kindersuchbücher sowie Meldungen von Vertriebenen und Flüchtlingen. In keinem dieser Bestände findet sich ein Hinweis auf die gesuchten Personen, die zu Ihrer Beschreibung passen.

Wir werden Ihre Anfrage weiterhin in unserer Kartei führen. Sollten uns zukünftig neue Informationen bekannt werden, werden wir Sie umgehend benachrichtigen.

Es tut uns leid, Ihnen derzeit keine positivere Mitteilung geben zu können, und wir bitten um Ihr Verständnis.

Mit freundlichen Grüßen

Im Auftrag

Maria Wissinger

DRK-Suchdienst München

Lena lehnte sich an die Wand und starrte das graue Papier an. Wieder nichts. Sie hatte sich gegen alle Vernunft Hoffnungen gemacht, dass Toms Informationen zum Erfolg führen würden. Aber zwei Vornamen änderten anscheinend nichts.

Sie faltete das Blatt zusammen und legte den Brief in die Schublade der Diele. Albern, sie konnte das Schreiben genauso gut wegwerfen. Doch das ging nicht, ihre Suche war das Einzige, was ihr von ihrer Familie geblieben war.

Da noch Zeit bis Mittag blieb, fuhr Lena kurz entschlossen zur Polizei.

»Es gibt bisher keine neuen Hinweise«, meinte Kommissar Kaltenbusch, der den Fall übernommen hatte.

»Was ist mit Kameras? Oder Zeugen? Einer muss doch was gesehen haben.«

»Es war dunkel und nass, kalt dazu. Und Dr. Schumann war spät unterwegs.«

Lena schluckte. »Ist es möglich, dass es sich um einen absichtlichen Anschlag handelt?«

Der dünne Schnäuzer des Kommissars wackelte, während er sich nach vorn beugte und sie studierte. »Warum, hat Dr. Schumann Feinde?«

»Vielleicht.« Lena zögerte. Wer wusste, ob Peter Pries etwas damit zu tun hatte? Aber er schien erbittert und mittellos. Menschen taten die schlimmsten Dinge aus Rache oder Neid. »Es gibt jemanden, der ein Motiv haben könnte.« Sie erzählte die Auseinandersetzung mit Peter Pries nach, Ansgars Hilfe, ihn ein für alle Mal abzuwimmeln. »Eben hat er mich vor Ansgars Büro abgefangen. Schien sich zu freuen, dass Ansgar schwer verletzt war.«

»Geben Sie mir alle Details und auch die Filme.« Kaltenbusch machte sich Notizen, während Lena Peter Pries und seinen Wagen beschrieb. »Den finden wir, keine Sorge.« Der Mann schaute sie neugierig an. »Warum, meinen Sie, will er was von Dr. Schumann?«

Lena war sich unsicher, ob sie dem Mann alles erzählen sollte. Aber die Filme würden einiges erklären. »Peter Pries ist mein

Halbbruder. Er hat mich nach dem Tod meiner Mutter letztes Jahr angesprochen und wollte Geld, einen Teil des Erbes. Ansgar hat –«

»Moment mal. Woher wissen Sie das denn? Da könnte ja jeder kommen.«

»Peter Pries' Mutter hatte mit meinem Vater Hans von Schweig ein Verhältnis. Ich wusste davon nichts, allerdings sind wir uns sicher, dass meine Mutter eingeweiht war.«

»Und das haben Sie überprüft?«

Lena räusperte sich. »Nein, aber er wusste von einer Sache, die nur in der Familie bekannt war.« Als der Beamte schwieg, fuhr sie fort. »Ich habe als Fünfzehnjährige einige Male gestohlen und bin erwischt worden. Es wurde Anzeige erstattet. Mein Vater hat sich damals eingemischt und dafür gesorgt, dass es nicht zum Verfahren kam. Er war gut vernetzt.«

»Und Peter Pries wusste davon?«

»Er hat behauptet, Hans von Schweig hätte seiner Mutter von seiner ungehorsamen Adoptivtochter erzählt. Und Frau Pries hätte es vor ihrem Tod ihrem Sohn erzählt. Sie muss wohl auch versucht haben, an Geld zu kommen oder den Sohn anerkennen zu lassen. Aber Hans von Schweig wusste, wie man Leute zum Schweigen bringt.« *Er war bei der SS, hatte die beste Schule.*

»Klingt plausibel, würde ich aber nachprüfen.«

Lena nickte. »Machen Sie das. Ich mache mir Sorgen, dass Ansgar noch einmal angegriffen wird. Falls Peter Pries dahintersteckt.«

»Wäre ziemlich dumm von ihm.«

»Schlau ist er jedenfalls nicht, aber gemein und verzweifelt.«

»Du bist ganz schön spät dran«, meinte Ansgar, als sie gegen halb eins ins Büro eilte. Er saß gemütlich im Empfangsbereich und las Zeitung.

Da Frau Lamm Mittagspause hatte, setzte sich Lena und beschrieb Ansgar den Morgen.

»Ich habe ihn für einen Einfaltspinsel gehalten, aber dass er mich umbringen will, hätte ich nicht erwartet.«

»Vielleicht wollte er dir nur einen Schrecken einjagen oder … ach, ich weiß es nicht. Vielleicht hatte er gar nichts damit zu tun und spielt sich nur auf. Die Polizei wird schon herausfinden, was passiert ist.«

»Nicht unbedingt. Weniger als die Hälfte der Fahrerfluchten

wird aufgeklärt.«

»Zumindest können sie ihn befragen und herausfinden, ob er tatsächlich mein Halbbruder ist.« Sie stand auf. »Sollen wir?«

»Setz dich noch einen Moment.« Ansgar klang ernst, und ein ungutes Gefühl beschlich Lena. »Ich habe heute Morgen die Unterlagen für die Scheidung fertig gemacht. Elisabeth wird sich aufregen, aber ich bin es leid, mich von ihr manipulieren zu lassen.«

»Hast du sie angerufen?«

Er nickte. »Sie meinte, sie hätte sich liebevoll um mich gekümmert und sei erst abgefahren, als ich außer Gefahr war.«

»Und was hat sie über mich gesagt?«

»Dass es ein Missverständnis war.«

Lena sah die hässliche Fratze vor sich, als Elisabeth in Ansgars Krankenzimmer aufgetaucht war und Lena dort vorgefunden hatte. »Sie lügt.«

Er nickte. »Ich hätte ihr vielleicht geglaubt, wenn ich es nicht schon früher erlebt hätte.« Er versuchte ein Lächeln. »Sie wird jetzt wieder eine psychische Episode vorspielen, um mich umzustimmen. Diesmal wird es nicht klappen.«

Lena ergriff Ansgars Hand. »Lass uns heimfahren. Ich mache Tee und koche was Leckeres.«

Als sie drei Wochen später bei der Polizei anrief, meinte Kaltenbusch: »Tut mir leid, wir haben Peter Pries überprüft. Er ist tatsächlich mit Ihnen verwandt, also so halb, Sie sind ja adoptiert.«

»Und was haben Sie über den Unfall herausgefunden?« Lena wusste, dass sie irritiert klang, weil der Kommissar genau da ansetzte, wo sie selbst unsicher war.

»Es gibt keine neuen Indizien. Wir können Peter Pries nicht mit dem Unfall in Verbindung bringen, und Zeugen sind bis heute nicht erschienen.«

»Hatte er ein Alibi?«

»Keins, das wir bestätigen können. Angeblich war er allein in seiner Wohnung.«

»Und das glauben Sie ihm?«

Kaltenbusch räusperte sich. »Wie gesagt, bestätigen können wir nichts. Aber es gibt keinen Anhaltspunkt, dass Peter Pries etwas mit dem Unfall zu tun hatte. Sein Wagen war nicht involviert. Ein Zweitfahrzeug besitzt er nicht.« Die Leitung wurde still, und als Lena nichts sagte, fuhr der Mann fort. »Wahrscheinlicher ist, dass es ein

Student war, der mit Alkohol am Steuer unaufmerksam war.«

»Damit ist die Sache dann wohl erledigt«, zischte Lena ins Telefon, doch der Kommissar ließ sich nicht aus der Ruhe bringen.

»Bis wir neue Indizien erhalten, schon.«

»Und was ist mit dem Film, als er mir gedroht hat?«

»Die Filme sind laut Staatsanwaltschaft als Beweismittel unbrauchbar.«

Lena knallte den Hörer auf. »Sie sind mit ihrer Arbeit fertig«, sagte sie zu Ansgar, der in Shorts auf dem Teppich lag und Übungen machte. Über das ehemals gebrochene Bein zogen sich vom Knöchel bis zum Oberschenkel Narben unterschiedlicher Größe. Inzwischen konnte er es wieder bewegen, aber die Muskeln waren schwach und das Gleichgewicht machte ihm zu schaffen.

»Sie haben wohl recht, Peter Pries hatte wahrscheinlich nichts mit meinem Unfall zu tun.«

»Du hättest ihn sehen sollen, wie er neben mir stand und vor Schadenfreude strotzte. Ich hätte ihm am liebsten eine Ohrfeige gegeben.«

Ansgar lachte schallend und richtete sich dann mühsam auf. »Wir sollten ihn einfach vergessen.«

»Wie kann ich das? Er taucht immer wieder wie ein böser Geist auf.«

Ansgar kroch auf den Knien zu Lena, die in einem Sessel hockte, und nahm ihre Hände. »Es gibt Wichtigeres als diesen Kerl.« Er küsste ihre Nase und zog sie näher an sich.

Lena schmiegte sich an ihn. »Was denn?«

»Das hier.« Ansgar küsste ihre Wange, fand ihren Mund.

Irgendwann lagen sie auf dem Teppich, beide außer Atem und verschwitzt. Lena lachte, während sie neben Ansgar auf den Rücken rollte. »Ich hätte nie gedacht, dass ich mit über fünfzig noch so viel Spaß am Sex haben könnte.« Sie malte mit einem Zeigefinger Kreise auf Ansgars Brust. »Ich bin unglaublich dankbar, dass wir uns gefunden haben.« Sie schaute ihn an und fühlte sich mit einem Mal weinerlich.

War hier die Stelle, wo sie »ich liebe dich« sagen sollte? Sie hatte die Worte noch nie ausgesprochen, auch damals nicht, in ihrer Jugend. Sie konnte sich nicht daran erinnern, dass Katarina jemals von Liebe gesprochen hatte, weder mit ihrem Mann noch mit ihr. Vielleicht hatte ihre Mutter sie aus Nächstenliebe aus Ostpreußen hierhergebracht, aber Lena hatte sich immer gefragt, ob etwas nicht stimmte. Denn für viel mehr hatte es ihren Adoptiveltern nicht gereicht. Und meistens hatte sie sich selbst die Schuld dafür gegeben … weil sie nicht hörte, wenn sie ermahnt wurde, weil sie nicht genug Einser auf dem Zeugnis hatte, weil sie sich oft schmutzig machte und ihre teuren Kleider ruinierte oder ihr Zimmer nicht aufräumte. Als Kind hatte sie es nicht verstanden, und einen Vergleich hatte sie nicht.

Klar hatte sie gemerkt, dass manche ihrer Klassenkameradinnen andere Elternhäuser hatten. Es war enger und chaotischer gewesen, aber auch liebevoller, wenn Lena bei seltenen Gelegenheiten eine Freundin besucht hatte. Nachher äußerte sich ihre Mutter immer abfällig … das Haus der Freundin sei heruntergekommen, die Straße laut und gewöhnlich, und Katarina ließ es immer so klingen, als sei es Lenas Fehler, als hätte sie eigenhändig vergessen, die Fassade streichen zu lassen, oder den vorbeieilenden Passanten raten sollen, gefälligst leise zu sein.

Nein, Liebe konnte man das nicht nennen. Das wusste Lena inzwischen, und sie war sich ziemlich sicher, dass das, was zwischen ihr und Ansgar passierte, durchaus in die Kategorie passte. Aber es laut auszusprechen, schien ihr unmöglich.

KAPITEL ZWEIUNDDREISSIG

Ellie

Trotz Alberts Versprechen klappte ihr Zusammenleben mehr schlecht als recht. Es war nicht seine Schuld. Sie war so lange allein gewesen, und er war nicht mehr der Mann, der vor zehn Jahren in den Krieg gezogen war. Noch war sie die junge, naive Bauersfrau, die er zurückgelassen hatte. Vielleicht wäre es anders gewesen, wenn sie auf ihrem alten Hof hätten Fuß fassen können. Aber sie bezweifelte es. Was ihnen wirklich fehlte, war Lenchen. Ihre Tochter hätte sie wieder vereint, ihnen geholfen, ihre Wunden zu heilen und nach vorn zu schauen.

Jede Woche ging Albert in die Stadt und kontrollierte die Aushänge auf der Suche nach Hinweisen. Er hatte Ellie auch zur Suchdienststelle in Schwerin begleitet, hatte darauf bestanden, selbst zu sehen, ob alles mit rechten Dingen zuging. Im Büro der Stadt war er laut geworden, hatte die Sachbearbeiterin der Schlamperei bezichtigt. Die hatte sie nach kurzer Zeit rausgeschmissen.

»Es ist nicht wie früher«, hatte Ellie gesagt, als sie wieder auf der Straße gestanden hatten. »Die DDR ist nicht Ostpreußen. Alles wird streng organisiert und kontrolliert. Die machen, was ihnen die Russen auftragen.« Sie nahm Alberts Hand und senkte die Stimme. »Du musst aufpassen, was du hier sagst. Die verhaften Leute, die Kritik üben, selbst Schüler. Lass uns heimgehen. Nächste Woche schreibe ich wieder an den Suchdienst in Berlin. Sie sagen ja selbst, dass immer wieder neue Informationen eintreffen.«

Zumindest war Ellie froh, dass Albert sich mit Almas Mann

angefreundet hatte. Manchmal verbrachten die vier einen Abend zusammen, spielten Karten und tranken Bier. Für viel mehr war weder Zeit, noch hatten sie genug Einnahmen. Ellie hatte einen der Knechte gehen lassen, weil Albert seine Arbeit übernehmen wollte. Inzwischen beobachteten die anderen Arbeiter sie genau, misstrauisch und besorgt, sie würde sie ebenfalls hinauswerfen.

Doch Albert arbeitete nicht mehr wie vor dem Krieg. Er war oft müde, und sie fand ihn irgendwo am Rand des Feldes sitzend, sein Blick in die Ferne gerichtet, als könne er Lenchen dort entdecken.

Im September kam eines frühen Morgens Alma überraschend ins Haus. Ellie und Albert saßen beim Frühstück und schauten erstaunt auf.

»Ist was passiert?« Ellie sprang auf und umarmte ihre Freundin.

Almas Haare standen in alle Richtungen, als hätte sie vergessen, sich zu kämmen, aber ihr Gesichtsausdruck war, was Ellie beunruhigte. Ihre Freundin sank auf einen Stuhl. »Hast du noch Kaffee? Ich war die ganze Nacht auf.«

Ellie reichte ihr eine Tasse Pfefferminztee. »Willst du ein Brot?«

Alma nickte und stopfte es sich in Windeseile in den Mund. »Danke«, sagte sie nach einer Weile. »Wir haben uns entschlossen, in den Westen zu gehen. Ich konnte vor lauter Aufregung nicht schlafen, aber ich musste es dir sagen.« Sie schaute zum Fenster, als würde sie überhört, und flüsterte: »Die Menschen ziehen fort, weil sie die ewige Kontrolliererei nicht aushalten. Im Mai haben sie die Telefonverbindungen nach Westdeutschland unterbrochen. Sie wollen uns isolieren, und man wandert wegen der kleinsten Kritik ins Zuchthaus. Sie haben sogar Oberschüler verhaftet, nur weil sie Flugblätter verteilt haben.« Sie leerte ihre Teetasse. »Ich will, dass unsere Töchter in Freiheit aufwachsen, dass sie ihre Meinung sagen können.«

»Wann fahrt ihr denn?«

»Morgen früh nehmen wir den Zug in Richtung Lübeck.« Alma sprang auf und nahm Ellie in den Arm. »Vielleicht solltet ihr auch überlegen, wegzugehen. Wer weiß, ob sie die Grenzen schließen, dann kommt ihr nicht mehr raus.«

Ellie beobachtete Albert, der am Fenster stand und vor sich hinstarrte. »Ich weiß nicht, ob wir es schaffen. Wir haben den Hof, meine Mutter ist in Schwerin bei ihrem Freund.«

Alma stand auf. »Ich schreibe euch, wo wir landen.«

Ellie sank auf einen Stuhl, sobald Alma verschwunden war. Sie war schockiert, dass ihre einzige Freundin sich so unverhofft und spontan entschlossen hatte, die DDR zu verlassen. Ein Teil von ihr wollte Alma folgen, der andere bleiben. Wenn sie ehrlich war, fehlte ihr die Kraft, sich wieder ins Ungewisse aufzumachen. Selbst wenn Reisen inzwischen einfacher geworden war, auf der anderen Seite der Grenze kannte sie nichts und niemanden.

Und auf Albert konnte sie sich nicht verlassen. Der hatte ständig Albträume und taperte nachts im Haus herum. Nach der schrecklichen Zeit im Gulag war er kaum in der Lage, durch den Tag zu kommen, ganz zu schweigen davon, einen Umzug ins Unbekannte zu unternehmen.

Auch hatten sie kaum Geld, um so eine Fahrt zu finanzieren. Denn es reichte ja nicht, Zugtickets zu kaufen. Sie mussten irgendwo schlafen, essen, und wer wusste, wo sie Arbeit bekommen konnten? Sie fragte sich, wie Alma es geschafft hatte, Geld zur Seite zu legen. Immer noch gab es Lebensmittel auf Marken und vieles, was sie von früher kannte, gab es gar nicht. Ständig waren Regale leer, und es hieß, man warte auf eine Lieferung von Waschmitteln oder Schweinefleisch. Es war ein Segen, dass sie den Hof hatten, der sie zumindest mit Gemüse, Eiern und Kartoffeln versorgte. Letztes Jahr hatte Ellie einen Hahn erstanden, der gute Dienste leistete, sodass sie inzwischen regelmäßig Hühner schlachten konnten.

All das sollte sie zurücklassen? Schon wieder?

»Hast du das gesehen?« Albert stieß mit dem Zeigefinger auf die *Schweriner Volkszeitung*, die sie seit seiner Rückkehr bezogen.

Ellie sank ihm gegenüber auf einen Stuhl. Ihr Magen knurrte, sie war bereits im Stall gewesen und hatte die Hühner versorgt.

Schweres Urteil gegen feindliche Schülergruppe – harte Strafen für die Unterwanderung unserer demokratischen Jugendorganisationen

Schwerin (Eig. Ber.) – *Vor dem Bezirksgericht Schwerin fand gestern der Prozess gegen eine Gruppe von acht Oberschülern statt, die sich in verbrecherischer Weise gegen den Aufbau unserer friedliebenden Deutschen Demokratischen Republik gestellt hatten.*

Unter dem Einfluss westlicher Hetzsender und feindlicher Agenten hatten diese Jugendlichen versucht, die Reihen der Freien Deutschen Jugend (FDJ) und der Schülerschaft zu unterwandern und durch feindselige Parolen und Zersetzungsarbeit unsere Jugend von ihrem friedlichen Aufbauwerk abzuhalten.

Angeführt von dem Oberschüler **Enno H.** *organisierten sie geheime Zusammenkünfte, verbreiteten Hetzschriften und suchten Unruhe zu stiften. Das Gericht stellte fest, dass die Angeklagten bewusst gegen die demokratische Ordnung gehandelt und die Interessen des werktätigen Volkes verraten hatten.*

Im Namen des Volkes wurden folgende Urteile gefällt:

- **Enno H.** *erhielt eine Zuchthausstrafe von 25 Jahren,*
- *die übrigen sieben Angeklagten erhielten Freiheitsstrafen zwischen 10 und 15 Jahren.*

Das Urteil ist ein weiterer Beweis dafür, dass die Organe unserer Arbeiter-und-Bauern-Macht wachsam sind und feindlichen Umtrieben entschieden entgegentreten. Unsere Jugend soll in Frieden lernen, arbeiten und im Geiste des Sozialismus heranwachsen – und nicht durch westliche Agenten und ihre Helfershelfer vergiftet werden.

Die Bevölkerung Schwerins nahm das gerechte Urteil mit Zustimmung auf. Zahlreiche FDJ-Mitglieder und Schüler bekundeten ihre feste Entschlossenheit, künftig noch wachsamer zu sein und die Errungenschaften unserer Republik gegen jeden Angriff zu verteidigen.

»Sie verhaften Kinder.« Ellie dachte an Almas Kommentar, dass ihre Töchter in einem freien Land aufwachsen sollten. Vielleicht lebte Lenchen dort drüben … in der Bundesrepublik Deutschland. Wann immer sie an ihre Tochter dachte, und das war immer noch jeden Tag zu jeder Stunde, dann stellte sie sich ein schönes Haus vor, mit einem Garten, in dem Lenchen spielen konnte. In den frühen Morgenstunden kam es vor, dass sie an einen Grabstein dachte, irgendwo am Wegesrand, verlassen und vergessen.

»Meinst du, sie lebt noch?«, sagte Albert, als könne er ihre Gedanken hören.

Ellie nickte langsam und legte eine Handfläche auf ihre Brust. »Ich spüre es. Hier drin.« Vielleicht bildete sie sich alles nur ein, aber die Vorstellung, dass Lenchen längst gestorben war, war unerträglich.

Albert schaute sie an, seine Augen glitzerten feucht. »Ich wünschte, ich hätte deine Zuversicht.«

»Was bleibt uns sonst?«

Albert ergriff ihre Hand auf dem Tisch. »Hast du je überlegt, es noch einmal zu versuchen? Ich meine, wir sind noch nicht zu alt. Platz haben wir genug.«

Inzwischen hatten sie miteinander geschlafen. Ellie tat es ihm zuliebe, zog es aber vor, mit ihm zu kuscheln, um ihre Einsamkeit zu vertreiben. Er wusste nicht, dass sie beim Arzt gewesen war und eben diese Frage gestellt hatte. Vielleicht war es keine echte Lösung, das Loch in ihrer Brust konnte kein anderes Kind stopfen, aber es hätte vielleicht Albert geholfen und ihrer Ehe einen tieferen Sinn gegeben.

Doch der Arzt in Schwerin hatte nach der Untersuchung ein ernstes Gesicht gemacht. »Ich fürchte, die vielen Narben werden es verhindern.« Er schaute sie wissend an. »Es ist leider nicht das erste Mal, dass ich solche Verletzungen sehe. Sie sind aus dem Osten gekommen, richtig?«

Ellie nickte. »Aus Neuhausen im Samland bei Königsberg.«

Der Arzt schüttelte den Kopf. »Es tut mir leid, Sie werden keine Kinder mehr bekommen können. Sie sollten auf jeden Fall verhüten, damit kein Malheur passiert. Falls Sie schwanger würden, ist eine Fehlgeburt wahrscheinlich.« Er stand auf und reichte ihr eine Schachtel. »Diaphragma, folgen Sie der Anleitung … zu Ihrem eigenen Schutz.«

Ellie war danach wie betäubt durch die Stadt gelaufen, hatte wie immer die Aushänge abgeklappert, während die Worte des Arztes durch ihren Kopf hallten und die Schachtel wie Gift in ihrer Handtasche ruhte.

Seitdem benutzte sie heimlich das unangenehme Gummiteil. Albert davon zu erzählen oder ihm die Hoffnung auf ein zweites Kind zu nehmen, kam nicht infrage. Er neigte zur Depression, und sie wollte ihm auf keinen Fall einen Grund geben.

Ellie erzwang ein Lächeln. »Schauen wir, was passiert.«

KAPITEL DREIUNDDREISSIG

Lena

Lena wurde das Gefühl nicht los, dass sie beobachtet wurde. Seit Peter Pries so plötzlich neben ihr erschienen war, ertappte sie sich dabei, die Straßen zu kontrollieren, wenn sie aus der Tür trat. Auch blieb sie hin und wieder vor einem Schaufenster stehen und schaute dann unvermittelt in beide Richtungen. Sie sah nie jemanden, schon gar nicht Peter Pries. Trotzdem überschattete er ihre Gedanken wie ein böser Geist.

Ansgar lachte, als sie ihm davon erzählte. Er ging inzwischen wieder regelmäßig ins Büro, wenn er auch früher als vor dem Unfall Schluss machte und weniger Klienten bediente.

Der September hatte begonnen, und in zwei Wochen hatten sie einen Urlaub an der Nordsee geplant. Lena eilte zum Briefkasten, weil sie auf die Bahnfahrkarten wartete.

Das Logo des DRK sprang ihr entgegen. Sie hatte keine Post mehr erwartet, nachdem die Vornamensuche nichts ergeben hatte. Trotzdem riss sie sofort den Brief auf.

… wir freuen uns, Ihnen mitteilen zu können, dass Ihre Suchanfrage nach Ellie (Mutter, Nachname und Geburtsdatum unbekannt) und Margarete (Großmutter, Nachname und Geburtsdatum unbekannt) einen Treffer ergeben hat. In den aus der früheren DDR bereitgestellten Archivunterlagen, die seit der Wiedervereinigung regelmäßig zu uns gelangen, haben wir folgenden Eintrag gefunden:

Gesucht: Helene (Lenchen) Johansen, geboren am 1.9.1941 in Neuhausen (Samland)

Besondere Kennzeichen: Keine

Kleidung und Ausstattung: Mantel dunkelblau mit Mütze, Strumpfhose beige, schwarze Stiefel, brauner Plüschbär selbstgenäht, Name Hugo

Suchende: Ellie Johansen (Mutter, geboren am 3.3.1920 in Heiligenbeil, Ostpreußen)

Nach unseren Informationen lebt Frau Johansen in Schwerin, eine Telefonnummer ist nicht bekannt. Sollten Sie bei der Kontaktaufnahme Unterstützung benötigen, stehen wir Ihnen selbstverständlich gern beratend zur Seite.

Der Brief in Lenas Hand begann zu zittern, dann drückte sie ihn an die Brust. Sie lehnte sich an den Briefkasten, denn mit einem Mal schwankte der Flur. Es passte, alles passte. Sie hatten ihre Mutter gefunden, und wenn sie noch lebte, war Ellie in Schwerin. Ach was, Lena würde hinfahren, jetzt sofort.

Sie blinzelte, las den Brief erneut und rannte dann, als sei sie auf der Flucht, die Treppe hinauf. Im Büro riss sie die beiden Kartons heraus, die sie den Nachbarn hatte schenken wollen. Warf die Bauklötze, Puppen und Holztiere auf den Boden, bis ihr Blick an einem braunen Plüschtier hängen blieb.

Die aus gelber Wolle gestickten Augen schauten sie an, fragend und erleichtert. »Hugo«, flüsterte sie. Das Tier an die Brust gedrückt, sank sie aufs Bett und begann zu weinen. Eine Weile lag sie da, die Knie an die Brust gezogen, den Bären fest im Arm.

Die Haustür wurde aufgeschlossen, und kurz darauf steckte Ansgar den Kopf ins Zimmer. »Lena?« Er eilte zu ihr. »Was ist passiert?«

Sie schluchzte erneut und hielt ihm zitternd den Bären hin. »Das ist Hugo, mein Bär.«

»Aus Kindertagen?«

Lena richtete sich auf und kroch in seine Arme. »Sie haben sie gefunden … meine Mutter. Ellie Johansen lebt in Schwerin.«

Ansgars Augen weiteten sich. »Sie lebt. Das ist ja wunderbar.«

»Sicher bin ich nicht, zumindest lebte sie dort, als die Suchanfrage gestellt wurde. Das ist Jahre her.«

Ansgar richtete sich auf. »Wann fährst du hin?«

Lena wischte sich die Wangen an seinem Hemd trocken. »Sobald ich herausgefunden habe, wo sie wohnt.«

»Das machst du vor Ort. Fahr nach Schwerin. Du findest sie!«

Am nächsten Nachmittag erreichte Lena Schwerin. Obwohl sie oft in den Norden fuhr, war sie nach der Wiedervereinigung noch nie im Osten gewesen. Jeder Kilometer hatte sich wie Kaugummi gedehnt, obwohl sie bis auf Hamburg keine Staus gehabt hatte. Doch sie hatte mehrmals anhalten müssen, weil sie am ganzen Körper zitterte, war ausgestiegen und hatte tief durchgeatmet. Endlich, nach mehr als eineinhalb Jahren Suche, gab es eine echte Spur. Immer wieder flüsterte sie »Ellie« und »Mama«.

Sie schaute in den Himmel, lachte und schluchzte. Sie hatte einen Namen: Helene Johansen – Lenchen. Er klang wenig beeindruckend, aber es war *ihr* Name *ihrer* Familie.

Sie parkte den Wagen in der Innenstadt und fühlte sich augenblicklich in die Vergangenheit zurückversetzt. Kastige Trabbis in verblichenen Farben reihten sich hinter modernen VWs und Mercedes. Die Luft war dick mit Auspuffgasen. Viele Ladenlokale standen leer, andere waren offensichtlich neu eingerichtet und zeigten westliche Mode.

Zu ihrer Linken bröckelten Altbauten, die seit Jahrzehnten keinen Anstrich gesehen hatten. Das Pflaster stammte noch von vor dem Krieg. Sie fragte sich zum Marienplatz durch, an dem das Postamt liegen sollte, überquerte Straßenbahnschienen und betrat das wuchtige alte Gebäude. Eine Schlange von wartenden Frauen und Männern bewegte sich träge in Richtung Schalter. Stempel hämmerten auf Briefe, es roch nach Papier, Staub und Gummi.

Lena schaute sich um und war froh, dass sie die zwei Telefonzellen ohne Schlangestehen besuchen konnte. Im Inneren stellte sie ihre Tasche ab und griff nach dem Telefonbuch, das sehr dünn wirkte. Angeblich hatte Schwerin über hunderttausend Einwohner, da stimmte doch was nicht. Ihre Finger zitterten wieder, während sie die Seiten durchblätterte. Den Namen Johansen fand sie nicht. Auch keinen ähnlichen Namen. Ihre Mutter war nicht eingetragen. Die Kabinenwände bewegten sich auf sie zu, die Luft war mit einem Mal zu dick zum Atmen. Sie öffnete den Mantel und stopfte das Halstuch in ihre Handtasche. Es gab mehrere Möglichkeiten: Entweder war ihre Mutter fortgezogen, sie war gestorben oder sie besaß kein Telefon.

Sie kehrte in die Halle zurück und beschloss, sich anzustellen. Die Beamten mussten doch wissen, ob es normal war, dass die Menschen kein Telefon hatten.

»Ja bitte?« Der Mann hinter dem Tresen betrachtete sie griesgrämig. Lena hatte fast eine Stunde warten müssen, denn immer wieder verschwanden die Männer hinter ihren Theken, als machten sie schon Feierabend.

»Ich frage mich, ob hier viele Anwohner einen Telefonanschluss haben.«

Der Mann schürzte die Lippen unter dem rötlichen Bart. »Ne, junge Frau, viele Anschlüsse gibt's nicht.«

»Es wäre also normal, wenn ich eine Person nicht im Telefonbuch finde?«

»Normal, was ist normal? Was wollen Sie eigentlich?«

Lena richtete sich weiter auf. »Ich suche meine Mutter.«

»Die meisten Leute wissen, wo ihre Eltern wohnen. Haben Sie sonst noch Fragen?«

»Keine, die Sie beantworten können«, schnappte Lena. Was für ein Einfaltspinsel. Warum konnten die Menschen nicht nett miteinander umgehen? Was ging den Kerl ihre Familie an? Sie marschierte wieder nach draußen und eilte zu einer der Haltestellen am Marienplatz.

Sie fragte sich durch, bis sie die Adresse und Wegbeschreibung herausgefunden hatte, und machte sich auf den Weg. Das Einwohnermeldeamt lag gegenüber dem Pfaffenteich, der sie ein wenig an den Aasee in Münster erinnerte. Sie lächelte, es war ein gutes Zeichen.

Doch als sie gegen die Tür der Verwaltung drückte, rührte die sich nicht.

»Ist geschlossen«, meinte eine Passantin. »Müssen Se morgen wiederkommen.«

Lena fluchte, es war kurz nach siebzehn Uhr. Sie hatte kostbare Zeit im Postamt verschwendet. *Was sind schon ein paar Stunden, wenn du so lange gewartet hast*, kommentierte ihr Hirn.

Nachdem sie im *Hotel am Schloss* übernachtet hatte, war sie um kurz nach acht am Einwohnermeldeamt. Sie hatte Ansgar angerufen und berichtet, obwohl es bisher nichts zu berichten gab. Dabei hatte sie gemerkt, wie sehr er ihr fehlte, obwohl sie gerade mal einen Tag unterwegs war. Aber er hatte ihr zu verstehen gegeben, dass sie diese Reise allein angehen musste. Nicht nur weil er zu viel Arbeit hatte, um ungeplant das Büro zu verlassen, sondern weil er meinte, es sei *ihre* Wahrheitsfindung, *ihre* Reise.

Er hatte natürlich recht, denn es war *ihre* Familie. Aber sie machte sich auch Sorgen, ihn allein zu lassen. Die Polizei hatte ein

Schreiben geschickt, mit dem sie den Fall als ungeklärt zu den Akten legte. Doch wer wusste, was Peter Pries vorhatte? Wenn er sie tatsächlich beobachtete, hatte er sie davonfahren sehen. Und Ansgar war viel zu optimistisch und gutgläubig, dass er eine Attacke erwartet hätte.

»Ja bitte?« Diesmal bediente eine Dame mittleren Alters in einem grauen Anzug und passenden graugesträhnten Haaren. Mit Farben ging man in der ehemaligen DDR sparsam um.

»Ich benötige die Adresse von Ellie Johansen.« Lena schlug das Herz bis zum Hals, aber sie setzte ihre alte Bankmiene auf.

»Wir geben keine Adressen raus.«

»Es ist aber dringend.«

Die Frau schaute sie gelangweilt an. Sie wartete bestimmt bereits auf den Feierabend. »Tut mir leid, da könnte ja jeder kommen.«

»Ich bin nicht jeder, ich bin ihre Tochter.«

»Dann ist es sonderbar, dass Sie die Adresse Ihrer Mutter nicht kennen.«

»Wenn Sie Zeit haben, erkläre ich es«, meinte Lena laut, sodass es die Wartenden hinter ihr mitbekamen. »Verweisen Sie mich bitte an Ihren Chef.«

Die Chefkarte schien zu wirken. Die Grauhaarige schnippte mit den Fingern. »Ausweis?«

Lena überreichte den Personalausweis, das Schreiben des DRK-Suchdienstes und die Adoptionsurkunde. »Ich suche meine leibliche Mutter seit März letzten Jahres, als ich von meiner Adoption erfuhr. Das DRK hat eine passende Person gefunden, ich –«

»Warten Sie.« Die Dame verschwand in einem Büro.

Eine Kundin neben Lena lächelte. »Bleiben Sie dran. Die sind immer so.«

Lena nickte dankbar, doch in ihrem Inneren brodelte es vor Nervosität.

Nach einigen Minuten erschien die Dame erneut. »Wenn Sie mitkommen wollen?«

Lena landete im selben Büro, vor ihr ein Mann um die sechzig mit polierter Glatze im ebenfalls grauen Anzug. »Frau von Schweig. Sie sind sicher, dass es sich bei Frau Johansen um Ihre Mutter handelt?«

Lena kramte in ihrer Tasche. »Sehen Sie den Verweis auf das Plüschtier?« Sie setzte Hugo, der den ganzen Weg auf dem Beifahrersitz neben ihr gefahren war, auf den Schreibtisch. »Das ist

Hugo.« Sie schob das Schwarz-Weiß-Foto aus Königsberg in seine Richtung. »Das bin ich, bevor ich auf dem Weg von Ostpreußen in den Westen verloren gegangen bin.«

Der Mann betrachtete das Bild, dann den Bären und erneut den Brief vom DRK. »Höchst ungewöhnlich«, murmelte er.

»Das ist es, aber ich *muss* meine Mutter finden.« Lenas Stimme zitterte mit einem Mal. Sie wollte stark bleiben, doch das viele Hin und Her zehrte an ihr.

Der Mann studierte sie wortlos und schob ihr dann ein Blatt Papier zu. »Hier ist die Adresse. Frau Johansen wohnt in Zülow, einem Dorf im Südwesten von Schwerin. Sie fahren bis Stralendorf und dann rechts ab.«

Lena nickte, der Kloß in der Kehle, der sie seit der Offenlegung ihrer Herkunft begleitet hatte, breitete sich wieder aus.

»Viel Glück«, rief ihr der Mann hinterher.

Wie im Nebel stieg Lena ins Auto. Sie starrte neben sich auf den Beifahrersitz, wo neben Hugo die Adresse lag. *Ellie Johansen* stand dort geschrieben, *Schmiedestraße 16, Zülow*.

Sie wischte sich über die Augen und fuhr los.

Die Straßen wurden schmaler, als sie Schwerin verließ. Zweimal bog sie falsch ab, bis sie nach Stralendorf kam. Die Häuser wirkten klein und heruntergekommen, auch hier war kaum Farbe zu sehen, der Putz bröckelte. Sie fragte sich, in welchem Zustand die Wohnung ihrer Mutter war, ob sie auch so grau wie die anderen Menschen wirkte. Egal, Hauptsache, sie fand sie.

Sie bog rechts in eine schmalere Straße, die kaum breit genug für ein Fahrzeug war. Um sie herum erstreckten sich Felder und Waldstücke, durchzogen von Wassergräben. Es war friedlich hier, die Luft, die durchs offene Fenster strömte, duftete frisch.

Zülow besaß nicht mal ein Schild, aber dies musste es sein. Noch kleinere Häuser mit schmalen Vorgärten, hier und da ein paar Blumen. Keine Menschenseele war zu sehen, obwohl es ein sonniger Tag war.

Und dann war Lena da. Das Haus lag hinter einer Hecke verborgen, umgeben von Stallungen, im Hof ein Misthaufen, um den sich Hühner scharten. Lena stellte den Wagen ab und hielt auf das Haus zu. Ihre Knie waren weich, sie spürte ihren Körper kaum. Selbst ihre Atmung war flach vor lauter Nervosität.

Jeden Moment würde jemand aus dem Haus treten. Doch auch hier ließ sich niemand blicken. »Hallo«, rief sie und klopfte an die

Haustür. Nichts.

Irgendwo schlug ein Hund an. Sie wanderte um das Haus herum, bis sie zu einem eingezäunten Garten kam, in dem es gelb, blau und orange blühte. Riesige Sonnenblumen neigten ihre schweren Köpfe wie zum Gruß. Darunter wuchsen Sonnenaugen und Herbstastern. Um hohe Holzstäbe rankten sich späte Bohnen, darunter wuchsen riesige Zucchini. Eine Himbeerhecke zog sich den Weg entlang.

Lena kniff die Augen zusammen. Am hinteren Ende kniete eine grauhaarige Frau inmitten eines Kürbisfeldes. Sie hatte Lena den Rücken zugewandt und summte etwas.

Lena schluckte, ihr Hals trocken wie Sägemehl. »Hallo?«

Die Frau schaute auf und drehte sich zu ihr um. »Ja bitte?«

KAPITEL VIERUNDDREISSIG

Ellie, 1952

Alma schrieb regelmäßig – sie hatte sich mit ihrer Familie südlich von Hamburg niedergelassen – und bat sie, in den Westen zu kommen.

Doch weder Ellie noch Albert sprachen darüber. Wenn sie Almas Briefe gelesen hatten, verstaute Ellie die Umschläge in der Anrichte, und dabei blieb es.

Am 27. Mai las Ellie in der *Schweriner Volkszeitung*, dass die DDR die Grenze zu Westdeutschland geschlossen hatte. Es war von *Maßnahmen an der Demarkationslinie zur westdeutschen Besatzungszone* die Rede. Angeblich hatten feindliche Agenten, Schmuggler und Provokateure versucht, die Errungenschaften des demokratischen Neuaufbaus zu gefährden.

Zum Schutz der werktätigen Bauern und Arbeiter wurden deshalb in einem fünf Kilometer breiten Grenzstreifen besondere Sicherheitsmaßnahmen ergriffen. Diese Maßnahmen dienten ausschließlich dem Frieden und der Sicherung der jungen Republik.

Ellie schnaubte. »So ein Quatsch«, schimpfte sie, wobei sie die Zeitung vor Albert auf den Tisch knallte. »Sie bauen ein Gefängnis für uns.«

»Du wolltest ja nicht weg«, meinte Albert.

Ellie schaute ihren Mann an, der wieder zu Kräften gekommen, aber völlig ergraut war. »Du doch auch nicht.«

Albert schaute aus dem Fenster. In der letzten Zeit war er oft mit seinen Gedanken woanders und schlecht gelaunt. Vor allem wunderte sich Ellie, wohin er tagsüber verschwand, denn wenn sie auf den Feldern ihre Kontrollgänge machte, um zu sehen, was die Arbeiter schafften, war er oft abwesend.

Sie hatte ihn fragen wollen, doch schob es immer wieder auf – vielleicht weil ihr Bauchgefühl bereits die Wahrheit kannte.

»Stimmt.« Albert überflog die Zeilen. »War doch abzusehen. Ist eben eine Diktatur, und die sperren die Leute ein, wenn sie nicht folgen.« Er stand auf. »Ich bin draußen.«

Ellie staunte. »Es regnet, was willst du denn arbeiten? Allerdings könnte ich Hilfe bei der Reparatur der Halfter brauchen … im Stall. Diese Lederarbeiten sind nicht mein Ding.«

»Frag deine Knechte. Die lesen dir doch jeden Wunsch von den Augen ab.«

»Du willst also nicht in den Stall. Wohin geht man denn bei diesem Wetter?«

Albert lächelte bitter. »Wenn du's genau wissen willst, ich besuche das Nachbardorf.«

»Du hast jemanden kennengelernt.« Es war keine Frage. In den letzten Monaten hatte sie die Knechte mehrmals erwischt, wie sie untereinander sprachen und schwiegen, wenn sie in die Nähe kam. Offensichtlich wusste jeder außer ihr, dass Albert eine Affäre hatte. Sie hatte sich zwar gewundert, dass er nicht mehr mit ihr ins Bett ging, aber es war ihr, wenn sie ehrlich war, allzu recht gewesen.

»Du willst doch sowieso keinen Sex, hast keinen Spaß dran, und ein Kind willst du auch nicht. Steckst dieses Ding rein, bevor wir es tun.« Albert klang verletzt und ärgerlich zugleich.

Ellie starrte ihren Mann an, der wie ein Fremder klang. »Was war mit dem *keinen Schmerz zufügen* gemeint?«

»Das war, bevor ich wusste, dass du mir etwas vorspielst und mich anlügst.«

Ellie hatte Albert am Kragen packen, ihm ihre Frustration und Trauer über ihren kaputten Unterleib ins Gesicht schreien wollen, doch sie sank auf ihren Stuhl zurück und senkte den Kopf. Er hatte also das Diaphragma gefunden, unterstellte ihr, kein Kind zu *wollen*. Sie wusste, dass er ihr insgeheim die Schuld an Lenchens

Verschwinden gab. »Dann geh doch, geh zu deiner Geliebten. Brauchst gar nicht wiederzukommen. Ich mache das auch allein, habe ich die ganzen Jahre gemusst.«

Danach kam Albert nur noch sporadisch heim. Die Nachbarn redeten, die Knechte auch. Jeder, der sie kannte, alle Nachbardörfer wussten von Alberts Affäre mit der jungen Kriegswitwe. Egal, wo Ellie auftauchte, es wurde geflüstert und mit den Köpfen geschüttelt. Manche Frauen hatten Mitleid und luden sie zu Kaffee und Kuchen ein oder besuchten sie auf dem Hof. Nach Almas Wegzug hielt Ellie andere Menschen auf Distanz. Stattdessen ging sie in die Stadt und besuchte ihre Mutter, Helmut und Hildegard. Dort konnte sie sein, wie sie war. Niemand erwartete eine Erklärung oder drängte sie, ihr Innerstes preiszugeben.

»Schön, dass du da bist.« Hildegard, die seit ihrer Ankunft vor sieben Jahren völlig ergraut war, nahm Ellie in den Arm. »Margarete und Helmut sind noch auf dem Markt.«

Es war Samstagmittag, und Ellie hatte es daheim auf dem verlassenen Hof nicht mehr ausgehalten. »Wie läuft es im Kinderheim?«

Hildegard servierte Ellie Tee und setzte sich dann neben sie aufs Sofa. »Ich freue mich so. Letzte Woche hat ein Junge seine Eltern wiedergefunden. Sie standen am Mittwoch da, hatten vom Suchdienst in Berlin einen Hinweis erhalten.«

»Wie alt ist das Kind?«

»Zwölf. Der Kleine konnte sich kaum an seine Eltern erinnern, aber es gab definitiv eine Ähnlichkeit.« Sie tätschelte Ellies Hand. »Ich habe an dich denken müssen und daran, dass es immer Hoffnung gibt.«

Ellie lächelte schwach. »Hoffnung ist das Einzige, was mir geblieben ist. Und der Schmerz.« Sie hielt inne, schüttelte den Kopf. »Man würde denken, dass es mit der Zeit einfacher wird. Manchmal ist es das auch. Aber dann kommen diese Momente, in denen wieder alles ganz frisch wie am ersten Tag ist.«

Hildegard drückte Ellies Finger. »Wie geht es mit Albert?«

»Er hat die Scheidung eingereicht. Will das Mädchen so schnell wie möglich heiraten. Ich glaube, sie ist schwanger.«

»Er wollte unbedingt Nachwuchs, am besten einen Jungen.«

Ellie dachte an ihren Besuch beim Frauenarzt. »Ich konnte ihm nicht helfen.«

Hildegard schien mehr sagen zu wollen, doch in dem Moment erschienen Margarete und Helmut. Ellie fand, dass ihre Mutter, seit sie mit Helmut zusammenwohnte, eher jünger geworden war. Sie strahlte über das ganze Gesicht und legte einen Arm um Ellie. »Ich hoffe, du bleibst zum Essen. Wir haben Weißkohl und Kartoffeln, ein wenig Bratwurst.«

Helmut klopfte Ellie auf den Rücken. »Und Pflaumenkuchen von unserem Bäcker.«

Ellie verbrachte den Nachmittag bei den Dreien. Sie freute sich für ihre Mutter, die vor der Flucht jahrelang allein gelebt hatte. Doch das Glück ihrer Mutter ließ sie ihre eigene Einsamkeit umso mehr spüren. Sie war viel zu jung, um allein zu sein. Nicht, dass es nicht immer wieder vorkam. Die aus dem Krieg heimgekehrten Männer waren oft angeschlagen und starben frühzeitig. Aber sie war gerade mal zweiunddreißig und lebte wie eine Nonne. Die DDR, ihre neue Heimat, blieb ihr fremd. Vor allem, weil ihr die ständige Propaganda auf die Nerven ging. Hatte sie nicht gerade eine Diktatur hinter sich? Nun war sie in einer neuen gelandet. Und hatte ihre Freiheit gegen die Sicherheit und Vertrautheit ihres Hofes eingetauscht.

Allein in der Küche fragte ihre Mutter: »Hildegard sagt, Albert lässt sich scheiden?«

Ellie nickte. »Sie ist schwanger.«

Margarete schaute sie aufmerksam an. »Ich hätte gedacht, dass du … ihr es auch noch mal versucht.«

»Wollte ich ja …«, brach es aus Ellie heraus. »Ich darf aber keine Kinder mehr haben. Der Arzt meinte, ich würde Fehlgeburten erleiden.«

Margarete schwieg. Im Lampenlicht der Küche war sie blass geworden. »Die Scheune …«, flüsterte sie.

Ellie nickte, aber der Kloß in ihrer Kehle war zu groß für Worte.

»Du hast es Albert nicht erzählt.«

Ellie schluchzte auf. »Er gibt mir ohnehin die Schuld an Lenchens Verschwinden.«

»Ach Ellie.« Ihre Mutter nahm sie in den Arm und hielt sie fest, während Ellie weinte. Um ihr verlorenes Kind und die Chance auf eine Zukunft als Mutter … ihre verlorene Ehe.

Irgendwann löste sich Ellie und putzte sich die Nase. »Ich freue mich, dass du glücklich bist.«

»Das weiß ich, mein Kind. Aber du verdienst auch Glück in deinem Leben.«

Ellie starrte ihre Mutter an und begriff in dem Moment, dass sie selbst glaubte, sich bestrafen zu müssen. Immer noch … ein ganzes Leben lang.

KAPITEL FÜNFUNDDREISSIG

Lena

Lena räusperte sich und versuchte ein Lächeln. »Ich suche Frau Johansen, Ellie Johansen.«

Die Frau richtete sich auf, erstaunlich flink kam sie zum Zaun, milde Neugierde in ihren hellen Augen. Sie trug eine Schürze und abgewetzte Schuhe, ihre Hände waren verkrustet mit Gartenerde. »Sie haben sie gefunden.«

Lena hatte sich diesen Moment tausende Male vorgestellt. Doch jetzt, wo sie vor ihrer leiblichen Mutter stand, fehlten ihr die Worte. »Ich bin Lena … von Schweig«, brachte sie schließlich mit zitternder Stimme hervor. »Ich wurde adoptiert, ich …« Ihre Sicht verschwamm, und sie wischte sich mit dem Ärmel über die Augen.

Die Frau war bleich geworden, ihr Blick jetzt intensiv … fragend. Und dann schwankte sie, schaffte es gerade noch, sich am Gartenzaun festzuhalten. »Lenchen?«, flüsterte sie.

»Mama.«

Lena riss das Gartentor auf und fiel, obwohl sie einige Zentimeter größer war, in die Arme ihrer Mutter. Sie spürte Ellies Beben, ihr eigenes. Sie schmiegte sich an sie, sog die Nähe ihrer Mutter in sich auf wie eine Rauschgiftsüchtige eine Droge. Irgendwann ließen sie voneinander ab und schauten sich an.

Ihre Mutter lachte und weinte gleichzeitig, Lena auch. »Lass uns ins Haus gehen. Ich will alles über dich wissen.« Sie legte einen Arm um Lena – neu und gleichzeitig vertraut. Lena lächelte. Die Anspannung der letzten eineinhalb Jahre war von ihr abgefallen, die

Unsicherheit, die sie in ihrem Unterbewusstsein immer gespürt hatte, war verschwunden. Sie war angekommen.

In der Küche, die aus einer anderen Zeit stammte, zog Lena das Plüschtier aus der Tasche, und ihre Mutter klatschte in die Hände. »Hugo. Du hast ihn so geliebt.«

Lena sah sich um. Insgeheim fragte sie sich, ob es einen Vater gab. Tom hatte erwähnt, dass Ellies Mann im Frühjahr 1945 im Krieg gewesen war. Allerdings gab es keinerlei Anzeichen, dass hier jemand anderes wohnte.

»Setz dich, ich mache Kaffee, du trinkst doch Kaffee?« Ihre Mutter wirbelte durch die Küche, doch als sie den Wasserkessel füllen wollte, rutschte er ihr aus der Hand und fiel scheppernd in die Spüle.

Lena sprang auf, und diesmal warf sich Ellie in *ihre* Arme. Sie weinte still und hielt sich an Lena fest. »Ich habe nicht mehr daran geglaubt«, sagte sie irgendwann. »Dass ich dich finde. Die Frage, was aus dir geworden ist, hat mich ein Leben lang verfolgt.« Sie schaute Lena an und strich ihr liebevoll eine Haarsträhne aus dem Gesicht. »Liebes Kind, du bist auch nicht mehr jung.«

Es klang so komisch, dass Lena loslachte. Und dann lachten sie beide, bis ihnen die Tränen liefen – Freudentränen, schon wieder.

Lena führte ihre Mutter zur Küchenbank. »Ich mache den Kaffee. Wo ist der Filter?«

Am Ende standen sie nebeneinander, Ellie füllte Kaffeepulver in den Filter, und Lena schüttete das kochende Wasser dazu. Sie schauten einander an, immer wieder trafen sich ihre suchenden Blicke. Lena versuchte, jede Kleinigkeit ihrer Mutter in sich aufzunehmen. Die Fältchen um Mund und Nase, die immer noch dichten grauen Haare, die sonnengebräunten Handrücken und kräftigen Finger, die ihren eigenen glichen. Überhaupt bemerkte Lena einige Dinge, die sie von sich selbst kannte: wie ihre Mutter beim Lächeln die Augen zusammenkniff … die Haltung ihres Oberkörpers, ein wenig nach vorn gebeugt … die Ähnlichkeit in ihren Gesichtszügen, die Form der Nase …

Es gab keinerlei Zweifel: Ellie Johansen war ihre Mutter.

Später saßen sie im Garten und erzählten abwechselnd von ihren Leben. Lena wollte alles wissen … über damals, die Jahre danach, und hing an den Lippen ihrer Mutter. Manchmal schloss sie die Augen und lauschte der Stimme, ein wenig rau und tiefer, als sie es sich vorgestellt hatte. Aber dann war ihre Mutter inzwischen dreiundsiebzig.

»… es war eine grausame Zeit. Heute unvorstellbar.« Ellie schaute in den Blumengarten und schien weit weg. »So viele Millionen Menschen vertrieben aus ihren Häusern, aus ihrer Heimat. Wir haben am Anfang gedacht, wir würden heimkehren. Nach dem Krieg.« Sie biss sich auf die Unterlippe. »Wie naiv wir waren. Dabei hatte Stalin alles geplant.« Sie sah Lena an. »Es war vielleicht besser, dass du so klein warst. So kannst du dich nicht an die schreckliche Flucht erinnern. Es war unglaublich kalt, oft unter zwanzig Grad minus, und die Menschen rannten wie aufgescheuchte Hühner, die den Fuchs gesehen haben, herum. Millionen waren unterwegs, jeder suchte Hilfe, hatte Angst, und dieser ständige Hunger.« Sie schüttelte den Kopf. Es wurde still. In der Fichte neben dem Haus sang eine Amsel ein Abendlied. Sie gingen ins Haus, weil es Lena fröstelte.

»Hast du je herausgefunden, was damals passiert ist? Wie ich verloren gegangen bin?«, fragte sie, nachdem sie sich in die Küche gesetzt hatten.

Die Lippen ihrer Mutter zitterten. »Du warst einfach verschwunden … ach, ich muss es dir erklären. Du verdienst es, die Wahrheit zu erfahren.« Sie schaute Lena über den Tisch hinweg an. »Wir waren mit meiner Mutter Margarete und unserem Verwalter Friedrich auf dem Pferdewagen unterwegs. Nur wussten wir nicht, wohin wir fahren sollten. Viele gingen nach Pillau, andere wollten über den Landweg nach Westpreußen. Das wollte ich auch, denn unsere Pferde waren wertvoll, und wir hatten unseren Hausstand.« Ellie trank einen Schluck Kaffee. »Alles Unsinn. Wen interessieren schon materielle Dinge, wenn es um Leben und Tod geht? Die Russen hatten Westpreußen schon abgeschnitten. Sie kamen aus allen Richtungen und haben uns bei Heiligenbeil erwischt. Deine Großmutter und ich … sie haben uns in eine Scheune gebracht.« Ellie schluckte, ihre Augen glitzerten mit Tränen. »Die Männer haben sich an uns gerächt. Irgendwann bin ich aufgewacht. Margarete, deiner Oma, ging es schlecht. Wir sind wieder nach draußen … es war eisig, und der Wind hat uns fast umgehauen. Der Wagen war verschwunden. Friedrich lag erschossen im Schnee, die meisten Sachen, unsere Kleider hatten die Russen im Schnee verstreut.«

»Und ich war auf dem Wagen?«

Ihre Mutter nickte. »Versteckt unter Decken.« Sie schüttelte den Kopf. »Ich habe nie erfahren, was danach passiert ist. Du warst einfach weg. Vom Erdboden verschluckt. Wir sind dann zu Fuß nach Pillau, und den ganzen Weg habe ich nach dir gesucht. Jedes Kind habe ich kontrolliert, bin manchmal hinterhergelaufen, um ihre Gesichter zu erkennen.« Sie schaute Lena an. »Du bliebst verschwunden.« Sie lächelte schwach. »Bis jetzt.« Sie nahm Lenas Hand. »Jetzt erzähl, von dir.«

Lena legte los … von ihrem Leben als eine von Schweig, der Villa, ihren Adoptiveltern. Dem Schock letzten März, als sie von ihrer Adoption erfahren hatte, ihrer verzweifelten und ausweglos erscheinenden Suche. »Nach der Wende hat man die Archive der DDR nach und nach geöffnet und dem DRK-Suchdienst in München übertragen. Und gestern kam der Brief.« Sie fummelte in ihrer Tasche und reichte Ellie den Umschlag. »Und dann fiel mir das Plüschtier ein, das so gar nicht in die teure Welt meiner Eltern passte und das noch in einem Karton in meinem Schlafzimmer lag.« Lena lachte. »Warum, weiß ich auch nicht. Vielleicht hat mir mein Unterbewusstsein zugeflüstert, dass ich Hugo retten muss.«

Ellie hatte zu Ende gelesen und sah ihre Tochter an. »Ich habe in Schwerin jede Woche die Aushänge besucht, meine Suchzettel aufgehängt, bei der Stadt nachgefragt, später dann beim Suchdienst in Ostberlin – jahrelang. Es war mir klar, dass die Chancen gleich null standen.« Sie seufzte. »Ich hatte ja nicht mal ein Foto von dir.«

Lena kramte erneut in ihrer Tasche. »Das hier habe ich am Bett meiner Mutter entdeckt. Nachdem sie gestorben war.«

Ellie studierte das winzige Schwarz-Weiß-Foto, drehte es um. »Lenchen. Ich weiß noch genau, als wir im Studio waren und die Fotos haben machen lassen. Ich habe deinem Vater eins geschickt und das andere in der Handtasche mitgenommen.«

Sie runzelte die Stirn und schaute Lena an. »Wieso hast du denn das Foto?« Dann nickte sie, mehr zu sich selbst. »Ich hatte meine Handtasche auf dem Wagen gelassen … bei dir. Wer auch immer dich gefunden hat, muss das Foto mitgenommen haben.«

»Meine Tante Anna, die Schwester meiner Adoptivmutter, hat erzählt, dass der Pferdewagen am Straßenrand stand und ich weinend mitten drauf. Katarina, meine Adoptivmutter, ist wohl zu mir hin und hat mich eingepackt.«

»Dann hat *sie* das Foto mitgenommen.«

Lena zuckte mit den Achseln. »Muss ja wohl.«

»Was ich allerdings nicht verstehe, ist, warum deine Adoptivmutter meine Papiere nicht gesehen hat. Das Foto war im

Portemonnaie, mein Ausweis dabei.«

Lena dachte an Katarina, an ihre distanzierte Art, ihre Besessenheit, alles perfekt zu haben. War es möglich, dass sie die ganze Zeit von ihrer richtigen Mutter gewusst hatte?

Absurd!

Aber der Gedanke ging ihr nicht aus dem Kopf, auch nicht, als sie abends zusammen kochten oder später, als sie in der Kammer im Bett lag. Sie hatten abgemacht, dass Lena morgen heimfahren und Ellie in einigen Tagen nach Münster kommen würde.

Den ganzen Weg nach Hause dachte Lena an ihre Mutter und daran, welches Leid sie erfahren hatte. Sie, Lena, hatte gerade mal eineinhalb Jahre im Ungewissen verbracht – ihre Mutter fast fünfzig Jahre. Es war ein Wunder, dass sie noch lebte.

Viele Jahre hatte sie allein auf dem Hof verbracht, weggeschlossen von der Welt. Nicht unähnlich ihrem eigenen Leben, das außer der Bank genauso einsam gewesen war.

Nur eins hatten sie nicht angesprochen – Lenas Vater. Ellie hatte es nicht angeboten, und irgendetwas in ihrem Ausdruck hatte Lena zurückgehalten. Es war offensichtlich, dass ihre Mutter seit Jahren allein lebte. Die Felder hatte sie verpachtet, und inzwischen kümmerte sie sich nur noch um den Hof, ihren Garten und die Hühner.

Lena nahm sich vor, ihre Mutter zu befragen, sobald sich eine Gelegenheit bot. Zu Hause angekommen, rief sie Ansgar an.

»Endlich«, rief er ins Telefon. »Ich habe mir riesige Sorgen gemacht. Du warst zwei Tage weg ohne jede Nachricht.«

»Im Osten haben sie kaum eigene Telefone.«

»Und du konntest nicht in einem Laden nachfragen oder bei der Post?«

Lena seufzte. »Ich … habe sie gefunden. Mama, es geht ihr gut.«

Ansgar lachte. »Wie schön. Du musst mir alles erzählen. Rühr dich nicht vom Fleck, ich komme sofort.«

Nachdem Lena Ansgar von ihrem Besuch berichtet hatte, landeten sie erst mal im Bett, dabei war es gerade siebzehn Uhr. Ansgar hatte sie langsam ausgezogen und ihren Körper erkundet. Sie hatte kaum gewusst, was sie mit ihren Empfindungen tun sollte, und der Höhepunkt hatte sie wie eine Flutwelle weggerissen. Der Druck der letzten Tage war zerschmolzen und hatte sie entspannt und glücklich zurückgelassen.

»Was würde ich nur ohne dich tun?«, sagte sie, während sie einen Bademantel überwarf.

Ansgar grinste und kuschelte sich unter die Decke. »Einen Vibrator benutzen?«

Lena prustete los. »Du bist ein Lausebengel.« Dann ging sie in die Küche und schaltete den Herd ein. Heute Abend musste eine Pizza genügen, für mehr reichte ihre Kraft nicht.

Das Telefon klingelte. »Lena, Kind, ist alles in Ordnung?« Tante Anna klang atemlos. »Du wolltest dich doch melden.«

»Alles ist wunderbar. Du glaubst nicht, wo ich gerade war.« Lena erzählte Anna von ihrer Mutter. »Hast du Lust, zu kommen? Ellie wird am Wochenende eintreffen. Ich möchte, dass ihr euch kennenlernt. Sie hat auch viele Fragen zu mir, als ihr mich damals aufgegriffen habt.«

Anna erklärte sich bereit, sie am Sonntag zu besuchen. Sie würde im Hotel wohnen, wo sie ihre Ruhe hatte.

Am frühen Samstagnachmittag lief Lena auf dem Bahnsteig im Münsteraner Hauptbahnhof hin und her. Es waren kaum vier Tage vergangen, seit sie ihre Mutter gesehen hatte, und schon spürte sie Unruhe und Sorge in sich aufsteigen, dass etwas passiert sein könnte.

Die metallisch klingende Ansage verkündete, dass der Zug pünktlich war, dann rollte der ICE auch schon heran. Türen knallten, Menschen winkten und riefen, andere redeten laut, liefen durcheinander, stiegen aus und ein, ein Wirrwarr von Reisenden, hauptsächlich Studenten. Lena liebte die Energie der jungen Menschen. Sie war auch mal so gewesen, jung und voller Energie, aber nie so sorglos, wie ihr die junge Generation heute erschien. Wahrscheinlich war es eine Täuschung, jeder von ihnen hatte Sorgen und Ängste, genau wie sie.

Am hinteren Ende des Bahnsteigs entdeckte sie eine grauhaarige Frau in einem dunkelblauen Jackett und passender Hose, die so gar nicht in die bunte Menge passte. Es war weniger ihre Kleidung, die ordentlich, wenn auch etwas altmodisch wirkte, sondern ihre Haltung und ihr Ausdruck, eine Mischung aus Verwirrung und Unmut. Lena fragte sich, ob ihre Mutter je Zug gefahren oder ob sie je im Westen gewesen war. Eher nicht.

»Mama, hier drüben«, rief sie und lief winkend auf Ellie zu.

Die schien erleichtert und tupfte sich mit einem geblümten

Taschentuch die Stirn trocken. »Liebes Kind, bin ich froh, hier zu sein.« Sie zog Lena in die Arme und drückte sie. »Seit du Anfang der Woche gefahren bist, habe ich an nichts anderes gedacht. Und ich hatte diese widersinnige Idee, dass irgendetwas passieren würde und ich dich wieder verliere.«

»Ich auch.« Lena schaute ihre Mutter an, die trotz ihres Alters fit wirkte. »Wann bist du das letzte Mal Zug gefahren?«

Ellie schien zu überlegen. »Als wir in Schwerin ankamen, habe ich mir geschworen, nie wieder in eine Bahn zu steigen. Das war 1945.« Sie lächelte schief.

»Was, nicht mal in Urlaub?«

»Auf dem Hof gab es keinen Urlaub. Es war immer Arbeit da, auch wegen der Tiere.«

Lena starrte ihre Mutter an. Das Gewühl von eben hatte sich beruhigt, aber schon drängten neue Reisende auf den Bahnsteig. Pfeifen trillerten, es roch nach Zigaretten und gebackenen Brötchen.

»Lass uns heimfahren.« Sie ergriff Ellies altmodischen Koffer und nahm ihre Mutter am Ellbogen.

Ansgar wartete bereits im Flur. Er sah umwerfend aus in dem blauen Hemd mit dem offenen Kragen, der ein paar Brusthaare zeigte. Lena hätte ihn gleich wieder ins Schlafzimmer ziehen können. Stattdessen stellte sie ihre Mutter vor, die Ansgar fast ehrfürchtig anschaute.

»Sie sind Lenas Anwalt?«

»Ihr Freund«, meinte Ansgar und streckte Ellie die Hand entgegen. »Ich heiße Ansgar.«

»Ellie.«

»Darf ich dir aus der Jacke helfen oder möchtest du direkt dein Zimmer sehen? Den Koffer habe ich schon weggebracht.«

Als Ellie kurz darauf ins Wohnzimmer trat, trug sie eine Wolljacke, die ihr zu groß war und bessere Tage gesehen hatte. Lena nahm sich vor, sie bei nächster Gelegenheit zum Einkaufen mitzunehmen.

Sie stießen mit Sekt an, wobei sich ihre Mutter in dem großzügigen, hellen Raum umschaute. »Ist so groß wie mein ganzes Haus«, murmelte sie.

Lena legte einen Arm um ihre Mutter. »Dafür hast du die wunderbare Natur direkt vor der Haustür.«

Sie tranken Kaffee, und Ansgar kümmerte sich um Lenas Mutter, fragte sie nach ihrem Musikgeschmack, welche Blumen sie liebte, wie sie die Felder bestellt hatte. Ellie blühte auf, ihre Wangen glühten, während sie von ihrem Landleben erzählte. »Es ist mir schon klar, dass ich weltfremd bin«, meinte sie irgendwann.

Ansgar lachte. »Du brauchst dich nicht zu entschuldigen. Die DDR hat es den Menschen nicht leichtgemacht, sich zu entfalten.«

»Du weißt bestimmt mehr als ich. Irgendwann habe ich die Zeitung abbestellt, weil mir die ewigen Parolen auf die Nerven gingen. Ich konnte ja sowieso nichts machen. Musste froh sein, auf dem Hof mein Auskommen zu haben.«

»Hast du denn Lust, ein wenig von der Welt zu sehen?«, fragte Lena.

Ellie schaute zwischen den beiden hin und her. »Tue ich das nicht schon?«

Es klingelte an der Tür. Ansgar verschwand, während Lena ihre Mutter mit einem Glas Pfälzer Grauburgunder versorgte. Aus dem Flur drifteten Stimmen ins Zimmer. Lena fragte sich, wer da unangemeldet vorbeikam. Tante Anna wollte erst morgen Nachmittag eintreffen.

Die Tür öffnete sich, und Walter trat mit Tom im Schlepptau ein. »Lena, ich hoffe, es ist dir recht. Wir waren gerade unterwegs und dachten …« Sein Blick fiel auf Ellie. »Sieht aus, als hättet ihr Besuch.« Er machte Anstalten, sich umzudrehen, doch Lena war schneller.

»Exzellentes Timing, kommt bitte herein. Ich hätte euch sowieso hergebeten.« Sie begrüßte Walter mit Handschlag und pflanzte einen Kuss auf Toms Wange, wobei sie in sein Ohr raunte. »Habe eine Überraschung für dich, Onkel.«

Tom schien die ganze Sache unangenehm. »Lass uns ein andermal wiederkommen.«

»Auf keinen Fall«, rief Lena in die Runde. »Mama, darf ich dir Walter Liebmann vorstellen? Und das ist Tom. Ihr kennt euch.« Sie lächelte Tom an. »Nun stell dich vor.«

Tom starrte Lenas Mutter an, als sei sie vom Mond herbeigeflogen. »Ellie?«

Ellie schaute ihn höflich an. »Kennen wir uns? Aus Schwerin vielleicht?«

Tom ging langsam auf sie zu, seine Augen groß vor Staunen. »Ich bin Tomas Steiner, erinnerst du dich? Aus dem Lazarett in Pillau.«

Ellie schlug eine Hand vor den Mund. »Das gibt's doch nicht.

Tomas? Wie … was …« Sie sah Lena an, die über das ganze Gesicht strahlte. »Wieso kennt ihr euch?«, brachte sie hervor.

Lena warf Tom einen vielsagenden Blick zu. »Tom und Walter kenne ich aus dem Heimathaus der Ostpreußen hier in Münster, wo ich oft bin, um mich mit den Vertriebenen auszutauschen.«

»Aber ich habe noch eine andere Beziehung zu deiner Tochter«, warf Tom ein. »Lena ist meine Nichte. Ich bin Hans von Schweigs Bruder, allerdings habe ich damals meinen Namen geändert.«

Lena wackelte mit dem Zeigefinger. »Das hat er mir lange genug verschwiegen.«

Ellie schaute von einem zum anderen. »Ich verstehe kein Wort. Du heißt gar nicht Steiner?«

Tom setzte sich neben Ellie. »Ich erkläre es dir. Am besten trinken wir einen Wein zusammen.«

Irgendwann saß Lena nur noch da und lauschte den Gesprächen der anderen. Ellie und Tom waren tief ins Jahr 1945 eingetaucht, Walter und Ansgar unterhielten sich über Weintouren und lokale Politik. Erst als Tom nach Ellies Mutter fragte, horchte Lena auf.

»Mutter hat sich damals gut erholt, vor allem, nachdem wir nach Schwerin gekommen waren und sie Helmut kennengelernt hatte. Die beiden haben sich verliebt, und sie hat lange in Schwerin gewohnt. Am Ende war sie allein dort, Helmut und seine Schwester Hildegard sind 1988 kurz hintereinander gestorben. Ich habe Mutter zu mir geholt, und sie ist vor zwei Jahren friedlich eingeschlafen. Immerhin war sie dreiundneunzig.« Ellie lächelte schwach, ihren Blick auf Lena gerichtet. »Ich hätte mir so gewünscht, dass sie heute hier gewesen wäre.«

KAPITEL SECHSUNDDREISSIG

Ellie

Ellie schwirrte der Kopf. Nach dem langen Wochenende bei Lena war sie auf dem Weg nach Schwerin. Langsam wurde es auch im Zug ruhiger, sodass sie ihre Gedanken ordnen konnte. Ihr Leben schien sich auf den Kopf gestellt zu haben. Nach Jahrzehnten der Ruhe und, wie sie selbst zugab, einem langweiligen Dasein, das von den Jahreszeiten bestimmt wurde, war ihr Lenchen wie ein Engel am Gartentor erschienen.

Sie konnte es immer noch nicht fassen, dass ihre Tochter wieder in ihrem Leben war, eine Frau in den Fünfzigern, die ihre wahre Herkunft bis vor kurzem nicht gekannt hatte.

Ellie dachte an Lenas Adoptivmutter, diese Katarina, die offensichtlich mehr Wert auf Etikette als Liebe gelegt hatte. Und Lenas Vater war bei der SS gewesen, das hatte ihr Ansgar in einer ruhigen Stunde erzählt. Und dann die Geschichte mit Tom Steiner, der eigentlich Alexander hieß und wegen seiner Homosexualität aus der prominenten Familie von Schweig verstoßen worden war. Sie sollten sich doch was schämen. Da lobte sie sich das einfache, ehrliche Leben, auch wenn es von vielen Entbehrungen geprägt gewesen war.

Diese Zeit schien jetzt vorbei. Lena wollte sie zum Einkaufen und in den Urlaub mitnehmen, ihr etwas von der Welt zeigen, ihr Leben mit ihr teilen. Dabei war sie doch vollkommen zufrieden, zu Hause in ihrem Garten – allein.

Sie knipste die Deckenlampe an, als sie in die Küche trat. Alles stand so, wie sie es verlassen hatte, die Tischtücher sauber und doch alt und abgegriffen, der Ofen mit den Katschen, die tapezierten Wände, deren verblichene Muster sie jahrelang nicht wahrgenommen hatte und die ihr jetzt hässlich und abgenutzt vorkamen.

Nachdem sie ihren Koffer verstaut hatte, kochte sie Hagebuttentee und machte sich eine Stulle mit Butter und Brombeermarmelade. Die Kioske im Bahnhof verkauften auch raffinierte Brote, aber die waren ihr viel zu teuer.

Dieser Ansgar war ein netter Kerl, Ellie freute sich, dass Lena mit ihm glücklich war. Ihre Tochter war durchaus attraktiv, erinnerte Ellie ein wenig an sich selbst, obwohl sie seit Jahren nicht mehr in den Spiegel schaute.

Nachdem Albert sie für die jüngere Ausgabe verlassen und ihre Scheidung durch gewesen war, hatte sie ein Leben mit Männern aufgegeben. Hier draußen traf sie nur die eingesessenen Dorfbewohner, und die gelegentlichen Stadtbesuche brachten keine Gelegenheiten. Auch als Helmut und Hildegard vorgeschlagen hatten, sie mit einem *netten* Herrn aus der Nachbarschaft bekannt zu machen, hatte sie abgelehnt. Es war, als hätte der Verlust ihrer Tochter ihr die Kraft genommen. Oder waren es die Schuldgefühle, die sie jeden Tag plagten?

Albert hatte recht gehabt, ihr die Schuld an Lenchens Verschwinden zu geben. Sie hätte sich besser informieren sollen, damals, eher abfahren müssen. Dann wäre ihrer Mutter das Leiden in und nach der Scheune erspart geblieben. Vielleicht war es die Strafe Gottes, dass Ellie keine Kinder bekommen konnte. Sie war nicht fit genug gewesen, deshalb war Lenchen verschwunden, und sie war nicht gut genug für einen Mann. Was sie konnte, war einen Hof zu führen, dafür zu sorgen, dass die Felder bestellt und abgeerntet wurden, dass ihre Helfer genug zu essen hatten und alle über den Winter kamen.

Ellie zog ein frisches Nachthemd an und legte sich in ihr Bett, das sie vor der Reise noch neu bezogen hatte. Doch der Schlaf kam nicht. Sie wälzte sich auf die Seite, den Rücken, die andere Seite. Bis jetzt hatte sie ihr Leben nicht infrage gestellt, es war wie ein Sicherheitsmantel, der sie umhüllte, jede Bewegung, jeder Handgriff vertraut, ohne Überraschungen und Menschen, die sie verletzen konnten. Sie hatte ihre Nachbarsfrauen, die sie hin und wieder sah, ihre Hühner, den Hofhund, zwei Schweine, die sie einmal im Jahr schlachtete.

Doch Lenas Auftauchen hatte sie aufgerüttelt, und der Einblick in die Welt der westdeutschen Bevölkerung ließ sie an ihrem bisherigen Leben zweifeln. Sie war nicht mehr allein, Lena, ihr Lenchen, war wieder da. Ganz neu, ganz anders, und doch irgendwie vertraut. Ein wenig zumindest, die teils noch blonden Haare, die geschwungenen Lippen, das Lächeln.

Ellie schmunzelte. Lenas Leben war so anders, so aufregend, sie hatte Gäste und Freunde und … eine Mutter. Doch genau das, dieses so andere Leben, bewirkte in Ellie eine Fremdheit, etwas, das sie mit Unruhe füllte.

Sie war wie eine alte Jungfer, die am Rande der Tanzfläche übergangen wurde. Was sah Lena mehr in ihr als eine abgewrackte graue Maus? *Du bist ihre Mutter.* Doch reichte das? Wie sollte sie es ihrer weltgewandten, studierten Tochter aus gutem Hause je recht machen? Ellie hatte außer Bodenbestellung und Tierhaltung nichts gelernt, kannte keine guten Weine oder wusste, was man als Vorspeise zum Fisch reichte. Sie wusste nichts von dieser Welt, aß Eintöpfe mit Wurst und selbstgebackenes Brot.

Sie dachte an Albert und daran, dass sie Lena von ihm erzählen musste. Er war vor Jahren in den Norden von Schwerin gezogen, vielleicht um sich dem örtlichen Gerede zu entziehen. Sie wusste nicht, wie es ihm ging, sie hatten seit Jahren keinen Kontakt.

Ein Seufzer erhob sich in der Stille. Egal, wie sehr es ihr widerstrebte, sie musste ihm von Lena erzählen. Er war ihr Vater, auch wenn er sie nur zweimal während des Krieges gesehen hatte und sie sich nicht an ihn erinnerte. Und Lena verdiente es, von ihrem Vater zu erfahren, und, wenn sie und er es wünschten, ihn kennenzulernen.

Es war weit nach Mitternacht, als Ellie einschlief. Ihr Plan für morgen stand fest.

Ellie zog sich sorgfältig an, die weiße Bluse, die ihr Lena gestern Morgen spontan gekauft hatte, eine schwarze Hose und den schwarz-beige karierten Blazer, der mindestens zwanzig Jahre alt, aber kaum getragen war. Als sie sich im Spiegel betrachtete, hätte sie beinahe alles wieder ausgezogen. Doch dann lächelte sie ihr Bild an, der hellrosa Lippenstift, auch ein Geschenk von Lena, funkelte. Sie würde es durchziehen.

Sie bat einen der Knechte, sie zur Straßenbahn zu fahren.

»Sehen schick aus, Frau Ellie«, meinte der gutmütig. »Der Besuch im Westen hat Ihnen gutgetan.«

Ellie nickte. »Ich war bei meiner Tochter in Münster.« Sie wollte mehr sagen, doch sie wusste nicht, wie der ältere Mann es aufnehmen würde. Sie wollte auf keinen Fall klingen, als wolle sie angeben.

»Wusste gar nicht, dass Sie eine Tochter haben.«

Wie konnte er auch? In den ersten Jahren hatte sie ein wenig erzählt, vor allem als Albert noch hier gewohnt hatte. Später hatte sie sich mit den Landarbeitern fast ausschließlich über die Arbeiten auf dem Hof verständigt.

Ellie schaute aus dem Fenster. In der Ferne erhoben sich die im Südwesten errichteten Plattenbauten, ganze Stadtteile waren dort in den Fünfzigerjahren entstanden, architektonische Schandflecke, wie es die DDR gut gekonnt hatte. Zumindest hatte man die Dörfer in ihrer Nähe verschont. »Lenchen ist auf der Flucht verschwunden. Damals in 45.«

Sie spürte den Blick des Mannes an ihrer Schläfe. »Das muss schrecklich gewesen sein.«

»War es. Aber jetzt haben wir uns gefunden.«

»Ich lasse Sie am Bahnhof raus. Dann ist der Weg nicht so weit, wo immer Sie hinmüssen.«

Ellie nahm die Straßenbahn nach Lewenberg. Sie musste am Krankenhaus raus und von dort noch einen Kilometer weiter, so hatte ihr die Nachbarin den Weg erklärt.

Die Bahn ratterte und quietschte, der Sitz unter ihr war hart und unbequem. *Kein ICE, wo man es kaum merkt, wenn die Geschwindigkeit auf über zweihundert Stundenkilometer anschwillt*, vermerkte ihr Kopf. Vor ihr erhob sich das Krankenhaus, ein weiterer Plattenbau. Sie stieg aus und sah sich um. Der Geruch von heißen Würstchen stieg ihr in die Nase, und sie merkte, dass sie vergessen hatte, heute Morgen zu frühstücken.

Spontan eilte sie zum Kiosk und bestellte Bockwurst mit Brötchen und eine Cola. Sie hatte noch nie so was getrunken, damals waren die westlichen und gar amerikanischen Produkte verpönt gewesen. Die Kohlensäure stieg ihr in die Nase, der Senf brannte auf ihrer Zunge, während sie Brot und Wurst hinunterschlang.

Sie fragte mehrmals nach dem Weg. Hausnummer achtzehn war ein einstöckiges Häuschen mit einem winzigen Vorgarten und einer Schaukel. Vergessenes Kinderspielzeug lag verstreut im Sandkasten.

Der Putz bröckelte von den Wänden, die Fensterrahmen schrien nach Farbe.

Ellie öffnete das Gartentor, das quietschte. Auf dem Türschild stand *Johansen*, sie war also richtig.

Nachdem sie geklingelt hatte, passierte nichts, also klingelte sie noch einmal. Sie wollte gerade gehen, als sich die Tür öffnete.

»Ja bitte?« Die Frau im Rahmen trug eine fleckige Schürze und erinnerte Ellie an ein Gespenst, lange weiße Haare umrahmten ein blasses Gesicht mit fast farblosen Augen, durchzogen von einem Netz aus Falten. Die Frau wirkte eher wie achtzig, aber Ellie hatte sie erkannt. Das junge Mädchen von einst, für das Albert sie verlassen hatte, weil sie ihm keine Kinder gebar, war eine alte Frau.

»Ich möchte Albert Johansen sprechen.«

»Moment.«

Ellie hörte, wie die Frau Alberts Namen brüllte, obwohl das Haus kaum groß genug schien, um so laut zu schreien. Ein unangenehmer Geruch nach verbranntem Kohl waberte aus der Haustür.

»Ja?«

Ellie, die Albert nicht hatte kommen hören, schreckte zusammen. Der Mann vor ihr wirkte so heruntergekommen wie seine Frau, das Hemd halb aus der Hose, der Kragen verschlissen. Graue Bartstoppeln bedeckten sein Kinn. Am liebsten wäre Ellie gleich wieder umgekehrt, aber sie hatte es sich fest vorgenommen – für Lenchen. »Albert, ich bin's, Ellie.«

Er blinzelte gegen die helle Sonne und sagte: »Was machst *du* denn hier?«

»Ich muss mit dir sprechen, es ist wichtig. Sonst wäre ich nicht gekommen.«

Albert nickte. »Ich ziehe mir eben Schuhe an.«

Er führte sie zurück zur Straße, als schämte er sich des heruntergekommenen Zustands seines Hauses. Ellie blieb kurz entschlossen stehen. »Unsere Tochter, Lenchen, hat mich gefunden. Letzte Woche war sie hier in Schwerin.«

Alberts Augen wurden groß, doch dann fiel der Schleier wieder darüber, als wollte er keinen an sich heranlassen. »Und?«

»Und?« Ellie starrte ihren Ex-Mann an. »Sie ist auch deine Tochter.«

»Bis du sie verloren hast.«

Ellie nagte an ihrer Unterlippe, bis es schmerzte. Sie war nicht hier, um zu streiten. »So oder so ist sie jetzt eine gutaussehende, intelligente dreiundfünfzigjährige Frau. Ich wollte es dir sagen, denn ich werde ihr berichten, dass sie einen Vater hat.«

»Ach ja?«

»Meinst du nicht, sie verdient es, das zu wissen?«

»Du könntest ihr sagen, dass ich tot bin.«

Ellie schwieg und betrachtete den Mann, den sie vor gefühlt hundert Jahren geheiratet hatte. Damals war sie voller Energie gewesen, hatte mit Aufregung und Optimismus in die Zukunft geschaut – bevor Hitler das Land zerstört hatte. »Willst du das wirklich?«

Diesmal schwieg Albert. Er schaute zu seinem Haus, und sie las Unsicherheit in seinen Zügen. »Was soll ich Monika sagen?«

»Die Wahrheit. Du hast eine erwachsene Tochter im Westen. Du brauchst Lenchen ja nicht ansprechen, aber es ist möglich, dass sie dich sehen will.«

Er zuckte mit den Achseln, das Abweisende von eben war verschwunden. »Wie sieht sie denn aus?«

»Auch blond, mit etwas Grau dazwischen. Sie wohnt in Münster, hat einen Freund, der Anwalt ist. Der westliche DRK-Suchdienst hat uns vermittelt. Man hat sie damals adoptiert – in eine aristokratische Familie.« Zum ersten Mal verstand Ellie, dass es genau diese Familie gewesen war, die Lenchen gestohlen hatte.

»Hast du ein Foto?«

»Ich schicke dir eins, habe ich in der Aufregung vergessen.«

Er nickte. »Mach das.« Er drehte sich zum Gehen, zögerte. »Sag ihr, dass sie einen Vater hat.« Er drückte das quietschende Gartentor auf und eilte mit großen Schritten ins Haus, als wolle er sich verstecken.

KAPITEL SIEBENUNDDREISSIG

Lena

»Ich möchte, dass sie hierherzieht.« Lena ging im Wohnzimmer auf und ab, während Ansgar sie von der Couch beobachtete.

»Vielleicht will sie das gar nicht.«

»Aber sie ist doch meine Mutter. Wir gehören zusammen, als Familie.«

»Zu einer Familie gehört mehr als ein Name. Hast du dir mal überlegt, dass sie das gar nicht schafft? Sie hat die letzten vierzig Jahre im Osten verbracht, einsam auf einem Hof. Wer weiß, wo der Mann … dein Vater abgeblieben ist.«

»Genau deshalb will ich ja, dass sie in meiner Nähe ist. Ich kann mich um sie kümmern.«

»Sie war die ganze Zeit selbstständig und findet sich dort zurecht. Das Leben hier ist ganz anders, wir wohnen in einer Großstadt mit Universität, der Westen funktioniert anders.«

Lena massierte sich die Schläfen. »Ich werde sie fragen.«

Ansgar stand auf. »Gut.« Er hielt inne und schaute sie an. »Aber tu mir den Gefallen und akzeptiere, wenn sie nicht hierherkommen will.«

Als Lena ihre Mutter zum Bahnhof gebracht hatte, hatten sie lose verabredet, dass Ellie in einigen Wochen wiederkommen sollte. Auch Lena hatte angeboten, hinzufahren, doch Ellie hatte abgelehnt. »Du bist doch so beschäftigt, deine Welt ist hier«, hatte sie gesagt.

Inzwischen waren drei Wochen vergangen, und Lena fragte sich, wann Ellie wiederkommen würde. Bei Notfällen sollte Lena den Laden im nächsten Dorf anrufen. Dort befand sich ein Telefon, das viele der Nachbarn benutzten. Doch einen Notfall gab es nicht.

Lena entschloss sich, einen Brief zu schreiben.

Liebe Mama,

ich bin so unendlich froh, dich endlich gefunden zu haben, zu wissen, wo ich geboren bin und wer meine Mutter ist. Ich habe die Gewissheit, zu einer Familie, zu dir zu gehören. Du hast so viel durchgemacht, so lange Jahre gekämpft und nach mir gesucht. Ich möchte dich gerne regelmäßig sehen, vielleicht überlegst du dir mal, ob du hierherziehen willst? Wir könnten dir in der Nähe eine Wohnung besorgen, mit Aufzug und nah an Geschäften und Ärzten, damit du alles gut erreichen kannst. Dann können wir uns jeden Tag sehen, ich kann für dich kochen, wir machen Ausflüge und Reisen. Ich freue mich so!

Liebe Mama, bitte ruf mich baldmöglichst an,
viele liebe Grüße,
dein Lenchen

Einige Tage später besuchte Lena seit langer Zeit noch mal das Heimathaus. Die ganze Gruppe begrüßte sie aufgeregt – Walter und selbst Tom waren da –, und Lena musste erneut erzählen, wie sie ihre Mutter in Schwerin besucht hatte.

»Wo ist sie denn eigentlich?«, fragte Tom, als sich die Versammlung auflöste. »Sie hätte doch mitkommen können.«

Lena verzog das Gesicht. »In Schwerin. Wir haben keine genauen Besuchspläne gemacht. Ich habe ihr geschrieben.«

Tom schaute sie an. »Ich glaube, sie ist überwältigt. Nicht nur davon, dass du auf einmal in ihrem Leben bist, sondern von uns allen, dem Westen.«

»Das hat Ansgar auch gesagt.«

Tom nahm sie zur Seite. »Ich glaube, du solltest hinfahren und mit ihr sprechen. Erfahren, wie es ihr geht und wie sie sich ihr zukünftiges Leben vorstellt. Wo du hinpasst, wo sie hinpasst. Wie ihr zusammenkommen könnt, ohne dass der Rest zusammenbricht.«

»Sie hat nicht mal ein Telefon«, meinte Lena kleinlaut. Ihre Kehle war schon wieder zu. Am liebsten hätte sie sich an Tom gelehnt und geweint.

Als hätte er ihre innere Zerrissenheit gespürt, legte Tom einen Arm um sie. Zum ersten Mal, seit sie ihn in seiner Wohnung kennengelernt hatte, zeigte er Gefühl. »Wird schon, es braucht Zeit«, raunte er.

Lena schaute zu ihm auf. »Danke, Onkel.«

Er lächelte auf sie herunter. »Wir schaffen das schon. Melde dich, wenn ich was tun kann. Zwei Ohren zum Zuhören habe ich immer.«

Sie drückte ihn und schluckte den Kloß in ihrer Kehle hinunter.

Fünf Tage später fuhr sie nach Schwerin. Eine Antwort hatte ihre Mutter nicht geschrieben. Den ganzen Weg legte sie sich Worte zurecht, Argumente, was sie am besten sagen sollte, um ihre Mutter zu überzeugen. Doch nach wenigen Minuten verwarf sie ihre Ideen und grübelte erneut. Wenn sie ehrlich war, kannte sie ihre Mutter ja gar nicht. Sie hatten sich gerade mal einige Tage gesehen und einige Gespräche geführt.

Der Hof kam in Sicht, Nebel benetzte Lenas Gesicht wie eine feuchte Dusche, der Garten wirkte gleichzeitig gespenstisch und verwunschen, ein wenig unwirklich wie ihre Mutter. Ihre Hand zitterte, als sie an die Tür klopfte.

»Lenchen? Was machst *du* denn hier?« Ihre Mutter stand auf der Schwelle, ein Küchentuch in der Hand. Sie trug einen ausgefransten Wollpullover, eine verwaschene Hose und Gummischlappen.

Lena trat ein und umarmte ihre Mutter. »Ist alles gut. Ich hatte Sehnsucht nach dir«, brach es aus ihr heraus.

»Ach Kindchen. Komm erst mal rein.« Ellie führte ihre Tochter in die Küche. »Ich mache Kaffee.«

Lena wischte sich über die Augen. »Soll ich dir helfen?«

»Ich mache das schon. Erzähl mir, wie es dir geht.«

Während Ellie Kaffee kochte, erzählte Lena von Münster und ihrem Besuch im Heimathaus. »Du würdest viele nette Menschen kennenlernen, die Ähnliches wie du erlebt haben. Tom war auch da.«

Ellie stellte Lena eine dampfende Tasse hin. »Wie wunderbar, dass ihr euch kennengelernt habt, welch ein Zufall.« Sie setzte sich Lena gegenüber und schob einige Scheiben Marmorkuchen über den Tisch. »Iss, Kind. Die Arbeiter lieben meinen Kuchen.«

Lena verspürte tatsächlich Appetit und stopfte zwei Stücke in sich hinein. Immer noch fragte sie sich, wie sie das Thema ihres zukünftigen gemeinsamen Lebens anschneiden sollte. »Hast du meinen Brief bekommen?«

Ellie zog den Umschlag unter einem Stapel Papiere hervor. »Ich habe mich sehr gefreut. Sonst kommen immer nur Rechnungen oder Reklame.«

»Und was sagst du zu meinen Vorschlägen?«

Ellie sprang auf. »Du hast bestimmt Durst.«

»Mama, bitte setz dich. Sag mir einfach, was du denkst.«

Ihre Mutter sank zurück auf ihren Stuhl. »Ich weiß nicht, was ich sagen soll.« Sie schaute Lena über den Tisch hinweg an, ihre Miene eine Mischung aus Unsicherheit und Schuld. Als Lena schwieg, sagte sie: »Es überwältigt mich alles. Du … mein Lenchen, die ganze Aufregung.«

Lena ergriff Ellies Hand. »Das verstehe ich vollkommen. Ich zwicke mich manchmal in den Arm, weil ich es kaum glauben kann. Hast du dir schon mal Gedanken gemacht, wie es jetzt weitergehen soll? Du bist hier auf deinem Hof, und ich lebe in Münster. Ich möchte dich besser kennenlernen –«

»Das möchte ich ja auch.« Aus Ellies Mund klang es verzweifelt. Sie massierte sich die Stirn. »Ich weiß nur nicht, wie ich es anstellen soll. Es macht mich nervös.«

»Du fühlst dich da draußen unwohl.«

Ellie nickte. »Ich weiß nicht, wie ich meinen Wunsch, dir näher zu sein, mit meinem bisherigen Leben vereinbaren kann.«

»Veränderung ist Teil des Lebens.«

Ellie nickte. »Die habe ich in zu großen Portionen am eigenen Leib erfahren. Vielleicht kann ich es deshalb nicht mehr vertragen, mein Leben umzukrempeln.«

»Ach Mama, das brauchst du doch nicht. Ich will doch nur, dass wir mehr voneinander haben.«

»Das will ich ja auch.« Ellie schaute Lena an. »Dann lass uns einen Kompromiss finden.« Sie hielt inne. »Außerdem muss ich dir noch etwas erzählen.«

Lena stand auf und schüttete Kaffee nach. »Was denn?«

»Setz dich.« Ihre Mutter klang ernst. »Du hast dich bestimmt gefragt, was mit deinem Vater passiert ist.«

Lena kehrte zu ihrer Bank zurück. »Albert?«

»Genau der.« Ellie erzählte Lena von Alberts Rückkehr aus dem Krieg, ihren Schwierigkeiten, sich aneinander zu gewöhnen. »Er gab mir die Schuld an deinem Verschwinden. Ich glaube, er brauchte irgendetwas, auf das er seine Wut richten konnte.«

»Aber die Russen hatten dich doch.«

»Er meinte, ich hätte direkt nach Pillau fahren sollen. *Bevor* die Russen Ostpreußen einkesselten.«

»Wie konntest du das wissen?«

Ellie zuckte mit den Schultern. »Im Nachhinein glaube ich

selbst, dass ich mehr hätte tun können, anders planen sollen.«

»Wie konntest du wissen, dass die Russen euch auflauern würden?«

Wieder das Achselzucken. »Er wollte unbedingt noch ein Kind, dein Vater. War ganz verrückt darauf.«

»Das hat nicht geklappt.«

»Nein.« Ihre Mutter war blass geworden und seufzte laut. »Ich wollte es ja auch. Aber der Arzt hat gemeint, dass es zu gefährlich sei, nachdem … nachdem sie uns in der Scheune …« Ellie räusperte sich. Eine Träne lief am Nasenflügel hinunter und tropfte auf den Tisch. »Es gab zu viele Verletzungen … Narben. Das Risiko einer Fehlgeburt war groß, also hat er mir etwas zur Verhütung gegeben.«

»Aber das muss Vater doch verstanden haben.«

»Er hat es nicht gewusst. Hat das Ding gefunden und angenommen, dass ich kein Kind *wollte.*«

»Aber Mama, warum hast du denn nichts gesagt?«

»Ich weiß es nicht, es tat alles so weh. Und wir verstanden uns ohnehin nicht gut, er war mir fremd und ich ihm. Wer weiß, ob ein Kind unsere Ehe gerettet hätte. Auf jeden Fall hat er eine andere Frau kennengelernt. Sie sind fortgezogen, du hast Halbgeschwister.«

»Ist er … gestorben?«

Ellie lächelte schwach. »Ich habe ihn letztens besucht, um ihm von dir zu erzählen. Er hat zugestimmt, dass ich dir von ihm berichte … falls du ihn kennenlernen willst.«

Lena schwieg. Ihr Herz flatterte, aber nicht vor Freude, wie sie es erwartet hatte, eher aus Beklemmung. Ihr Vater hatte Ellie für eine jüngere Frau verlassen. Ihr altes Misstrauen war wieder da. Wollte sie ihn überhaupt sehen? Es klang danach, als hätte er kaum Interesse.

»Ich werde es mir überlegen«, sagte sie nach einer Weile.

»Er hat nach einem Foto von dir gefragt, vielleicht schickst du ihm eins?«

KAPITEL ACHTUNDDREISSIG

Lena

Lena war unverrichteter Dinge wieder heimgekehrt. Der Kompromiss, von dem ihre Mutter gesprochen hatte, blieb unerforscht. Von einem weiteren Besuch war nicht gesprochen worden.

Lena war enttäuscht und gleichzeitig ärgerlich auf ihre Mutter. Endlich hatte sie eine Familie, doch die war außer Reichweite.

»Lass ihr Zeit«, meinte Ansgar beim Frühstück. Es war Freitagmorgen, und sie hockten auf einen schnellen Kaffee in Lenas Küche, da Ansgar ins Büro musste. »Die Scheidung ist übrigens durch.« Er schaute sie über seine Tasse hinweg an. »Elisabeth hat es mir ganz schön schwer gemacht.«

»Dann ist es umso besser, dass jetzt klare Fronten herrschen.« Lena dachte an die aufgeblasene Ziege, die ihr gegenüber so kalt gewesen war. »Ich nehme an, du fährst jetzt nicht mehr zum Bodensee?«

Ansgar lächelte. »Keine Sorge, du hast mich ganz für dich allein.«

Lena sprang auf und umarmte ihn stürmisch.

Auf dem Weg in die Stadt stoppte sie beim DRK-Suchdienst. Es war Monate her, seit sie bei Frau Diedrich die letzte Anfrage gestellt hatte. Lena wollte ihr mitteilen, dass sie ihre Mutter gegen jede Erwartung gefunden hatte.

»Wie schön«, meinte diese, nachdem Lena ihr den Brief aus München gezeigt hatte. »Herzlichen Glückwunsch.«

Lena nickte lächelnd. »Man weiß nie.«

»Was ich nicht verstehe«, Frau Diedrich runzelte die Stirn, »ist, warum Ihre Adoptivmutter nie einen Antrag beim DRK-Suchdienst gestellt hat. Der wäre ja bei uns in der Kartei. Und Sie sagten, dass Ihre Tante bestätigt hat, dass Sie einfach an der Straße standen. Da geht man doch nicht davon aus, dass es keine Familie mehr gibt. Sie wusste Ihren Vornamen, und das Stofftier war auch signifikant.«

Lena starrte die Frau an. »Sie meinen …«

»Es gibt keinerlei Hinweise, dass Katarina und Hans von Schweig nach Ihrer Mutter gesucht haben.«

Lena dachte an das Foto und daran, was Ellie über ihre vergessene Tasche auf dem Pferdewagen gesagt hatte. Warum hatten Katarina und Hans keinen Suchantrag gestellt? War es möglich, dass ihre Adoptivmutter die ganze Zeit gewusst hatte, wer ihre Mutter war? Katarina hatte das Foto mitgenommen. Hatte sie vielleicht Ellies Ausweis gesehen und ignoriert, weil sie unbedingt ein Kind gewollt hatte?

Lena verabschiedete sich hastig. Ihre Pläne, in die Stadt zu gehen und ein Geschenk für ihre Mutter zu kaufen, mussten warten. Zu Hause rief sie Tante Anna an.

»Du kennst doch das Foto von mir … mit der Puppe aus dem Fotostudio in Königsberg. Ich hab's dir bei meinem Besuch bei dir gezeigt. Hast du damals gesehen, was Katarina auf dem Pferdewagen gemacht hat, als sie mich einpackte?«

»Ich erinnere mich nur daran, dass du verloren auf dem Wagen standest und weintest. Katarina ist zu dir geklettert und hat dich an Hans weitergereicht. Dir war so kalt, du hast erbärmlich gezittert. Ich habe dich unterm Mantel an mich gedrückt und dir heißen Tee eingeflößt.«

»Hat sie noch andere Sachen vom Wagen mitgenommen?«

»Da war nicht mehr viel drauf, ein oder zwei Decken. Wenn Katarina etwas gefunden hat, weiß ich nichts davon. Mir hat sie nichts erzählt.«

»Hat sie je mit dir über meine Herkunft gesprochen?«

»Nein, manchmal hat sie dich das *arme Kind* genannt.«

Lena wollte lachen. Sollte ihre Adoptivmutter doch ein Herz gehabt haben. Doch sie war viel zu aufgewühlt. »Bitte melde dich, wenn dir noch was einfällt.«

»Was ist denn los? Du klingst ärgerlich.«

»Erzähle ich dir später.« Lena legte auf und öffnete den Schrank, in dem sie die alten Akten und Dokumente der Familie aufbewahrte. Sie hatte in der Villa alles in Kartons gepackt, mit dem Gedanken, später eine genaue Durchsicht zu machen.

In der dritten Box entdeckte sie die alte Zigarrenkiste, die eine Anzahl von Fotos enthielt. Sie hatte damals überlegt, alles wegzuschmeißen, vor allem, als sie ihren Vater in der SS-Uniform gesehen hatte. Aber dann war alles in den Kisten gelandet, weil diese Sachen ihre einzige Verbindung zu ihrer Familie waren. Auch wenn sie adoptiert war, gut oder schlecht, sie hatte fast ihr gesamtes Leben mit den von Schweigs verbracht. Sie sortierte die Fotos, studierte die Gesichter der längst Verstorbenen, als könnte sie ihnen Geheimnisse entziehen. Unter dem Stapel Bilder lagen abgelaufene Pässe, eine Sammlung von um die zwanzig. Lena begann zu sortieren. Von Hans gab es zwei Wehrausweise, zuletzt war er Hauptmann gewesen, und ein halbes Dutzend Reisepässe. Auch bei Katarina hatte sich über die Jahre einiges angesammelt. Lena öffnete die alten Dokumente mit dem Reichsadler, doch von ihrer Mutter Ellie fand sie keine Spur.

Am Freitagabend trennten sich Lena und Ansgar nach ihrem wöchentlichen Pizzaessen. Ansgar wollte in seinem Haus die Post durchsehen – sie verbrachten die meiste Zeit in Lenas Wohnung – und morgen in aller Frühe mit einem Freund eine Runde Wandern. Lena hatte vor, den Rest der Sachen aus dem Vermächtnis der von Schweigs durchzusehen, darunter auch einen Stapel Briefe.

Doch die Briefe entpuppten sich als Austausch zwischen Katarina und Hans vor ihrer Hochzeit. Und die Fotos ergaben keine weiteren Hinweise. Müde ging sie ins Bett und schlief sofort ein.

Sie lief mit Ansgar und ihrer Mutter am Meer entlang, einem wunderbar breiten goldgelben Sandstrand, auf dem sich das Sonnenlicht reflektierte. Ansgar ließ ihre Hand los und marschierte ins Wasser, warf sich in die Wellen und schwamm immer weiter hinaus. Lena rief nach ihm, doch er hörte nicht. Die Wellen rauschten und stiegen höher, die Brandung krachte auf den warmen Strand. Immer wieder rief Lena, doch Ansgar schwamm weiter, als wolle er das Meer durchqueren.

Ihre Mutter rief ebenfalls, und dann watete sie ins Wasser und schwamm ihm hinterher. Die Wellen donnerten jetzt in schnellerem Tempo, doch Lena traute sich nicht ins Wasser. Ansgar konnte sie nicht mehr sehen, und auch die grauen Haare ihrer Mutter verschwanden hinter jeder herannahenden Welle.

Alarmglocken dröhnten. Lena schaute sich um, doch sie sah nichts als Sand und Wasser.

Wieder dröhnte es.

Lena wachte auf. Jemand klingelte Sturm an der Haustür.

Sie sprang aus dem Bett, eilte in den Flur und betätigte den Türöffner.

»Lena!« Ansgar kam die Stufen herauf und fiel ihr in die Arme. Brandgeruch umfing sie, ein scharfer Gestank, der ihre Nase attackierte. Er zitterte und lehnte sich schwer an sie, ließ abrupt los und sagte: »Mein Haus, ist alles kaputt.« Er schüttelte sich, als wolle er sich von der Erinnerung befreien.

Lena führte ihn ins Wohnzimmer und holte ein Glas Wasser. Im Licht der Deckenlampe wirkte Ansgar wie ein Schornsteinfeger, schwarze Flecken bedeckten Gesicht und Hände. Das blaue Hemd, das Lena so an ihm liebte, war durchlöchert. »Was ist passiert?«

Ansgars Augen leuchteten mit Tränen. Sie hatte ihn noch nie so aufgelöst gesehen. »Ich habe totales Glück gehabt. Bin aufgewacht, und mir fiel ein, dass ich die Wasserflasche im Rucksack vergessen hatte. Also bin ich aufgestanden, und da stand auch schon das halbe Wohnzimmer in Flammen. Der Wintergarten, der Flur, alles brannte. Ich bin durchs Schlafzimmerfenster raus.« Ihre Blicke trafen sich. »Wäre wahrscheinlich am Rauch erstickt.«

Lena setzte sich neben Ansgar und nahm ihn in den Arm. »Hast du die Feuerwehr gerufen?« Sie bemühte sich, ruhig zu bleiben, obwohl sie innerlich völlig aufgelöst war.

»Hatten die Nachbarn schon getan. Die nahmen an, dass keiner da war, weil ich in der letzten Zeit so selten da geschlafen habe.« Er schüttelte den Kopf. »Ich weiß gar nicht, wie so was passieren kann. Es gab keinerlei offenes Feuer. Ich habe nicht mal Wasser gekocht.«

Der Druck in Lenas Magen wuchs. Sie dachte an Ansgars Unfall, das gehässige Lachen von Peter Pries. »Vielleicht ist es Brandstiftung.«

»Die Feuerwehr hat alles abgesperrt, ich durfte nichts mitnehmen.«

Lena kuschelte sich an ihn. »Hauptsache, du bist unverletzt. Geh duschen, ich mache dir einen Tee.«

Sobald Ansgar im Bad verschwunden war, begann Lena zu zittern. Sie war sich sicher, dass ihr Halbbruder hinter dem Feuer steckte. Es waren einfach zu viele Ungereimtheiten. Sie würde die Polizei informieren. Der Mann war krank und wollte Ansgar eins auswischen – ihr eins auswischen. Doch der Fahrradunfall und das

Feuer waren versuchter Mord – sofern es Zeugen oder Spuren gab.

Lena lag noch lange wach, nachdem Ansgar mithilfe des Beruhigungstees eingeschlafen war. Wenn es die Polizei nicht schaffte, musste sie Peter Pries das Handwerk legen, irgendwie.

Tatsächlich stellte die Feuerwehr Brandstiftung fest. Benzin hatte das Feuer in Gang gebracht, angeblich sollte es im Flur und im Wintergarten begonnen haben. Was bedeutete, dass der Brandstifter im Haus gewesen war. Lena dachte an die alte Villa, die Einbrüche, das fehlende Silber und das Gefühl, dass jemand hinter ihrem Rücken ein- und ausging. Sie hatte es als Hirngespinst abgetan, weil sie den Kopf mit dem bevorstehenden Verkauf und der Suche nach ihrer Mutter voll gehabt hatte.

»Es war Peter Pries«, meinte sie, während sie mit Ansgar die Ruine seines Hauses inspizierte, nachdem die Feuerwehr ihre Untersuchung beendet hatte. Fast alles war verbrannt oder durch den Wasserschaden unbrauchbar.

»Was soll der denn von mir wollen?« Ansgar hob ein Dekokissen mit einem Brandfleck auf, Wasser tropfte heraus, und er ließ es wieder fallen.

»Dich bestrafen, dafür, dass du ihm sein Erbe vermiest hast.«

»Das ist doch krank, und außerdem ist es Gesetz. Wenn er es überhaupt war.«

»Natürlich war er es.« Lena kletterte über die verkohlten Überreste der Couch. »Wir müssen es der Polizei melden.«

Ansgar nickte. »Also gut, aber solange es keine Beweise gibt …«

»Hattest du nicht eine Kamera im Eingang?«

»Verbrannt. Soweit ich weiß, haben sie noch niemanden gefunden, der was gesehen hat.«

»Und die Tage davor? Es muss dich doch jemand beobachtet haben.«

»Ist ja kein Geheimnis, wo ich wohne oder was ich beruflich tue. Vielleicht war es Zufall, dass ich daheim war.«

Lena schaute ihn provozierend an. »Das glaubst du doch selbst nicht.«

Ansgar schenkte ihr ein schwaches Lächeln. »Du hast recht. Zufälle dieser Art sind selten.«

Am nächsten Tag machte sich Lena auf die Suche nach Peter Pries. Der Polizei hatten sie ihre Vermutung gemeldet, doch nach der ins

Leere gelaufenen Untersuchung des Fahrradunfalls wollte Lena selbst etwas tun. Sie hatte Ansgar nichts gesagt, weil sie wusste, dass er ihr davon abgeraten hätte. Peter Pries' Adresse hatte sie damals von Ansgar bekommen.

Er wohnte in einem der grauweißen Hochhäuser in Brüningheide im Norden von Münster. Reklame quoll aus den Briefkästen, eine riesige Pfütze hatte sich davor angesammelt. Eine vergessene Socke lag im matschigen Gras, oder was davon noch übrig war.

Ein unangenehmer Geruch aus kaltem Zigarettenrauch, Kohl und etwas Saurem schlug ihr entgegen. Was sie genau tun wollte, war Lena nicht klar. Aber sie wollte dem Mann in die Augen schauen, ihn zur Rede stellen und sehen, wie er reagierte.

Der düstere Korridor im vierten Stock dehnte sich scheinbar unendlich, Kindergeschrei und die wütende Stimme eines Mannes drangen in den Flur. Lena kroch es kalt über den Rücken, und sie wollte nichts mehr, als von hier zu verschwinden. Stattdessen klopfte sie an die Tür von Apartment 439, die kurz darauf aufgerissen wurde.

»Ja?« Peter Pries stand in Unterhemd und Trainingshose vor ihr, einen glimmenden Zigarettenstummel in den gelbgefleckten Fingern. »Lena?« Er schien seinen Augen nicht zu trauen.

Alles an dem Mann stieß sie ab, doch sie erzwang ein Lächeln. »Peter.«

»Was machst du hier?«

Was in der Tat war in sie gefahren? »Ich muss es wissen: Hast du Ansgars Haus angesteckt?«

Peter starrte sie verwirrt an. »Wie bitte?«

»Warst du's? Sag mir die Wahrheit.«

Peter Pries schüttelte den Kopf, wobei er den Korridor rauf- und runterschaute. »Die Polizei war schon hier. Ich hab denen gesagt, dass ich bei meinem Vetter im Sauerland war.«

Lena starrte den Mann an, der auf dem Papier ihr Halbbruder war. In diesem Moment tat er ihr leid. Er hatte nicht viel von seiner Mutter mitbekommen, hatte keine vernünftige Ausbildung oder Perspektive. Kein Wunder, dass er wütend war. »Du hast ein Alibi?«

Er nickte. Der Rest der glühenden Zigarettenasche rieselte zu Boden. »Mit dem Fahrradunfall habe ich auch nichts zu tun.« Er zögerte und grinste dann. »'Nen paar Sachen habe ich aus der Villa mitgehen lassen. Aber das hast du bei den Massen von Zeug kaum bemerkt.«

Auf dem Weg zum Wagen fragte sie sich, wie sie so falsch hatte liegen können. Peter Pries war ein Gelegenheitsdieb, aber Menschen umzubringen, war ein anderes Kaliber. Wie hatte sie so falsch liegen, sich so auf ihren Halbbruder versteifen können? Trotzdem war sie froh, ihn gefragt zu haben.

»Er war's nicht«, meinte sie beim Abendessen. »Peter Pries hat dein Haus nicht angesteckt.«

Ansgar schaute sie an. »Hat die Polizei sich endlich gemeldet?«

»Ich habe ihn gefragt.«

»Wie bitte, du warst bei Peter Pries?«

Lena nickte. »Bevor du dich aufregst, ich musste es wissen. Die Polizei hatte recht.«

Ansgars Blick wanderte zum Fenster und zurück. »Dann hat es was mit meiner Praxis zu tun. Irgendein Fall, vielleicht eine Scheidung, bei der die Gegenseite ordentlich verloren hat.« Er zuckte mit den Schultern. »Das könnten Hunderte sein.« Er schüttete Rotwein nach und fischte die letzte Kartoffel aus der Schüssel.

»Deshalb macht die Polizei nichts.«

Ansgar tätschelte ihre Hand. »Lass uns an was Schönes denken. Wir sollten Weihnachten planen und deine Mutter einladen.«

Lena seufzte. »*Wenn* sie kommt.« Es stimmte. Bis auf ein paar Zeilen, in denen Ellie vom Hof berichtet hatte, gab es keine Neuigkeiten. »Ich werde sie anrufen.«

»Bevor ich es vergesse, kannst du mir den Knopf wieder annähen?« Er zupfte am Kragen seines Flanellhemds, an dem ein loser Faden hing. »Nagelneu und das Ding fällt auseinander.«

Erst am nächsten Morgen erinnerte sich Lena an Ansgars Hemd. Sie holte den Nähkorb von Katarina heraus, den sie aus dem Nachlass behalten hatte. Sie war keine gute Näherin, aber für ein paar Knöpfe oder Nähte reichte es. Auf der Suche nach geeigneten Knöpfen begann sie, in dem Korb, der mit einem rot-weißen Stoff ausgeschlagen war, herumzuwühlen. Ansgar hatte den doofen Knopf prompt verloren, aber sie wusste, dass irgendwo hier drin eine Dose mit weißen Hemdknöpfen schlummerte.

»Verdammt«, murmelte sie, während sie nach und nach den Inhalt des Korbes auf den Tisch häufte: Wollreste, Stick-, Strick- und Nähnadeln, ein Häkelset, Stoffreste aller Art. Ganz unten fand sie, was sie suchte, eine Perlmuttdose mit weißen Knöpfen, wobei ihr auffiel, dass die Naht des Innenfutters mit klobigen Stichen zusammengehalten war. Katarina hatte offensichtlich ebenfalls kein Talent fürs Nähen gehabt. Lena strich entlang des Stoffes und fühlte eine Kante – etwas steckte hinter dem Stoff.

Sie griff nach der Nähschere und öffnete den Saum. Aus dem Spalt löste sich etwas Graufarbiges … ein Pass mit dem Reichsadler. Alt und brüchig, und bevor Lena das Dokument öffnete, wusste sie, wem er gehörte.

Das schwarz-weiße Foto zeigte eine junge, ernst aussehende Frau mit hellen Haaren: Ellie – ihre Mutter. »O Mama«, flüsterte Lena. »Habe ich dich doch noch gefunden.«

In ihren Ohren brauste es, als sie den Strickkorb wegstellte. Ihre Adoptivmutter hatte Ellies Namen gekannt, hatte gewusst, wer sie war. Hätte mit Leichtigkeit eine Suchanfrage stellen können. Doch sie hatte es nicht gewollt, hatte Lena ihre Mutter vorenthalten und Ellie ihre Tochter – um selbst ein Kind zu haben.

»Verdammt, Katarina, warum hast du das getan?«, schrie sie ins Zimmer. Doch sie bekam keine Antwort, ihre Mutter war längst gestorben, hatte ihr Geheimnis und ihre Grausamkeit mit ins Grab genommen.

Tatsächlich funktionierte das Telefonieren mit dem Nachbardorf ihrer Mutter besser als erwartet. Eine Stunde, nachdem Lena eine Nachricht hinterlassen hatte, meldete sich ihre Mutter. Sie klang atemlos und besorgt. »Lenchen? Ist alles in Ordnung?«

»Alles ist gut.« Lena entschied sich, die Brandstiftung an Ansgars Haus geheim zu halten und auch den Fund des Passes. »Wir möchten dich gerne über Weihnachten bis Neujahr einladen.« Sie hielt inne, unruhig, was ihre Mutter sagen würde.

»Natürlich komme ich«, rief Ellie viel zu laut ins Telefon.

»Schön, Mama, ich schicke dir eine Fahrkarte für den 23. Dezember.«

»Liebes Kind, ich freue mich so.«

Lena lächelte, als sie auflegte. Ihre Mutter klang ganz aus dem Häuschen. Mit einem Mal fühlte sie sich rundum glücklich. Sie würde ihre Mutter wahrscheinlich nie permanent nach Münster bekommen, aber sie hatten einander gefunden. Lena wusste, wer ihre Familie war, woher sie stammte, und ihre Mutter hatte Gewissheit, wo ihre Tochter abgeblieben war.

Die verlorenen fünfzig Jahre waren nicht aufholbar. Sie würde immer darum trauern.

EPILOG

Weihnachten 1994

Lena war spät dran. Sie hatte noch Räucherfisch abgeholt, den es morgen als Vorspeise geben sollte. Münster quoll vor Menschen über. Die meisten Studenten fuhren zu ihren Familien, dafür war der Rest der Stadt im Kaufrausch unterwegs.

Wenigstens hatte sie das hinter sich, als sie den Wagen am Bahnhof in eine Parklücke steuerte. Es gab ohnehin kaum Geschenke, sie hatten eine Spende ans DRK und Kinderhilfswerk geschickt und Lena hatte für ihre Mutter einige Dinge erstanden, die Ellie bestimmt für Luxusartikel erklären würde. Dabei waren es nur ein gutes Parfüm und ein paar Dinge fürs Bad, unter anderem ein neuer Bademantel – Lena hatte das alte Ding im Bad ihrer Mutter gesehen.

Sie eilte zum Bahnsteig, und in dem Moment lief auch schon der ICE ein. *Steh still*, kommentierte ihr Kopf, denn sie fühlte sich ganz zappelig. Einige Monate waren seit ihrem letzten Besuch in Schwerin vergangen, und sie sehnte sich nach den Armen ihrer Mutter.

Die Türen schwangen offen, und die Reisenden eilten davon, viele mit stattlichen Koffern. Lena überflog das Gemenge, ein kleiner Teil von ihr befürchtete, dass ihre Mutter es sich anders überlegt hatte.

Doch dann kletterte Ellie auf den Bahnsteig, jemand reichte ihr den Koffer. Sie trug eine neue Winterjacke aus gestepptem Material und einen geblümten Schal, der das Grün der Jacke wunderbar auffing. Lena lächelte und eilte auf ihre Mutter zu. Ellie hatte sich Mühe gemacht. Neben ihr erschien ein Mann in einem grauen Anzug, der ebenfalls einen Koffer trug. Offensichtlich hatte ihre Mutter im Zug jemanden kennengelernt. Wieder lächelte Lena. *Gut gemacht, Mama.*

»Mama«, rief sie aufgeregt und warf sich in die Arme ihrer Mutter.

»Lenchen. Wie schön.« Ellie drückte ihre Tochter an sich. Als Lena sie anschaute, wirkte Ellie schelmisch. »Ich habe eine Überraschung.«

Lena schaute zu dem Mann, der immer noch neben Ellie stand. »Papa?«

Der Mann nickte und hielt ihr unbeholfen die Hand hin. »Lenchen.«

Lena ignorierte die Hand und umarmte ihren Vater. Sie blinzelte, denn mit einem Mal verschwamm alles. Nach fünfzig Jahren lernte sie endlich ihren Vater kennen. Auch Albert hatte feuchte Augen. Einen Moment lang standen sie zusammen, drei Menschen, die zueinander gefunden hatten.

»Ich habe deine Mutter mit der Idee überfallen. Es blieb keine Zeit, dir zu schreiben.« Er schaute sie unsicher an. »Ich hoffe, es ist nicht zu viel Aufheben.« Er wischte sich mit einem gefalteten Stofftaschentuch über die Augen, ein scheues Lächeln auf den Lippen. »Lenchen, du bist eine gestandene Frau.«

Lena lachte. »Natürlich bist du willkommen.« Sie hängte sich bei ihren Eltern ein und führte sie zum Wagen. Ihr Vater ging langsamer als ihre Mutter und wirkte wesentlich älter, irgendwie grau und ungesund. Sie musste unbedingt Ellie fragen, wie es ihr mit seiner Anwesenheit erging. Immerhin hatte er sie vor Jahren verlassen, als sie einen Freund gebraucht hatte.

Die Gelegenheit ergab sich, nachdem Lena ihren Vater Ansgar vorgestellt hatte. Die beiden hatten sofort mit einer Diskussion über den Osten begonnen und tranken Wein.

»Ach Kind«, meinte ihre Mutter. »Kann ich deinem Vater versagen, dass er seine Tochter kennenlernt?«

»Aber Mama, er hat dich damals verlassen, weil du kein Kind bekamst.«

»Ist nicht ganz richtig. Er hat angenommen, dass ich keins wollte.« Sie seufzte. »Ist meine eigene Schuld. Ich hätte ihm von der Diagnose erzählen sollen.« Sie schaute versonnen. »Wahrscheinlich hätte es auch mit einem Kind nicht geklappt. Wir waren uns so fremd geworden, und dein Verschwinden lag wie ein dunkler Schatten über unserer Ehe. Albert war ganz anders, als ich ihn in Erinnerung hatte. Ich bin sicher, dass ich auch eine ganz andere war.«

»Was meinst du, welche Diagnose?« Albert stand im Türrahmen, bleich wie sein Hemdkragen.

Ellie schaute auf und schüttelte den Kopf.

»Sie durfte nicht schwanger werden«, platzte Lena heraus. »Der Arzt hat es ihr wegen der alten Verletzungen verboten.«

»Ellie?« Alberts Stimme klang erstickt. »Stimmt das?«

Ellie nickte.

Albert eilte zu seiner ehemaligen Frau und fiel auf die Knie. »Warum hast du denn nichts gesagt?« Tränen liefen ihm über die Wangen, während er ihre Hände drückte. »Ich habe gedacht –«

»Ich weiß, was du gedacht hast.« Ellie lächelte mild und wischte ihm eine Träne von der Wange. »Ich habe dir schon lange vergeben.«

Albert legte seinen Kopf auf ihren Schoß. »Du warst immer zu gut für diese Welt.«

»Diese schrecklichen Gefühle des Hasses, der Schuld, sie machen uns kaputt«, flüsterte Ellie.

Lena, die eigentlich hatte verschwinden wollen, um ihren Eltern Privatsphäre zu ermöglichen, meinte: »Ich hoffe, du hast dir selbst vergeben, wenn du es bei anderen so gut kannst.«

Albert erhob sich, doch Ellies Blick lag auf Lena, ihr Mund zitterte. »Was meinst du?«

»Du hast dich selbst bestrafen wollen, fast fünfzig Jahre lang hast du dich zurückgezogen, hast gedacht, dass du kein Glück verdienst.«

In Ellies Augen standen Tränen. »Vielleicht hast du recht.«

Lena öffnete eine Schublade und reichte ihrer Mutter ein graues Dokument. Ellie schluckte, und dann verstand sie offensichtlich, was sie da in der Hand hielt. »Mein Pass, wo war er? Wieso hast du …« Sie studierte das Foto der jungen Frau, strich mit dem Zeigefinger darüber, während Albert neben ihr stand.

»Katarina hatte den Pass in ihrem Nähkorb.« Lenas Stimme war hart, und sie kämpfte mit Frusttränen. »Warum sie ihn nicht weggeworfen hat, weiß ich nicht.« Sie schaute ihre Mutter an, dann ihren Vater. »Meine Adoptivmutter hat fünfzig Jahre lang gewusst, wer du bist, Mama. Sie hätte dich über den DRK-Suchdienst finden können. Stattdessen hat sie so getan, als hättest du nicht existiert. Ich werde ihr das nie verzeihen.«

Ellie fing Lenas flatternde Hand ein. »Kindchen. Es ist vorbei. Sie ist nicht mehr da, aber wir sind es. Und die letzten Jahre wollen wir ohne böse Schatten leben. Du hast gesagt, sie war eine komplizierte Frau.«

»Wie ihr alle«, warf Albert ein.

»Grausam trifft es eher.« Lena schaute ihre Mutter an. »Wie kannst du so gelassen sein? Sie hat uns beiden unsere Familie genommen.«

»Sie hat dich auch gerettet. Zumindest am Anfang.« Ellie klappte den Ausweis zu und steckte ihn in ihre Tasche. »Jetzt decke ich den Tisch, du schneidest den Kuchen. Der sieht so lecker aus. Ich wusste gar nicht, dass du backst.« Sie lächelte Albert an, der mit hängenden Armen zwischen ihnen stand. »Und du kümmerst dich um deinen Schwiegersohn.«

Lena schaute ihrer Mutter nach, die sich am Esstisch zu schaffen machte. An ihrer Stelle hätte sie Zeter und Mordio geschrien, wäre fußstampfend durchs Zimmer gelaufen.

Wie letztes Jahr erschienen am Heiligabend Walter und Tom – auch Claudia war ausnahmsweise über die Feiertage daheim geblieben und war mit einer riesigen Schokoladentorte aufgetaucht. Ellie stellte Albert Tom vor und erzählte ihm, wie sie sich kennengelernt hatten. Albert war seit seiner Ankunft aufgeblüht, ein wenig Farbe war in sein Gesicht zurückgekehrt. Er lachte, und Lena stellte sich vor, wie er als junger Mann gewesen sein musste, bevor Hitler alles kaputt gemacht hatte. Sie war sich sicher, dass er ein schlechtes Gewissen hatte und dass er Ellie damals geliebt hatte. Selbst jetzt wanderte sein Blick immer wieder zu ihr. Ihre Mutter hatte recht: Was brachte es, die jahrzehntealten Vorwürfe wieder auszugraben? Ellie hatte jede Menge Gelegenheit gehabt, ihm damals die Wahrheit zu sagen. Es war ihre Entscheidung gewesen.

Das Schellen der Türklingel überraschte Lena. Wer machte am Heiligabend Hausbesuche?

Ansgar kam ins Zimmer, einen Mann im grauen Jackett hinter sich. »Das ist Polizeikommissar Kaltenbusch.«

Lena sprang auf. »Was ist passiert?«

»Frau von Schweig, es ist alles in Ordnung«, meinte der Mann. »Ich habe Informationen bezüglich der Brandstiftung, und ich dachte, sie wollten sie gerne sofort hören –«

»Brandstiftung?«, rief Ellie.

»Ansgars Haus wurde angesteckt«, sagte Lena.

»Wir haben auf der Straße eine weitere private Kamera ausfindig gemacht, die einen Mann mit einem BMW mit Schweizer Kennzeichen zeigte. Er stand mehrmals an derselben Stelle schräg gegenüber vom Haus. Und am Abend … in der besagten Nacht sieht man ihn mit mehreren Behältern, in denen wahrscheinlich das Benzin war.« Kaltenbusch holte Luft, lehnte aber das Glas Wein, das Ansgar ihm anbot, ab.

Lena schaute zu Ansgar. Es war wirklich nicht Peter Pries gewesen, also musste der Mann etwas mit Ansgars Kanzlei zu tun haben.

»Es hat eine Weile gedauert, aber wir konnten den Mann ausfindig machen. Er wohnt tatsächlich in der Schweiz, am Bodensee. Es sieht so aus, als hätte Ihre Ex-Frau Elisabeth Schumann den Mann beauftragt. Sie sitzt in Haft, aber hat noch nicht gestanden, auch zum Motiv gibt es noch keine Informationen. Wir haben aber die Überweisungen, mit denen sie den Mann bezahlt hat.« Er lächelte schwach. »Vielleicht nehme ich jetzt doch den Wein.«

Er trank und fuhr dann fort. »Sie haben sich vor kurzem scheiden lassen.«

Ansgar nickte. Er schluckte und räusperte sich. »Meine Ex … Elisabeth, ich glaub's nicht.«

Lena dachte an die aufgeblasene Frau, die sich so wichtig genommen hatte. Wahrscheinlich war sie eifersüchtig gewesen. Ansgar hatte damals gesagt, dass sie psychische Probleme hatte.

»Ich bin noch nicht fertig.« Kaltenbusch stellte das Glas ab. »Es besteht der Verdacht, dass derselbe BMW den Fahrradunfall verursacht hat. Die Lackspuren stimmen zumindest überein. Und es gibt eine korrespondierende Überweisung.«

Lena starrte den Kommissar an, dann Ansgar. »Damals wart ihr noch verheiratet.«

Ansgar sackte schwer auf einen Stuhl. »Aber sie wusste, dass wir zusammen sind.«

Der Kommissar nickte. »Ich melde mich, wenn es weitere Informationen gibt.«

Lena folgte Ansgar in den Flur, und nachdem Kaltenbusch verschwunden war, fragte sie: »Ist alles in Ordnung?«

Ansgar wirkte blass. »Ich habe ihr vertraut, jahrelang.« Er schüttelte den Kopf. »Sie wollte mich umbringen, weil ich jemand anderes kennengelernt habe.«

Lena lehnte sich an ihn und sog seinen Duft ein. »Wäre nicht das erste Mal, dass Eifersucht zu Gewalt führt. Willst du dich eine Weile ausruhen?«

Ansgar küsste ihren Handrücken. »Nein, nein, lass uns feiern. Die verdient es nicht, uns den schönen Abend zu vermiesen.«

Nach dem Essen, komplett mit Hirschbraten, Knödeln, Walters Rosenkohlauflauf und Claudias Torte, hockten sie im Wohnzimmer. Zum ersten Mal seit Jahren hatte Lena einen Weihnachtsbaum gekauft und mit Ansgar dekoriert. Sie liebte den Tannenduft. Ihr Blick wanderte zu Ansgar, der sie von seinem Sessel aus anlächelte.

Sie lächelte zurück, worauf Ansgar abrupt aufstand. »Meine Lieben, ich hätte da noch eine Sache, die mir schon lange auf dem Herzen liegt.« Sein Blick wanderte durchs Zimmer und blieb wieder an ihr hängen. »Wunderbar komplizierte Lena … wir kennen uns schon ewig, aber erst seit knapp zwei Jahren weiß ich, wie es ist, mit einer liebenden Frau zusammen zu sein.« Er trat auf Lena zu, etwas Verletzliches lag in seinen Augen. Lena liebte diesen Ausdruck, den er nur mit ihr teilte. Zu ihrer Überraschung sank er vor ihrem Sitz auf ein Knie.

Wie herbeigezaubert erschien ein Kästchen in seiner Hand, das er öffnete. »Liebste Lena, willst du mich heiraten?«

Lena starrte abwechselnd den funkelnden Goldring und Ansgar an, den Mann, den sie von ganzem Herzen liebte. Tränen drückten. Sie hatte ihr ganzes Leben im Dunkeln verbracht, und mit einem Mal war alles hell geworden. »Ja«, rief sie viel zu laut. »Natürlich.«

Ansgar kam auf die Füße, und sie sprang in seine Arme. »Ich liebe dich«, flüsterte sie, bevor er sie küsste. Im Hintergrund pfiff jemand, und ihre Mutter rief etwas, das sie nicht verstand. Ihr Kopf schwamm, sie bebte am ganzen Körper, während Ansgar sie an sich drückte.

Als sie voneinander abließen, stand Tom schon mit Sekt bereit.

Irgendwann, nachdem sie Geschenke ausgepackt, Termine für ihre Hochzeit diskutiert und ein zweites Dessert verspeist hatten, lehnte sich Lena auf der Couch zurück und beobachtete Ellies angeregte Unterhaltung mit Tom. Beide hatten glühende Wangen und glänzende Augen, zweifellos schwelgten sie in Erinnerungen.

Erstaunlich, wie ihre Mutter aufgeblüht war, vor allem wenn man bedachte, welch ein Leben sie geführt hatte … als Opfer. Zunächst des Dritten Reichs und Hitlers Zerstörung ihrer Heimat, dann der Russen, die ihr die Rückkehr auf ihren Hof versagt hatten, selbst die Chance, ein Kind zu bekommen, dann der DDR, die mit ihrem idiotischen, starren Regime eine ganze Bevölkerung unterdrückt und gebeutelt hatte. Aber am meisten, über fast fünfzig Jahre hinweg, war ihre Mutter Opfer ihrer Adoptivmutter Katarina gewesen, die mit kaltem Egoismus gehandelt hatte. Und trotzdem behandelte Ellie jeden, der ihr begegnete, mit der größten Wärme.

Dabei hatte Lena, wenn sie ehrlich war, ein wenig auf ihre Mutter herabgeschaut. Sie lebte so einfach auf diesem uralten Hof mit dieser uralten Küche, ihre Kleider stammten aus den Siebzigerjahren, sie ging nie zum Friseur.

Doch das tat sie nun nicht mehr, im Gegenteil.

Sie bewunderte Ellie, ihre Resilienz und Güte. Ihre Mutter war gesund und liebte ihre Tochter – Segen und Wunder zugleich. Jede Minute, die sie mit ihrer Mutter verbringen durfte, war ein Geschenk.

Sie lächelte – ihr Herz war voll.

KOMMENTAR DER AUTORIN

Flucht und Vertreibung
Mehr als zwölf Millionen Menschen wurden zwischen dem Winter 1944/1945 bis 1950 aus Ostpreußen, Westpreußen, Schlesien und anderen deutschstämmigen Gebieten vertrieben. Die große Fluchtwelle begann im Januar 1945, als die russische Armee in Ostpreußen einmarschierte. Bis sie vor den Toren der Städte stand, hatte Gauleiter Erich Koch darauf bestanden, dass alle Bewohner an ihren Orten blieben, es wurde sogar mit Strafen gedroht. Dabei hatte Koch selbst bereits Vorkehrungen für seine Flucht getroffen. Als er endlich die Bevölkerung informierte, war es für viele zu spät. Die Flucht wurde zum Wettlauf mit der Roten Armee, die aus allen Himmelsrichtungen in Richtung Königsberg und Heiligenbeil drang. Der Lebenslauf von Erich Koch liest sich wie ein Krimi. Am Ende wurde er verhaftet und an Polen ausgeliefert. Koch starb 1986 im Gefängnis von Barczewo (Wartenburg).

Viele der Geflüchteten planten, nach Ende des Krieges in ihre Heimat zurückzukehren. Doch Stalins strategische Entscheidung bei der Potsdamer Konferenz (Juli/August 1945), die Annexion von Ostpreußen als Fakt zu verkünden, stahl den Flüchtlingen permanent ihre Heimat. Sie mussten westlich der Oder/Neiße neu anfangen, wurden von den Einheimischen oft schlecht behandelt und fühlten sich in vielen Fällen niemals zu Hause. Die Epigenetik hat festgestellt, dass das Trauma der Flucht und Vertreibung auch in nachfolgenden Generationen empfunden wird.

Suchdienste

Bereits im Oktober 1945 richtete das westliche DRK in Hamburg und München Suchdienste ein. Wenn man bedenkt, dass über zwölf Millionen Menschen aus dem Osten geflohen waren, dazu Millionen Soldaten und Familien im Westen – insgesamt über zwanzig Millionen –, kann man sich die Herkulesaufgabe des DRK-Suchdienstes vorstellen. Dabei ging es mit einfachsten Mitteln, einem doppelten Kartensystem von Vermissten und Suchenden effizient zu. Rückkehrende Soldaten wurden befragt, es gab Suchbücher, Radiosendungen, in denen die Namen und Geburtsdaten der Vermissten vorgelesen wurden, DEFA-Wochenschauen und Zeitungsanzeigen. Ganze Kinderheime waren mit Kindern aus dem Osten gefüllt, die auf der Flucht von ihren Familien getrennt worden waren.

Im damaligen Sowjetsektor, der späteren DDR, bildete sich kein organisierter Suchdienst. Die Menschen halfen sich zunächst mit Handzetteln, die sie in Städten an Wänden und Zäunen, in Bahnhöfen und an Kirchen anbrachten. Erst 1950 gab es im Osten eine Art Suchdienst, der vom Regime organisiert und kontrolliert wurde. Dabei wurden Informationen aus der Sowjetunion, vor allem über Kriegsgefangene in russischen Gulags, kaum bearbeitet. Bis heute werden mehr als eine Million Menschen aus dem Zweiten Weltkrieg vermisst.

Wolfskinder

Zum Ende des Krieges wurden viele Kinder im Osten durch Bombardierungen und Flucht elternlos. Sie gründeten Banden, stahlen und taten, was nötig war, um zu überleben. Oft schwer traumatisiert, unterernährt und krank, wurden sie nach und nach in Pflegefamilien und Heimen untergebracht.

Inspiration

Immer wieder frage ich mich, wie Menschen mit dem Verlust der Heimat und ihrer Identität umgehen, denn Flucht und Vertreibung haben mehr als zwölf Millionen Menschen betroffen, und ihre Nachkommen leiden zum Teil noch heute darunter.

Damals vermisste und adoptierte Kinder wie Doris Knauf oder das Schicksal von Elfie Bartel, die von der Wehrmacht als Vierjährige verschleppt wurde und später bei einer Pflegefamilie in Thüringen unterkam, haben mich inspiriert. Als Elfie zwölf Jahre alt war, erhielt die Pflegefamilie eine Information über Elfies richtige Mutter, die ganz Europa nach ihrer Tochter abgesucht hatte, und die Bitte, sich in Verbindung zu setzen. Die Pflegemutter verhinderte, dass Elfie mit ihrer Mutter vereint wurde, und erst 2010 erfuhr sie über den DRK-Suchdienst, wer ihre richtige Familie war.

Auszug aus der Website vom Bund der Heimatvertriebenen (BdH)

»Mehr als 7,5 Millionen Heimatvertriebene und Flüchtlinge waren in Westdeutschland »angekommen«. Davon lebte 1950 rund die Hälfte noch immer in Lagern. Weitere ca. 35 Prozent waren in sogenannten Notwohnungen untergekommen, also etwa in unbeheizten Dachzimmern oder notdürftig umgebauten Ställen. Rund 40 Prozent der Vertriebenen waren arbeitslos, viele weitere »berufsfremd« oder als Hilfsarbeiter beschäftigt. Wie das Adenauer-Zitat es erahnen lässt, steckten Wohnungsbauprogramme noch in den Kinderschuhen. An den oben erwähnten Lastenausgleich oder eine Vertriebenengesetzgebung war nur entfernt zu denken. Noch immer hatten die Suchdienste alle Hände voll zu tun, getrennte Familien zusammenzuführen oder Vermisste wiederaufzufinden. Dazu wog es schwer, dass heimatlich, landschaftlich und kulturell verbundene Vertriebene nicht regional beieinander angesiedelt, sondern über ganz Westdeutschland verteilt worden waren.«

ÜBER DIE AUTORIN

Vielleicht ist Annette Oppenlander deshalb Autorin historischer Romane geworden, weil sie gerne in der Vergangenheit wühlt. Es begann damit, dass sie ihre Eltern nach ihren Erlebnissen als Kriegskinder befragte. Über viele Jahre hinweg entstand aus diesen emotionalen Erinnerungen der biografische Roman *Vaterland, wo bist Du?*. Diese Geschichte wurde nicht nur mit zahlreichen Preisen ausgezeichnet, sondern diente auch als Sprungbrett für eine erfolgreiche Schriftstellerkarriere.

Frau Oppenlander beleuchtet gerne schwierige Themen wie den Zweiten Weltkrieg aus der Perspektive des zivilen Deutschlands, begleitet einfache Menschen im amerikanischen Bürgerkrieg oder im Mittelalter. Um eine authentische historische Welt zu schaffen, verwendet sie oft biografische Informationen, befragt Zeitzeugen und stößt in Archiven auf wenig bekannte Fakten.

Nach ihrem Studium der Betriebswirtschaftslehre an der Universität Köln verbrachte Frau Oppenlander dreißig Jahre in verschiedenen Teilen der Vereinigten Staaten. Sie schreibt ihre Romane auf Deutsch und Englisch und gibt ihr Wissen in Form von Schreibwerkstätten, unterhaltsamen Vorträgen und

Autorenbesuchen an Universitäten und Schulen, in Bibliotheken, Altenheimen und literaturbegeisterten Organisationen weiter – auf Deutsch und Englisch. Sie lebt heute mit ihrem amerikanischen Ehemann und Rüde Archie im schönen Münsterland.

»Fast jeder Ort birgt ein Geheimnis, etwas, das Geschichte lebendig werden lässt. Wenn wir Menschen und Orte genau unter die Lupe nehmen, ist Geschichte nicht mehr nur ein Datum oder eine Zahl, sondern wird zu einer Geschichte.«

Von der Autorin

Vielen Dank für Ihre Lektüre von Heimat aus Eis und Asche. Ich hoffe aufrichtig, dass Sie beim Lesen dieser Geschichte genauso viel Spaß hatten wie ich bei der Recherche und Erstellung. Wenn Sie ein paar Minuten Zeit haben, können Sie das Buch auf Ihrer bevorzugten Onlineseite für Feedback (Amazon, Apple iTunes Store, Goodreads etc.) bewerten. Wenn Sie sich über frühere oder kommende Bücher informieren möchten, besuchen Sie gerne meine Website, um Informationen zu erhalten und sich für E-News anzumelden: annetteoppenlander.com.

Liebe Grüße, Annette

Kontakt

Website: annetteoppenlander.com
Facebook: www.facebook.com/annetteoppenlanderauthor
E-Mail: hello@annetteoppenlander.com
Instagram: @annette.oppenlander
BlueSky: @annoppenlander
Pinterest: @annoppenlander

LESEPROBE

Auch in diesem Roman geht es um Flucht und Vertreibung – aber anders

Empfänger des 2022 Indie B.R.A.G. Award

»… eine fantastische Lektüre, die man nicht aus der Hand legen kann und die die Herzen aller echten Romantiker und Liebhaber historischer Romane erobern wird. Ich kann dieses Buch sehr empfehlen.« Readers' Favorite Fünf Sterne

»... eine komplexe, vielschichtige Erzählung, die den Leser voll in ihren Bann zieht.« Historical Novel Society

Eine herzzerreißende Liebesgeschichte für die Ewigkeit – inspiriert von wahren Begebenheiten

Kapitel eins

Annie

Ich habe nicht überlebt, weil ich schlauer, schneller, stärker, gerissener oder besser vorbereitet gewesen wäre, es war Zufall. Zweifellos hätte ich sterben müssen, besonders nach dem, was ich getan habe – am Ende habe ich überlebt.

Aber zu welchem Preis?

Was ist gut an einem Leben, das von Terror und Entbehrungen geprägt ist? Wenn man bis auf die Stofffetzen auf der Haut alles verliert? Oh, ich meine keine Besitztümer, ich meine keine Sachen, nicht einmal wertvolle Erinnerungsstücke. Ich denke an meine Mutter und meinen Vater und Dinge, die sich mit Geld nicht kaufen lassen: ein Leben und eine Zukunft an einem Ort, den ich Heimat nannte … meine Wurzeln und das Gefühl der Zugehörigkeit – und Werner, die Liebe meines Lebens.

Dennoch habe ich es geschafft, habe überlebt und mir eine neue Existenz aufgebaut.

Das sage ich mir an Tagen, an denen die Welt grau oder gar schwarz wird. Wenn ich den Drang verspüre, mich zu verstecken und alle Gedanken zu verdrängen und mich frage, was der Sinn des Ganzen ist. Sollte es nicht ein Ziel geben, eine Art Sinn im Leben?

Ich war immer frei gewesen, hatte gelernt, eigenständig zu denken, hatte mit meinem besten Freund Werner das Land, meine Welt erkundet. Bis ich wie Millionen andere wie eine Schachfigur mal hierhin, mal dorthin geschoben wurde, manipuliert, kontrolliert und verwaltet von den Verbrechern des Dritten Reiches, den Diktatoren der Sowjetunion, vom Arbeitsamt, vom Flüchtlingsamt, den Diktatoren der DDR und ihrem Spionagenetz, der Stasi, die mir sagten, was ich zu denken und zu tun oder zu lassen hatte, wo ich schlafen und wann ich essen sollte. Ich hatte selbst das elementarste Gefühl der Selbstbestimmung verloren.

Und über all dem hing wie eine unverrückbare Wolke die schiere Verzweiflung, Werner verloren zu haben, nicht zu wissen, was mit ihm geschehen war.

Ostberlin, 9. November 1989

Das Geräusch des Fernsehers reißt Annie aus dem Schlaf. Oder vielleicht ist es ihre Tochter Emma, die ruft: »Mama, das musst du sehen.«

Auf dem Bildschirm laufen Männer und Frauen Arm in Arm, sie weinen und schreien, sie alle lächeln, auch wenn ihnen die Tränen die Wangen hinunterlaufen. »Es ist vorbei«, ruft einer. »Endlich sind wir frei.«

Während diese Worte in Annies schlafvernebeltem Kopf nachhallen, erscheint Emma an ihrer Seite, ihren Mantel in der Hand. »Komm schon, Mama, lass uns auch rausgehen und mitfeiern. Der Grenzübergang ist offen.«

»Es ist spät«, sagt Annie und denkt, dass sie trotz dieser unglaublichen Nachricht lieber ins Bett gehen würde.

»Erst halb zwölf.« Emma grinst. »Du hast schon ein Nickerchen gemacht.«

»Geh du. Ich schaue noch ein bisschen fern. Lächle einfach in die Kameras, wenn du rübergehst … und sei vorsichtig.« Immer muss Annie diese Worte äußern, *sei vorsichtig*, eigentlich ist es dumm, aber sie ist überzeugt, dass etwas Schlimmes passieren würde, wenn sie sie nicht sagt.

Emma eilt zu dem alten Chromat-Fernseher, eine Investition, die Annie all ihre Ersparnisse gekostet hat und auf die sie fünf Jahre hatte warten müssen. »Ich schaue mir kurz die Westkanäle an. Mal sehen, was sie berichten.«

»… es ist unglaublich. Sie kommen zu Tausenden hierher, ein ständiger Strom von lachenden, glücklichen Menschen, unsere deutschen Nachbarn«, sagt eine Stimme. Die Kamera zeigt Ostberliner, die Arm in Arm über die Grenze nach Westen wandern, durch *die* Mauer, die Ost- und Westdeutschland seit fast dreißig Jahren trennt.

Annie setzt sich auf, ihr Blick richtet sich auf die Stelle, an der Emma steht und den Bildschirm blockiert. Annie möchte etwas sagen, Emma auffordern, aus dem Weg zu gehen, aber sie hört nur dieser Stimme zu.

»… sie tragen Wein- und Sektflaschen und singen. Wir gehen mal rüber und befragen ein paar dieser glücklichen Feiernden über diesen bedeutsamen Abend.« Die Stimme des Kommentators ist tief und sanft und vibriert vor Aufregung. Aber das ist nicht der Grund –

»Mama?« Emma eilt an Annies Seite. »Was ist denn los? Du bist ja ganz blass. Es ist die Aufregung, nicht wahr? Es ist zu viel. Aber endlich können wir uns unseren Leuten im Westen anschließen.« Emma quasselt weiter, aber Annie starrt nur auf den Bildschirm.

Vor der Berliner Mauer steht ein Mann mit Kopfhörern und Mikrofon und interviewt ostdeutsche Feiernde, die gerade die Bornholmer Grenze nach Westdeutschland passiert haben. Er ist um die sechzig, hat kurzes, graumeliertes Haar und einen dazu passenden, kurzgeschnittenen Bart. Die Kamera schwenkt zurück zum Interviewpartner, einem Mann, dessen abgetragene Jacke trist und farblos wirkt wie die gesamte ostdeutsche Mode. *Komm schon, komm schon, schwenk zurück*, drängt Annie den Fernsehschirm. Sie will den Journalisten noch einmal anschauen, muss sich vergewissern … nein, es kann nicht sein, das ist alles in ihrem Kopf, es ist so lange her, sechsundvierzig Jahre – sie ist ganz durcheinander.

»Mama, was ist denn los?«

Annie ignoriert ihre Tochter, ignoriert ihren besorgten Blick.

Statt zur Tür hinauszueilen, lässt sich Emma neben ihr nieder und beginnt, Annies Hand zu streicheln.

Auf dem Bildschirm kehrt die Kamera zu dem Interviewer zurück, dem Mann mit dem grauen Bart. Seine Augen wirken wie dunkle Schokolade, aber im künstlichen Licht der Straßenlaternen und Scheinwerfer ist es schwer zu erkennen. Er spricht immer noch, doch Annie hört nicht, *was* er sagt, sie sucht sein Gesicht ab, die Form der Nase, die Wangenknochen und die kräftige Stirn. Letztere ist faltig, der Haaransatz etwas zurückgewichen. Er müsste … wie alt sein? Einundsechzig Jahre, alt, wie sie.

Annie drängt den Bildschirm, den Namen des Reporters zu zeigen, aber es erscheint keiner. Das Display flackert, die Szene wechselt zu einem anderen Korrespondenten, der auf jubelnde Menschenmengen zeigt, die auf der Mauer sitzen und stehen. Ihre Mauer, die unantastbare, uneinnehmbare Mauer, die Ost und West trennt. Die SED-Partei Ostdeutschlands besteht darauf, dass sie sie vor der Dekadenz des Westens beschützt. In Wirklichkeit haben sie eine Diktatur geführt, die sich selbst bereichert hat, trunken vor Macht und Gier. Sie haben ein zweihunderttausendköpfiges Spionagenetz aufgebaut, um das Volk in Schach zu halten, um Telefone anzuzapfen, Wanzen in Häusern zu platzieren und Reisen in die westliche Welt zu verbieten.

»Mama, du beunruhigst mich.« Besorgnis schwingt in Emmas Stimme mit. »Was ist denn los mit dir?«

Annie kehrt in die Realität zurück, zwingt sich zu einem Lächeln. »Nichts, alles ist in Ordnung. Du solltest besser gehen, bevor die Party zu Ende ist.«

Emma grinst breit. »Das wird nicht so schnell passieren, sie werden bestimmt die ganze Nacht feiern.« Sie tätschelt Annies Hand und steht auf. »Bist du sicher, dass ich dich allein lassen kann?«

»Natürlich.« Annie erhebt sich ebenfalls, den Blick auf ihre

Tochter gerichtet, die ihr gar nicht ähnlich sieht mit diesem dunklen, glatten Haar im Vergleich zu Annies ehemals blonden, unordentlichen Locken, die jetzt grau durchzogen sind. »Ich glaube, ich gehe ins Bett.«

Doch als Annie sich in ihrem winzigen Schlafzimmer hinlegt, dessen Fenster auf die Betonwand des nächsten Plattenbaus zeigt, schrumpft der Raum um sie herum, die Wände rücken näher, bis sie keucht. Kaum hat sie die Augen geschlossen, kehrt das Bild des Mannes mit dem Mikrofon zurück. In Gedanken geht sie seine Gesichtszüge durch, versucht zu vergleichen. Die Augen könnten seine sein, die Nase, lang und gerade, ebenso. Aber es ist seine Stimme, die sie überrumpelt hat. Genauso wie damals … Unsinn, sie wird nur alt und ihre Träume führen sie in die Irre, unwichtige Wunschträume, die sie längst tief in sich begraben hat.

Doch wie Nebelschwaden wabern Erinnerungsfetzen durch ihren Kopf: Werner zeigt ihr ein Vogelnest, das von einem Ast gefallen ist, applaudiert, als sie Fahrrad fahren lernt, wirft ihr hoch im Baum einen Apfel zu, zeigt ihr, wie sie ihre Füße in die Steigbügel seines geliebten Pferdes Daisy steckt … Doch je mehr sie versucht, sich an sein Aussehen zu erinnern – vor allem an seine Gesichtszüge – desto verschwommener wird sein Bild vor ihrem geistigen Auge.

Sie ist begeistert von der offenen Grenze – der Käfig hat sich endlich geöffnet, zumindest ein klein wenig. Sie erwartet, dass die ostdeutsche Regierung sich etwas einfallen lassen wird, um sie an der Ausreise zu hindern. Die Stasi, die Geheimpolizei der DDR, hat ihre Spuren hinterlassen, sich tief in Annies Bewusstsein gegraben. Im Laufe der Jahre hat die Stasi Tausende von Menschen verhaftet, die sie als »subversiv«, als Staatsfeinde, betrachtete. Ein schlechter Scherz konnte reichen, um im Verhör zu landen.

Draußen brüllt jemand betrunken herum, das Geräusch dringt leicht durch die einfach verglasten Fenster. Es ist kalt hier drinnen, nicht nur wegen der Zugluft, sondern weil Annie versucht, an der Gasrechnung zu sparen. Trotzdem schwitzt sie unter dem Oberbett.

Sie wirft die Decke ab und beginnt, im Schrank zu wühlen. Sie kann das obere Regal nicht erreichen, also holt sie sich einen Stuhl und wippt auf der Kante. Das Oberlicht ist viel zu schwach, um viel zu sehen, aber sie weiß, nach welcher Schachtel sie sucht.

Das Foto ist winzig, ein fünf-mal-fünf Zentimeter großes Stück abgenutztes schwarz-weißes Papier, das unaussprechliche Dinge überlebt hat. Sie schnappt sich ihre Lesebrille. Sie braucht dringend eine neue, aber die muss bis nach Weihnachten warten – sie hat kein Geld, sie zu bestellen dauert sowieso.

Der Junge auf dem verblichenen Foto ist groß und schlank, sein rechter Arm umschlingt die Schultern eines Mädchens. Beide lächeln in die Kamera, ein leichtes, glückliches Lächeln, das Liebe widerspiegelt – jugendliche Liebe, albern, verrückt, sorglos … und naiv. Annie fällt die Lupe in der Küchenschublade ein und sie geht, um sie zu holen.

Wieder beugt sie sich über das Bild. Das Paar steht am Rand eines Feldes, das mit Heuhaufen übersät ist, beide haben lange, schlanke Beine, tragen kurze Hosen und helle Hemden. Selbst in den grauen Farben sieht Annie die geröteten Wangen des Jungen, erinnert sich an die Hitze in ihren eigenen. Sie war sechzehn damals, er fast siebzehn. Die Luft ist erfüllt vom Staub des Sommers, ein später Augusttag, an dem sie bei der Ernte geholfen haben. Beide sind verschwitzt, aber das stört sie nicht. Sie kennen sich gut, sind zusammen aufgewachsen, ihre Höfe liegen nebeneinander, seine Anwesenheit ist so vertraut und natürlich wie das Atmen der Luft.

Ein Geräusch ertönt und Annie merkt, dass ihr ein Schluchzer entfahren ist. Es ist so viel passiert, seit das Foto gemacht wurde …

Buch eins: Annie 1944 – 1946

Kapitel zwei

Insterburg, Ostpreußen: August 1944

»Ein bisschen nach rechts.« Mutter gestikuliert und winkt, während sie die Kamera hält. Ich unterdrücke eine spitze Bemerkung, ziehe Werner mit. Zum Glück hält sich Oma Leonora – wir nennen sie Leo – an ihre Aufgabe, am Gartentisch grüne Bohnen zu schälen. Abgesehen von den grauen Haaren sieht sie aus wie eine kleinere, faltigere Version von Mutter. Beide tragen den gleichen Ausdruck von Verwunderung und Resignation, ihre Augen sind gleichermaßen abgespannt und wachsam, aber ihre Münder bleiben fest verschlossen, als wollten sie sich einen abfälligen Kommentar verkneifen. Nur dass Oma kaum redet, und wenn sie etwas sagt, dann sind es ein oder zwei Wörter. Sie ist schon so lange wortkarg, wie ich mich erinnern kann, und meine Fragen an Mutter sind unbeantwortet geblieben.

»Lass uns tun, was sie will«, murmele ich leise, »sonst lässt sie uns nie in Ruhe.«

Mutter ist wie aus dem Nichts aufgetaucht und verlangt ein Foto, das sie unseren Vätern schicken kann, die beide seit vier Jahren im Krieg dienen. Der von Werner soll irgendwo in Frankreich sein, meiner in Kurland. Keiner weiß es genau, weil wir seit Monaten keine Feldpost mehr bekommen.

Werner folgt gutmütig den Anweisungen meiner Mutter, schaut hierhin und dorthin, bewegt seinen Arm von meiner Taille zu meiner Schulter – weniger verfänglich – und lächelt auf Kommando. Ich weiß, dass er guter Laune ist, dass er es genießt, jede freie Minute mit mir zu verbringen und nach getaner Arbeit gemeinsam mit mir auf unseren Fahrrädern die Gegend zu erkunden. Bald fängt die Schule wieder an, Werners letztes Jahr am Gymnasium, bevor er – wenn alles so klappt wie geplant – in Königsberg Biologie studieren wird.

Nachdem die Filmrolle voll und Mutter im Haus verschwunden ist, fahren Werner und ich wieder mit den Rädern los. Es ist ein herrlicher Augustnachmittag, heiß und trocken, mit einem leichten Wind, der unsere feuchte Haut kühlt. Die Stadt Insterburg, keine drei Kilometer von hier entfernt, meiden wir, denn letzten Monat hat die russische Armee unsere historische Altstadt bombardiert und es ist nicht viel übriggeblieben. Auch hier haben wir den Angriff mitbekommen. Im Keller versteckt, lauschten wir dem schrillen Heulen der fallenden Bomben, den Explosionen. Dreck rieselte von der Decke, während ich die Sekunden … Minuten zählte, mein Inneres weich wie in Milch getränktes Brot, mein Atem zittrig war. Es tröstete mich, Mutter und Oma rechts und links von mir zu spüren, als könnten sie mich vor einer explodierenden Bombe schützen. Ich weiß nicht, wie lange wir dort unten ausharrten, erinnere mich an meine ersten Schritte nach draußen, wie meine Knie fast einknickten, mein Blick unsicher den Himmel absuchte.

Schwarze Wolken hingen über Insterburg und die Brände wüteten tagelang. Danach verließen viele Menschen, die überlebt hatten, aus Angst vor neuen Angriffen die Stadt. Erst in diesen letzten Wochen ist der Krieg für mich greifbar geworden, so greifbar, dass ich nicht aufhören kann, auf das Dröhnen herannahender Flugzeuge zu lauschen. Nachts liege ich oft wach und frage mich, was wohl passieren wird, wo die russische Grenze doch so nah liegt. Ist das der Grund, warum ich ausgelassen lachen möchte, die Zeit mit Werner genießen will?

Wir fahren durch einen Buchenwald und halten an einem kleinen See, eigentlich nicht mehr als ein Teich, aber von einer Quelle gespeist und immer erfrischend kühl. Ich ziehe meine Sandalen aus und stecke meine Füße hinein. Oh, fühlt sich das himmlisch an.

»Gehst du schwimmen?« ruft Werner vom Ufer.

»Nur, wenn du mitkommst.«

Unsere Blicke treffen sich. In der Vergangenheit hatten wir keine Probleme, uns auszuziehen, aber dieser Sommer ist anders. Die Luft ist anders, die Art, wie wir uns anschauen. Ich kann mir nicht ganz erklären, warum in meinem Bauch ein Bienenschwarm brummt oder warum mir bei Werners Blicken noch heißer wird, als es mir ohnehin ist. Immerhin wohnen wir schon nebeneinander, solange ich denken kann, Werner auf einem Pferdehof – seine Eltern besitzen Hunderte Hektar Weideland und züchten Trakehner –, während unsere Familie Weizen, Roggen und Kartoffeln anbaut.

Ich springe auf, als Werner lachend und planschend an mir vorbeirennt. Er trägt nur noch die Unterhose und ich kann nicht anders, als auf sein Hinterteil zu starren. Zum Glück verschwindet er unter Wasser, sodass ich mich abrupt umdrehe und mir Hemd und Shorts ausziehe. In BH und Höschen fühle ich mich unwohl, also renne ich, so schnell ich kann, hinterher. Das Wasser kommt mir jetzt viel kälter vor, aber ich mache mir mehr Sorgen darüber, was durch den dünnen Stoff meiner Unterwäsche zu sehen ist.

»Einfach fantastisch«, ruft Werner, bevor er locker zur Mitte des Sees krault.

Ich folge langsam, mein Schwimmstil ist nicht so sicher, mein Atem schwer und röchelnd.

»Ich frage mich, wie tief es hier ist«, sagt er, bevor er aus meinem Blickfeld verschwindet.

Die Wasseroberfläche beruhigt sich. Die Hitze von vorhin hat mich verlassen und ich wünsche mich zurück an Land.

Sekunden vergehen … eine Minute. Werner taucht nicht wieder auf. Die Sorge überfällt mich mit plötzlicher Heftigkeit und raubt mir den letzten Rest Atem. Was ist, wenn er einen Krampf hat oder mit dem Fuß in der Tiefe unter einem Baumstamm steckengeblieben ist?

Etwas trifft mich von hinten, ich schreie und verliere das Gleichgewicht, tauche unter. Wasser dringt in meinen Mund, ich trete verzweifelt und durchbreche die Oberfläche, wo mich Werners strahlendes Gesicht begrüßt.

»Hab dich«, kichert er.

»Idiot«, bringe ich gerade noch heraus, bevor ich mich zum Ufer wende. Die Wut raubt mir beinahe mehr den Atem als zuvor das Wasser. Ich klettere heraus und schnappe mir meine Kleidung. Zu meinem Frust bin ich viel zu nass zum Anziehen, alles ist ein klebriges Durcheinander. Zu allem Überfluss ist mir Werner gefolgt.

»Ach, komm schon, es tut mir leid, ich wollte dich nicht erschrecken.«

Ich sage nichts, drehe ihm den Rücken zu. Was soll's, er sieht meine Rückseite – und zwar komplett.

Aber er läuft um mich herum, bis er dicht vor mir steht, triefend nass, ohne sich darum zu kümmern, was sich zeigen könnte. Um meine Verlegenheit zu überspielen, schnaufe ich und presse meine Kleidung an die Brust.

»Es ist wirklich interessant da unten, jede Menge Pflanzen, die wie Mini-Tannenwedel aussehen, ich habe sogar ein paar Fische gesehen, winzige braune.« Er hält inne, Daumen und Zeigefinger sind gespreizt, um die Größe anzuzeigen, sein Blick ist auf mich gerichtet. Besorgnis spielt darin mit, ein bisschen Neugier, als könne er nicht ganz begreifen, warum ich mich aufrege. »Es tut mir leid«, sagt er wieder.

»Ist schon gut«, höre ich mich sagen. *Wo kommt das her? Warum verzeihe ich ihm so schnell … oder bin ich einfach nur zickig und überempfindlich?*

Irgendwo jenseits des Waldes grollt Donner. Die Sonne ist hinter dunstigen Wolken verschwunden, ein Windstoß fährt zwischen den Stämmen hindurch, kräuselt die Oberfläche des Teiches.

Werners Blick wandert nach oben, er runzelt die Stirn. »Wir sollten besser gehen, bevor das Gewitter losgeht.«

Als Antwort ziehe ich schweigend meine Kleidung an und steige aufs Rad. In halsbrecherischem Tempo geht es los, über den unebenen Waldboden, der sich durch die prasselnden Regentropfen sofort dunkel färbt. Ab und zu bremst Werner ab, damit ich ihn einholen kann. Sein Fahrrad ist viel größer als meines, und er kann fliegen wie eine Schwalbe auf Mückenjagd.

Als wir uns von dem Wäldchen entfernen, trifft uns der Wind wie eine Wand. Der Himmel hat sich kohlrabenschwarz verfärbt, die Wolken hängen so tief, dass sie mich niederzudrücken scheinen. Meine Ohren sind erfüllt vom Donnergrollen, dem Wind und den gedämpften, schmatzenden Geräuschen der Reifen auf dem nassen Grund. Wasser füllt meine Augen, meine Nase und meinen Mund. Es rinnt meine nackten Arme hinunter, durchnässt meine Kleidung und Schuhe.

Der Weg ist nur noch ein verschwommener Fleck. Ein Blitz zerschneidet den Himmel mit scharfen Lichtstreifen. Meine

Gedanken wandern zu der Geschichte, die ich vor Jahren über einen Jungen hörte, der vom Blitz erschlagen wurde. Hier draußen auf den offenen Feldern, nass und hoch auf unseren Fahrrädern, sind wir Blitzableiter. Angst kriecht in meinem Inneren hoch. Ohne mich wäre Werner schon zu Hause. Stattdessen hält er sich zurück, um ein Auge auf mich zu haben.

Der Boden stürzt auf mich zu, kaltes, schlammiges Wasser trifft mein Gesicht und meinen Hals, Schmerzen schießen von meinem Handgelenk bis in den Ellenbogen, weiter hinauf in meine Schulter. Die Welt liegt auf der Seite, das Fahrrad noch zwischen meinen Beinen. Blut färbt den Schlamm, grell wie reife Kirschen gegen den bleiernen Himmel.

»Annie?« Werner ist an meiner Seite, hebt vorsichtig das Rad weg.

Ich versuche, mich aufzusetzen, aber Werners Gesicht verschwimmt, weil mein Handgelenk so schmerzt.

»Ganz ruhig, ich helfe dir.« Er legt einen Arm um meine Taille und richtet mich sanft auf. »Kannst du laufen?«

Ich teste meine Füße, belaste beide. Es geht. Der Horizont wird flüssig, schwenkt nach links, dann rechts. Mein Kopf ist mit Gelee gefüllt. »Ich bin ein Dussel«, murmele ich und wäre gefallen, wenn Werner mich nicht gehalten hätte.

Das Gewitter wird schlimmer. Auf Blitz folgt Donner, auf Donner folgt Blitz. Die Erde bebt, während der Wind so stark bläst, dass loses Gras und Blätter wie besessen über das flache Land sausen.

»Hier, stütz dich auf mich. Ich helfe dir.« Ich höre den Schrecken in Werners Stimme, ein leichtes Vibrieren tief in seiner Kehle, was mir mehr Angst macht als meine Schmerzen. »Wie wäre es, wenn wir da drüben in der Scheune warten?«

Ich antworte nicht, denn ich beobachte, wie das blutige Rinnsal an meinen Fingern herunterläuft, wie es vom Wind verweht wird.

Werner schleppt mich über das stoppelige Feld in eine alte Scheune. Bis auf eine verrostete Egge und einen Haufen gräulichen Strohs ist sie leer. Ein Teil des Daches fehlt, aber zum Glück ist das Loch am anderen Ende. Werner setzt mich aufs Stroh und rennt los, um unsere Fahrräder zu holen.

Mein Handgelenk pocht und ich friere auf einmal. Ein erneuter Knall, gefolgt von einem grellen Blitz, erschüttert die Scheune genau in dem Moment, als Werner eintritt. Er wirft die Tür zu und sinkt neben mir auf den Boden. In der Düsternis spüre ich seine Augen auf mir.

»Lass mich deinen Arm sehen.«

Seine Berührung ist leicht und sanft, und wenn es nicht so wehtun würde, würde ich es genießen. Ein Kichern schleicht sich in meine Kehle, während ein Hammer auf meinen Knochen einschlägt.

»Ist schon gut«, stottere ich.

Werners Augenbrauen ziehen sich zusammen und mir ist wieder zum Kichern zumute. »Sieht mir aber nicht danach aus.« Er reißt ein Stück von seinem Hemd ab und legt es vorsichtig auf die blutende Wunde. »Halt ganz still.« Er richtet sich auf. »Ich hole besser deine Mutter. Wir bringen den Pferdewagen mit.«

Es donnert und ich zucke zusammen. »Lass mich nicht allein hier.« Von meiner Position aus sieht Werner noch größer aus.

»Aber du kannst nicht Radfahren …«

»Bitte bleib bei mir.« Ich packe seine Wade und drücke zu.

Zu meiner Erleichterung sinkt Werner wieder neben mir aufs Stroh.

Der geschwärzte Himmel reißt auf, irgendwo draußen schlägt ein Blitz ein, nicht weit entfernt, denn ich rieche so etwas wie brennende Drähte. Meine Nackenhaare stellen sich auf und ich werfe meine Arme um Werners Hals, vergrabe meine Nase an seiner Kehle. Für immer verbindet sich in meinem Kopf der frische Duft seiner Haut mit dem elektrischen Geruch des Gewitters.

Vergessen ist meine Verlegenheit, ich spüre nur noch Furcht, die sich in mir ausbreitet und immer mehr von mir Besitz ergreift. Aber da ist noch etwas, etwas, das in mir wirbelt, ein komisches Flattern, das meinen ganzen Körper ergreift.

Werner kuschelt sich an mich. In der Stille nach dem Donner höre ich seinen Atem, spüre, wie sich seine Brust gegen meine hebt. »Du hast Angst«, murmelt er.

Ich nicke, meine Stirn reibt an seinem Hemd.

Er zieht mich näher zu sich, und so liegen wir nebeneinander, während draußen die Welt vom Sturm zerrissen wird. Es spielt keine Rolle mehr, denn alles, was ich spüre, ist Werners Hitze, die meine Brust und meinen Bauch umhüllt. Sie kriecht in mich hinein wie die Behaglichkeit eines Holzfeuers im Winter. Ich schnuppere an seiner Haut, was neue Unruhe in mir auslöst.

Da bemerke ich seine Hand auf meinem nackten Oberschenkel. Sie liegt nicht mehr still da, sondern bewegt sich auf und ab.

Langsam und federleicht krabbelt sie zu meinem Knie und dann wieder mein Bein hinauf, über meinen Po bis in die Senke meines Rückens.

Ich sollte mich beschweren, etwas Schlagfertiges sagen oder einen Witz machen, aber kein Wort verlässt meinen Mund. Meine Kehle ist trocken, wie staubbedeckte Felder im August. Stattdessen wandert meine gesunde Hand seinen Rücken hinauf zu seinem Nacken. Ich spüre seinen Atem an meiner Wange, bewege meinen Kopf ein klein wenig.

Plötzlich lehnt sich Werner zurück, unterbricht so unsere wohlige Wärme. »Was machst du da?« Seine Stimme ist tief, kehlig. Rote Flecken brennen auf seinen Wangen.

»Nn…nichts.«

Wortlos springt Werner auf und marschiert zur Tür, späht durch eine Ritze. Ich versuche, mich aufzusetzen, doch sofort erinnert mich mein Unterarm daran, dass es ein Problem gibt.

»Der Sturm zieht weiter«, sagt Werner. »Ich werde jetzt Hilfe holen.«

Ohne meine Antwort abzuwarten, schiebt er die Tür auf, steigt mit einer flinken Bewegung auf sein Fahrrad und ist fort.

Jetzt bin ich an der Reihe, rot zu werden. Mein Kopf fühlt sich an, als würde er schweben, so heiß flammt mein Gesicht. In Gedanken gehe ich die letzten Minuten durch, seine Hand an meinem Bein, wandernd, erkundend. Da war noch etwas, etwas, das ich vom Beobachten der Pferde auf Werners Hof kenne. Ich erröte erneut, fühle mich ebenso verwirrt. Offensichtlich war er erregt, warum ist er dann wütend weggelaufen?

Ich gehe in die Knie und untersuche im zunehmenden Licht der offenen Tür meinen Arm. Die Haut ist vom Handgelenk bis zum Ellbogen aufgerissen, die Blutung hat größtenteils aufgehört. Mein Handgelenk pulsiert, aber ich kann meine Finger bewegen – gebrochen ist nichts.

Ich muss eingeschlafen sein, denn als ich aufwache, schwebt Werners Gesicht über mir. Er grinst, unsere Unbeholfenheit von vorhin ist vergessen.

»Hier drin«, ruft er und berührt mit seiner Handfläche meine Wange, nur eine Sekunde, bevor meine Mutter hereinstürmt.

»Was ist passiert, du dummes Mädchen, du hättest warten sollen, bis der Sturm vorbei ist.« Sie und Werner betten mich auf dem Pferdewagen auf frisches Heu, mein Fahrrad liegt neben mir.

Den ganzen Weg zurück fährt Werner hinter uns, als wolle er sichergehen, dass ich nicht herunterfalle. Ab und zu treffen sich unsere Blicke, aber dann geht es schnell weiter. Ich studiere den Horizont, den Himmel, das Heu, auf dem ich liege, nur nicht den Jungen, den ich vor einer Stunde fast geküsst hätte.

Erst als wir unseren Hof erreichen, scheint Werner wieder bereit zu sein, zu sprechen. »Ich werde dann mal gehen. Mutter wird sich wundern …«

Ich nicke, was ihm Antwort genug zu sein scheint, denn er springt auf sein Fahrrad und verschwindet.

»Komm, wir bringen dich rein«, sagt Mutter und hilft mir herunter. »Oma macht dir ein Bad fertig.«

Als ich in die Wanne klettere, kann ich mich des Eindrucks nicht erwehren, dass heute mehr als nur mein Arm beschädigt wurde.

Printed in Poland
by Amazon Fulfillment
Poland Sp. z o.o., Wrocław

61523346R00174